W0258169

# Informatik – Fachberichte


Band 5: GI – 6. Jahrestagung. Proceedings 1976. Herausgegeben von E. J. Neuhold. (vergriffen)

Band 6: B. Schmidt, GPSS-FORTRAN, Version II. Einführung in die Simulation diskreter Systeme mit Hilfe eines FORTRAN-Programmpaketes, 2. Auflage. XIII, 535 Seiten. 1978.

Band 7: GMR – GI – GfK. Fachtagung Prozessrechner 1977. Herausgegeben von G. Schmidt. (vergriffen)

Band 8: Digitale Bildverarbeitung/Digital Image Processing. GI/NTG Fachtagung, München, März 1977. Herausgegeben von H.-H. Nagel. (vergriffen)

Band 9: Modelle für Rechensysteme. Workshop 1977. Herausgegeben von P. P. Spies. VI, 297 Seiten. 1977.

Band 10: GI – 7. Jahrestagung. Proceedings 1977. Herausgegeben von H. J. Schneider. IX, 214 Seiten. 1977.

Band 11: Methoden der Informatik für Rechnerunterstütztes Entwerfen und Konstruieren, GI-Fachtagung, München, 1977. Herausgegeben von R. Gnatz und K. Samelson. VIII, 327 Seiten. 1977.

Band 12: Programmiersprachen. 5. Fachtagung der GI, Braunschweig, 1978. Herausgegeben von K. Alber. VI, 179 Seiten. 1978.

Band 13: W. Steinmüller, L. Ermer, W. Schimmel: Datenschutz bei riskanten Systemen. Eine Konzeption entwickelt am Beispiel eines medizinischen Informationssystems. X, 244 Seiten. 1978.

Band 14: Datenbanken in Rechnernetzen mit Kleinrechnern. Fachtagung der GI, Karlsruhe, 1978. Herausgegeben von W. Stucky und E. Holler. (vergriffen)

Band 15: Organisation von Rechenzentren. Workshop der Gesellschaft für Informatik, Göttingen, 1977. Herausgegeben von D. Wall. X, 310 Seiten. 1978.

Band 16: GI – 8. Jahrestagung, Proceedings 1978. Herausgegeben von S. Schindler und W. K. Giloi. VI, 394 Seiten. 1978.

Band 17: Bildverarbeitung und Mustererkennung. DAGM Symposium, Oberpfaffenhofen, 1978. Herausgegeben von E. Triendl. XIII, 385 Seiten. 1978.

Band 18: Virtuelle Maschinen. Nachbildung und Vervielfachung maschinenorientierter Schnittstellen. GI-Arbeitsseminar. München 1979. Herausgegeben von H. J. Siegert. X, 230 Seiten. 1979.

Band 19: GI – 9. Jahrestagung. Herausgegeben von K. H. Böhling und P. P. Spies. (vergriffen)

Band 20: Angewandte Szenenanalyse. DAGM Symposium, Karlsruhe 1979. Herausgegeben von J. P. Foith. XIII, 362 Seiten. 1979.

Band 21: Formale Modelle für Informationssysteme. Fachtagung der GI, Tutzing 1979. Herausgegeben von H. C. Mayr und B. E. Meyer. VI, 265 Seiten. 1979.

Band 22: Kommunikation in verteilten Systemen. Workshop der Gesellschaft für Informatik e.V.. Herausgegeben von S. Schindler und J. C. W. Schröder. VIII, 338 Seiten. 1979.

Band 23: K.-H. Hauer, Portable Methodenmonitoren. Dialogsysteme zur Steuerung von Methodenbanken: Softwaretechnischer Aufbau und Effizienzanalyse. XI, 209 Seiten. 1980.

Band 24: N. Ryska, S. Herda, Kryptographische Verfahren in der Datenverarbeitung. V, 401 Seiten. 1980.

Band 25: Programmiersprachen und Programmierentwicklung. 6. Fachtagung, Darmstadt, 1980. Herausgegeben von H.-J. Hoffmann. VI, 236 Seiten. 1980.

Band 26: F. Gaffal, Datenverarbeitung im Hochschulbereich der USA. Stand und Entwicklungstendenzen. IX, 199 Seiten. 1980.

Band 27: GI-NTG Fachtagung, Struktur und Betrieb von Rechensystemen. Kiel, März 1980. Herausgegeben von G. Zimmermann. IX, 286 Seiten. 1980.

Band 28: Online-Systeme im Finanz- und Rechnungswesen. Anwendergespräch, Berlin, April 1980. Herausgegeben von P. Stahlknecht. X, 547 Seiten, 1980.

Band 29: Erzeugung und Analyse von Bildern und Strukturen. DGaO – DAGM Tagung, Essen, Mai 1980. Herausgegeben von S. J. Pöppl und H. Platzer. VII, 215 Seiten. 1980.

Band 30: Textverarbeitung und Informatik. Fachtagung der GI, Bayreuth, Mai 1980. Herausgegeben von P. R. Wossidlo. VIII, 362 Seiten. 1980.

Band 31: Firmware Engineering. Seminar veranstaltet von der gemeinsamen Fachgruppe „Mikroprogrammierung" des GI Fachausschusses 3/4 und des NTG-Fachausschusses 6 vom 12. – 14. März 1980 in Berlin. Herausgegeben von W. K. Giloi. VII, 289 Seiten. 1980.

Band 32: M. Kühn, CAD Arbeitssituation. Untersuchungen zu den Auswirkungen von CAD sowie zur menschengerechten Gestaltung von CAD-Systemen. VII, 215 Seiten. 1980.

Band 33: GI – 10. Jahrestagung. Herausgegeben von R. Wilhelm. XV, 563 Seiten. 1980.

Band 34: CAD-Fachgespräch. GI - 10. Jahrestagung. Herausgegeben von R. Wilhelm. VI, 184 Seiten. 1980.

Band 35: B. Buchberger, F. Lichtenberger: Mathematik für Informatiker I. Die Methode der Mathematik. XI, 315 Seiten. 1980.

Band 36: The Use of Formal Specification of Software. Berlin, Juni 1979. Edited by H. K. Berg and W. K. Giloi. V, 388 pages. 1980.

Band 37: Entwicklungstendenzen wissenschaftlicher Rechenzentren. Kolloquium, Göttingen, Juni 1980. Herausgegeben von D. Wall. VII, 163 Seiten. 1980.

Band 38: Datenverarbeitung im Marketing. Herausgegeben von R. Thome. VIII, 377 pages. 1981.

Band 39: Fachtagung Prozeßrechner 1981. München, März 1981. Herausgegeben von R. Baumann. XVI, 476 Seiten. 1981.

Band 40: Kommunikation in verteilten Systemen. Herausgegeben von S. Schindler und J.C.W. Schröder. IX, 459 Seiten. 1981.

Band 41: Messung, Modellierung und Bewertung von Rechensystemen. GI-NTG Fachtagung. Jülich, Februar 1981. Herausgegeben von B. Mertens. VIII, 368 Seiten. 1981.

Band 42: W. Kilian, Personalinformationssysteme in deutschen Großunternehmen. XV, 352 Seiten. 1981.

Band 43: G. Goos, Werkzeuge der Programmiertechnik. GI-Arbeitstagung. Proceedings, Karlsruhe, März 1981. VI, 262 Seiten. 1981.

Band 44: Organisation informationstechnik-geschützter öffentlicher Verwaltungen. Fachtagung, Speyer, Oktober 1980. Herausgegeben von H. Reinermann, H. Fiedler, K. Grimmer und K. Lenk. 1981.

Band 45: R. Marty, PISA – A Programming System for Interactive Production of Application Software. VII, 297 Seiten. 1981.

Band 46: F. Wolf, Organisation und Betrieb von Rechenzentren. Fachgespräch der GI, Erlangen, März 1981. VII, 244 Seiten. 1981.

Band 47: GWAI – 81 German Workshop on Artificial Intelligence. Bad Honnef, January 1981. Herausgegeben von J. H. Siekmann. XII, 317 Seiten. 1981.

# Informatik-Fachberichte

Herausgegeben von W. Brauer
im Auftrag der Gesellschaft für Informatik (GI)

**91**

Herbert Stoyan

# Maschinen-unabhängige Code-Erzeugung als semantikerhaltende beweisbare Programmtransformation

Springer-Verlag Berlin Heidelberg GmbH 1984

**Autor**

Herbert Stoyan
IMMD 6, Universität Erlangen-Nürnberg
Martensstraße 3, D-8520 Erlangen

CR Subject Classifications (1982): D.3.4, D.2.4, D.3.1, F.3.1, F.3.2, F.4.2

ISBN 978-3-540-13895-2     ISBN 978-3-662-08525-7 (eBook)
DOI 10.1007/978-3-662-08525-7

CIP-Kurztitelaufnahme der Deutschen Bibliothek. Stoyan, Herbert: Maschinen-unab-
hängige Code-Erzeugung als semantikerhaltende beweisbare Programmtransformation /
Herbert Stoyan. – Berlin; Heidelberg; New York; Tokyo: Springer, 1984.
(Informatik-Fachberichte; 91)

ISBN 978-3-540-13895-2

NE: GT



2145/3140 – 5 4 3 2 1 0

INHALTSVERZEICHNIS                                              <u>Seite</u>

INHALTSVERZEICHNIS                                            Seite

## 1. EINLEITUNG

Was ist das Wesen der Compilierung?

Ershov hat 1977 einen Vortrag /24/ gehalten mit dem Titel
"On the essence of compilation". Darin führt er seine Idee
aus, daß Compilation ein spezieller Fall von sog. "mixed
computation" sei, welche sich kurz so charakterisieren läßt,
daß alles was konkret ausrechenbar ist, ausgerechnet wird,
und alles was nicht ausgerechnet werden kann, stehen bleibt.
Ershovs Versuch hat keine Vorgänger, obwohl verschiedene
Compilermodelle entwickelt wurden. Interpretieren wir in diese Modelle (teilweise unzulässig) Erklärungsversuche für den
Vorgang der Compilation - daß das Resultat äquivalenter aus-
führbarer Maschinencode ist, nehmen wir als gemeinsame Ansicht an - dann kommen wir grob zu folgenden Standpunkten:

1. Compilation ist ein nicht weiter erklärbarer Vorgang,
   der stattfindet durch Automaten (im Sinne der Automaten-
   theorie), die in geeigneter Weise Zeichenketten akzeptieren
   bzw. generieren.
   Die Automaten hängen in gewisser Weise von der Quellsprache ab (man kann den Akzeptor aus einer guten syntaktischen Beschreibung erzeugen) bzw. werden vom Compilerkonstrukteur auf Grund seiner Erfahrung entwickelt.

2. Compilation ist ein Transformationsprozeß von Datenstrukturen, üblicherweise von Bäumen. Die einzelnen Transformationsschritte müssen vom Compilerkonstrukteur geschickt
   und zur Sache passend ausgedacht werden. (Dabei kann ein
   gewisses Anfangsstück automatisch erzeugt werden.)

3. Compilation ist ein zweistufiger Prozeß: Zunächst wird
ein Syntaxbaum abgeleitet. Diesem werden dann in einem
Informationssammelprozeß sog. semantische Attribute zugeordnet, unter ihnen mögliche Codestücke (außerdem Kosten,
Typen, syntaktische Bezeichnungen uvam.). Aus den möglichen Codestücken werden dann die geeigneten herausge-
sucht und hintereinander geschrieben (bzw. die lineare
Folge entsteht als Attribut am Wurzelknoten des Syntaxbaumes).
Die verschiedenen Informationssammelphasen lassen sich
mit Hilfe von Ideen der Syntaxanalyse automatisch generieren,
auch die, die den Code sammelt.

Gemeinsam ist allen diesen Modellen, daß sie erzeugten Code
und Quellprogramm weitgehend separat voneinander sehen.
(Modell 3 sieht den erzeugten Code als "Information" (Attribut)
des Quellcodes an.)
Demgegenüber bietet Ershov ein Modell, das ein allgemeines
Konzept der Informatik, die "mixed computation" (partial
evaluation) bemüht, um den Vorgang der Compilation zu beschreiben. Wenn man diese Sicht akzeptiert, so kann Compilation
als Grundbegriff entfallen; eine Definition durch "mixed
computation" scheint möglich.
Wir wollen Ershovs Darlegungen kritisch analysieren und prüfen.
Die Grundidee besteht darin, daß eine Programmiersprache, zu
der schon eine syntaktische Beschreibung vorliegt, mit einer
"Implementationssprache" derartig semantisch beschrieben wird,
daß in dieser Implementationssprache ein Interpreter für den
Syntaxbaum angegeben wird. Ein ganzes Spektrum von möglichen
Abarbeitungen entsteht dadurch, daß die Variablen und Konstanten
des Quellprogrammes, die als Blätter des Syntaxbaumes auftauchen,
unterschiedlich  behandelt werden: Während in der völligen
Interpretation alle Variablen Werte haben müssen und auch die
Werte der Konstanten benutzt werden, sind alle Zugriffe zu

Variablen und Konstanten  in der reinen Compilation blockiert.
Die Blockierung dieser Elemente des Syntaxbaumes führt dazu,
daß das den Syntaxbaum interpretierende Programm eine Reihe
von Instruktionen nicht ausführen kann. Die Folge dieser
"suspendierten Instruktionen" stellt dann das Objektprogramm
dar.
Analysiert man die Abarbeitung des die Semantik ausdrückenden
Interpreters im Falle der Compilation, so stellt man fest,
daß er alle Baumoperationen durchführen kann. Übrig bleiben
wirklich  nur die auf die Blätter bezogenen Instruktionen.
Nun stellt man sofort fest, daß bei dieser Art der Compilation
der Objektcode im Prinzip komplizierter sein könnte als der
Quellcode. Es hängt stark  von der Art ab, in der der Interpreter geschrieben wird. Bei der Vereinfachung von Kontrollstrukturen versagt das Schema ganz:
Ershov kann sich offenbar die Vereinfachung von Kontrollstrukturen (wie Zyklen und if-then-else-Instruktionen) nur
aufgebaut aus Sprüngen (GOTOs), if-then-Instruktionen und
markierten Statements vorstellen. Da nun semantische Prozeduren
verwendet werden, um diese Konstrukte zu "interpretieren",
müssen in den Objektprogrammen ständig dieselben Marken
auftreten: Nämlich genau die aus den semantischen Prozeduren,
die als Marken der blockierten Statements und als Teile von
blockierten if-then-Instruktionen in den Quellcode geraten.
In dem publizierten Artikel /24/ hat Ershov an dieser Stelle
die abgesetzten Objektcodeteile passend geändert (durch
Generierung neuer Marken). Es dürfte jedoch sicher sein,
daß diese Teile streng genommen nicht durch "mixed
computation" erzeugt werden können, weil es sich um wirkliche
Erzeugung von Codestücken handelt und nicht um Stehenbleiben
von unausführbaren Statements der Implementationssprache.

Man wird erwarten, daß die Zwischenvariablen bei der Berechnung von Ausdrücken ähnliche Schwierigkeiten machen.
Hier hat sich Ershov durch einen legaler erscheinenden
Kunstgriff geholfen: Er ordnet jedem Teilbaum des Syntaxbaumes, auch den Blättern, Namen zu. Wenn dies geeignet
geschieht, so erscheinen bei der Durcharbeitung der den
Ausdrücken entsprechenden Syntaxbaumteile in den stehen-
bleibenden Statements der Implementationssprache diese eingeführten Namen. Naturgemäß müssen alle diese Namen verschieden sein. So entsteht für die Überarbeitung des Objektcodes das Problem, den Speicher durch Zusammenlegen von
Variablen ökonomisch zu verwenden. Die Realisierung dürfte
aber im linearen Objektprogramm einigermaßen schwierig
sein.
Wesentlich empfinden wir auch den Mangel, daß nicht gezeigt
wird, wie Funktions- oder Prozeduraufrufe compiliert werden.
So können wir Ershovs Modell, die Compilation als "mixed
computation" zu beschreiben, nicht akzeptieren. Es erscheint
uns insbesondere nötig, den Abstiegsprozeß von dem höheren
Sprachniveau zu dem niedren Maschinenniveau deutlicher einzu-
bringen. Wenn man höhere Kontrollstrukturen durch niedere
(Sprünge zu Marken) darstellen will, kommt man prinzipiell
nicht um eine Art Zählprozeß herum, der jedem höheren Konstrukt eine Nummer zuweist, die dann in irgendeiner Form in
die Markenbezeichnung eingehen muß.
Im Lichte dieser Analyse überrascht es, wenn man liest, daß
Ershov einverstanden mit F. Bauer war, der "mixed computation"
als Programmtransformation gesehen wissen wollte. Bauer bezog
sich explizit auf Operationen der Einsetzung und Entfaltung
(instantiation and unfolding), die an dem Quellprogramm vollzogen werden. Allerdings ist Ershovs Zustimmung vage genug,
um verschiedene Interpretationen zu ermöglichen: "I agree.
Mixed computation is  certainly a kind of transformational
technique because it maps one problem into another." / 5 ,
S. 419/.

Wenn die Sache so wäre, dann würde bei der Compilierung
eines Programmes außer einigen Rechnungsschritten zur
Übersetzungszeit (compiletime computations) nichts geändert. Das Quellprogramm als Resultat der Compilierung
anzusehen, was in Fällen, wo keine Rechnungen zur Übersetzungszeit ausgeführt werden könnten, ja in der Tat
vorkommen könnte, das kann nicht der Sinn der Sache sein.
Implizit hat Ershow aber entscheidende Resultate der Compilation zu erzeugen versucht, die nicht durch die (in der
Sprache der Transformationen benannten) Grundoperationen
der mixed computation, Einsetzung und Entfaltung, abgedeckt werden können: Die Zerlegung von höheren bzw. verschachtelten Programmelementen in niedere.
Die Hauptidee der vorliegenden Arbeit ist, daß Compilation
- wie die mixed computation - als Programmtransformation
verstanden werden kann. Während bei der mixed computation
durch Einsetzung und Entfaltung "Projektionen" des Programms
entstehen, sind die Resultate der Compilation, erzeugt durch
Dekomposition und Makroexpansion, äquivalent mit dem Original-
programm. Dabei verlaufen Dekompositionsschritte in einem
Sprachniveau, Makroexpansionsschritte können jedoch in ein
tieferes Sprachniveau überleiten.
Wir werden die korrekte Anwendbarkeit dieser Idee an zwei
Beispielprogrammiersprachen demonstrieren. Um den Aspekt
der Programmtransformation recht deutlich herauszustellen,
werden die Transformationsregeln mit Hilfe von Zeichenketten
der Quellsprachen notiert. Dabei können syntaktische Variablen
auftauchen, die bei einer Art Mustervergleichsprozeß zur
Suche der passenden Transformationsregel, mit ganzen Teilzeichenketten belegt werden, sofern diese gewissen Bedingungen
genügen (die über den Namen der syntaktischen Variablen aus-
gedrückt werden).

Diese spezielle Darstellung ist nicht der entscheidende
Punkt der Demonstration. Wir vertreten die Ansicht, daß
die Transformationsregeln auf eine geeignete Repräsentation
der Programme angewendet werden und halten den dekorierten
Programmbaum, wie er etwa als Zwischenresultat im münchener
Compilermodell MUG2 auftaucht, als sehr geeignet. Eingebettet in ein solches Modell, kann die Menge der Transformationsregeln zur Dekomposition von Quellprogrammen als Beschreibung der maschinenunabhängigen Compilation angesehen
werden. Dieser Schritt ist schon abgehoben worden (/61/,
S. 5), aber anscheinend bisher nicht konkret entwickelt
worden.
Wir werden nun im 2. Kapitel die Transformationsregeln zusammenstellen, mit denen LISP bezogen auf ein abstraktes
Maschinenmodell compiliert wird, so daß das resultierende
(LISP-)Programm als Assemblerprogramm für diese Maschine
aufgefaßt werden kann. Um die Behauptung zu stützen, daß
das resultierende Programm mit dem Quellprogramm semantisch
äquivalent ist, geben wir dann Beweise für die Korrektheit
der Transformationsregeln.
Im 3. Kapitel wird in ähnlicher Weise bezüglich FORTRAN77
verfahren.
Im 4. Kapitel dann ziehen wir das Resümee: Wir vergleichen
mit anderen Compilermodellen, vergleichen mit anderen Methoden
die Korrektheit von Compilern zu zeigen und diskutieren mögliche Schlußfolgerungen.

# 2. LISP-COMPILATION DURCH SEMANTIKERHALTENDE PROGRAMM-TRANSFORMATIONEN

## 2.1 Bemerkungen zu LISP

Dieses Verständnis von der Code-Erzeugung wurde in Bezug auf
LISP entdeckt, kann aber auf andere Programmiersprachen ausgedehnt werden. Der Grund für diese Situation liegt zu einem
guten Teil in der klaren (und kurzen) Beschreibung von LISP.
Wenn wir versuchen, ALGOL60 im Hinblick auf eine ähnliche
Darstellung zu analysieren, werden wir gehindert durch mancher-
lei vage Teile des Revised Reports on ALGOL60 - und ähnlich
liegt die Sache bei anderen Programmiersprachen.
In diesem Kapitel stellen wir alle Hilfsmittel zusammen, um
die LISP-Compilation mittels dekomponierender Programmtransformationen zu beschreiben, wir geben die Transformationsregeln und beweisen ihre Korrektheit. Durch diese Beispiele
wird die allgemeine Technik deutlich.

Das verwendete LISP. Man könnte glauben, daß LISP1.5 als
passende Grundlage dienen könnte. Als Grundlage dafür scheint
die bekannte Definition mittels des Interpreters für das
"reine LISP" dienen zu können. Aber das ist nicht so. LISP1.5
ist nicht identisch mit dem "reinen LISP", dieser Interpreter
hat bekannte Fehler (die sich allerdings leicht reparieren
ließen) - wesentlicher ist aber, daß der Interpreter viele
Details enthält, die wir überhaupt nicht brauchen (der konkrete Mechanismus der Variablenbindung).
Es gibt Leute, die glauben, solch ein Satz sei überhaupt unmöglich, weil es nicht "das" LISP gebe. Es zeigt sich jedoch,
daß die Differenzen zwischen den verschiedenen LISP-Dialekten
uns überhaupt nicht stören. Das konkrete Spektrum der Daten-
struktur-Konstruktions-, Zugriffs- und Modifikationsmethoden
wird überhaupt nicht berührt. Nicht einmal die Frage der

Variablenbindung kümmert uns. Was dagegen wirklich wichtig
ist, das ist die Menge der sog. "Spezialformen".
Wir nehmen an, daß unser LISP folgende Spezialformen enthält:
COND, AND, OR, PROG1, PROG2, PROGN, PROG, GO, RETURN, SETQ.


Es wird angenommen, daß AND und OR so definiert sind, daß
sie als Resultat den Wert des zuletzt ausgewerteten Argument-
ausdrucks liefern (AND stoppt, wenn zum ersten Mal ein Argument NIL ist, OR, wenn ein Argument nicht NIL ist).
COND sei definiert in solcher Weise, daß in jeder Klausel eine
ganze Folge von Effektausdrücken stehen darf (wobei diese
Folge auch leer sein kann), und daß die Forderung nach einem
Prädikat, das nicht NIL sein muß, aufgegeben wird. Der Wert
eines bedingten Ausdrucks ist der Wert des zuletzt ausgewer-
teten Ausdrucks - sei es ein Prädikat oder ein Effektausdruck.
PROG1, PROG2 und PROGN können bliebig viele Argumente haben.
PROG, GO und RETURN benennen die Spezialformen von LISP1.5.
Ein GO ist beschränkt auf lokale Sprünge - es darf ein PROG-
Niveau nicht verlassen. Das gleiche gilt für RETURN. Beide
dürfen nicht als Argumente normaler Kombination oder als Argu-
mente von PROGi vorkommen, die ihrerseits  selbst oder durch
Vererbung in einer solchen Position stehen. PROGs dürfen als
Sprungmarken nur Symbole haben und die Liste der lokalen Variab-
len kann sowohl direkt Variable enthalten (die dann zu NIL
gebunden werden) als auch Paare von Variablen und Formen.
Solche Paare werden dann so verstanden, daß sie in einer
Bindung zwischen der Variablen und dem Wert der Form resultieren. SETQ darf nicht nur bezüglich PROG-variablen benutzt
werden, sondern mit beliebigen Symbolen  als 1. Argument.

Die normalen Kombinationen sind wie üblich definiert. Lambda-
Ausdrücke dürfen in funktionaler Position vorkommen. FEXPRs
und ähnliche Konstrukte werden ignoriert. (Makros können
an ihrer Stelle verwendet werden. Wir beschreiben aber nicht
die Details der Makro-Expansion.) Was wir noch benötigen,
das ist die Fähigkeit, den grundlegenden Spezialformen
neue Namen zu geben. Man kann sich dies vorstellen nach dem
Modell von J. Allens TLC-LISP, wo Funktionobjekte verwendet
werden anstelle von Symbolen, die Spezialformen bezeichnen.
Wir hoffen, daß diese kurze informelle Einführung ausreicht.
Wer mehr wissen will, der konsultiere die Bücher von Allen
und Winston & Horn / 3 /, /76 /.

Wir diskutieren nun die Anforderungen an abstrakte Maschinen,
die compilierte LISP-Programm abarbeiten können, und geben
eine solche Maschine an. Danach formulieren wir eine Serie
von Transformationsregeln, die LISP-Quellprogramme in Programme
für diese abstrakte Maschine umwandeln. Nach einigen Beispielen
widmen wir uns dann dem Problem der Korrektheit, d.h. dem Nachweis, daß die Transformationsregeln die Programme so transformieren, daß das Ausgangsprogramm und das transformierte Programm
die gleiche Semantik haben.

## 2.2 Abstrakte Maschinen

Der wichtigste Bestandteil von LISP, mit dem man sich beschäftigen muß, wenn man einen Compiler zu entwickeln hat, ist
die Verschachtelung von Kombinationen (Formen). Der Informa-
tionsverarbeitungseffekt der Verschachtelung besteht im impliziten Retten von Zwischenresultaten. Wenn wir dekomponieren
(als einer der beiden Hauptaktivitäten beim Compilieren),
dann müssen wir diese impliziten Vorgänge explizit machen.

In anderen Worten: Wir müssen Rechnerresourcen benennen
für das Retten und Reaktivieren von Zwischenwerten. Ab-
sichtlich wollen wir zunächst nicht allzu spezifisch
sein, denn die Frage nach diesen Resourcen wird in diesem
Paragraph versucht zu beantworten.
Noch einmal: Die ersten beiden Aktivitäten, die wir implementieren können müssen, sind das Retten und Zugreifen zu
Zwischenresultaten. Hinzu kommen zwei weitere Grundoperationen: Argumenttransport und Wertübertragung.
Das schwierigste Problem ist die Behandlung der Zwischenresultate. Solche Werte entstehen, wenn wir Argumente für
Formen (Funktionsaufrufe) berechnen und zu Argumenten kommen,
die selbst Formen sind. Wir können in einer solchen Situation
den teilweise bekannten Funktionsaufruf nicht absetzen,
weil immer noch einige Argumente zu berechnen sind. Wir können
auch nicht dem FORTRAN-Modell folgen und die schon berechne-
ten Argumente in Bereiche  retten, die mit der Funktion verbunden sind: Jede LISP-Funktion ist potentiell rekursiv.
Das einzige allgemeine Mittel (wir sagen "Resource") mit dem
wir das Rekursionsproblem meistern können, ist der Keller
(stack). Wenn wir die teilweise ausgewerteten Argumentlisten
im Keller retten, dann haben wir keine Schwierigkeiten bei
der Auswertung des nächsten Arguments jede beliebige Funktion
aufzurufen - eingeschlossen die "aktuelle Funktion" (die
gerade compiliert wird). Der Keller muß geeignet sein, jedes
Datum aufzunehmen, das als Wert in LISP vorkommen kann.
Wir benötigen dann natürlich Operationen für das Kellern und
Entkellern - um Daten in den Keller zu speichern oder aus ihm
herauszuholen. Ein Test (ob der Keller leer ist) wird nicht
benötigt, denn die Verwendung des Kellers folgt dem Schema,
daß immer nur herausgeholt wird, was vorher hineingetan  worden
war. Die Keller-Konstruktor-Funktion kann man sich vorstellen als
Teil der Implementationssprache.

Wenn der Stack benutzt wird, ist das Problem des Rettens
und Zugreifens auf Zwischenwerte gelöst.
Um Argumente einer Funktion (Prozedur) zu übergeben, die
aufgerufen wird, wurden von Compilerschreibern verschiedenste
Ideen entwickelt. Unter ihnen sind Argumenttafeln, die direkt
hinter den Funktionsaufrufinstruktionen stehen; Register, die
mit den Argumenten geladen werden  (bzw. mit deren Adressen),
Argumenttafeln, die irgendwo im Speicher lokalisiert sind
und - allerdings bei den gewöhnlichen Programmiersprachen nicht
sehr oft - der Keller, im dem die obersten n Elemente die
Argumente enthalten.
Wenn wir hier abstrahieren (und von dem Unterschied zwischen
Speicherzellen und Registern absehen) können wir zwei verschiedene Argumenttransportstile unterscheiden: In den einen
wird irgendeine Menge von Zellen (oder Plätzen) für die Argumente
bestimmt (typischerweise konkretisiert als hardware "Register"
oder allgemein zugreifbare "Speicherzellen" (Worte, Regionen,
usw.)) - wir wollen von "Argument-Platzhaltern",kurz APH,
sprechen. Der andere Argumenttransportstil verwendet den Keller.
(Wir ziehen die Variante der Speicherung der Argumente zwischen
den Instruktionen nicht in Betracht, weil hier Daten in Pro-
grammbereiche kommen und dadurch die Reenterabilität gefährdet
wird.)
Nun haben wir noch die Behandlung der Funktionswerte zu er-
ledigen. Dies ist wichtig, weil jede LISP-Funktion einen Wert
liefert.
Wenn wir die Lösung des Argument-Transport-Problems betrachten,
so drängt sich als Lösungsvariante entweder die Einführung
einer abstrakten Speicherzelle, d.h. eines Werthalters (VH),
oder die Verwendung des Kellers auf.
Für jede der eingeführten Resourcen benötigen wir natürlich
Instruktionen um Daten hinein  und heraus zu transportieren.

Um eine abstrakte LISP-Maschine aufzubauen, kombinieren wir
die Resourcen und haben dabei mehrere Möglichkeiten:
Version s-s:    Keller für Zwischenwerte, für Argumente und
                Funktionswerte
Version s-APH: Keller für Zwischenwerte, APH für Argumente
                und Funktionswerte
Version s-s-VH: Keller für Zwischenwerte und Argumente,
                VH für Funktionswerte


Eine Version wie s-APH-s (Keller für Zwischenwerte und Funktionswerte, APH für Argumente) scheint nicht sehr attraktiv, weil
sehr häufig Transportoperationen nötig sein werden, um Funktionswerte aus dem Keller auf die APHs zu bewegen, um den nächsten
Funktionsaufruf vorzubereiten. Auf dem selben Grund basiert
die stillschweigende Annahme, daß die VH ein APH im s-APH-
Modell ist.
Um weiter zu kommen, müssen wir die Kellerspeicher nun ein
wenig genauer analysieren.Normalerweise versteht man unter
einem Keller eine Datenstruktur, in der die Gipfelzelle allein
zugreifbar ist. Dies würde sogar für LISP ganz gut arbeiten.
Aber wir stellen uns nun folgender Situation: Zwei unterschiedliche Zwischenwerte haben beweisbar immer denselben Wert.
Wie könnten wir die Neuberechnung dieses Wertes vermeiden, wenn
der erste Zwischenwert irgendwo im Keller abgelegt ist als
Ergebnis einer früheren Rechnung? Das "reine" Kellermodell
ist hier nicht sehr hilfreich. Ein weiteres Problem: Angenommen,
wir haben uns für ein s-APH-Modell entschieden, etwa weil
unser Rechner eine große Menge schneller allgemeiner Register
hat.Können wir in diesem Modell einen "reinen" Keller gebrauchen?
Im konkreten Fall mögen wird etwa n APHs haben. Nun sei ein
Aufruf einer Funktion mit n Argumenten zu tätigen. Diese Argumente werden in die APHs geladen und wir betreten die Funktion.

Was tun, wenn dort eine andere Funktion von n Argumenten
aufzurufen ist, die als konkrete Argumente eine nicht-
triviale Permutation der Argumente der umfassenden Funktion
bekommen soll? Man stelle sich den Aufwand an Argumenttrans-
portoperationen vor, der nötig ist, diesen Engpaß zu überwinden!

Aus dem ersten Beispiel lernen wir, daß es für Zwecke der
Optimierung sehr günstig wäre, wenn man eine ganze Region
dieses Kellers zugreifen könnte und aus dem zweiten, daß die
APH-Resourcen nur mit einem solchen erweiterten Kellermodell
kombiniert werden sollten.
Nun zum Problem des Zugriffs zu den Variablen. Im Regime
der Interpretation wird eine Variable zu einem Argument
"gebunden" und der Zugriff zu dem Argument erfolgt immer
über den Variablennamen. Das ist jedoch zeitaufwendig. Der
Effekt der Compilation wird erheblich vermindert, wenn wir
diese Verfahrensweise auch in compilierten Programmen verfolgen.
Der Zugriff zu einer Variablen kann jedoch stattfinden in
jedem Moment und zu jeder Variablen: Wir benötigten direkten
(wahlfreien) und schnellen Zugriff.
Wenn wir versuchen, die Bindungsmethode des Interpreters
aufzugeben und eine bessere zu benutzen, so kommen wir schnell
in Schwierigkeiten mit einer Maschine vom Typ s-s-s mit
einem "reinen" Keller. Mit diesem ist wahlfreier Zugriff nicht
zu verwirklichen: Wie soll man an einen Wert kommen, der irgendwo unten gespeichert ist? Wenn eine s-s-s Maschine benutzt
wird, können die aktuellen Variablenwerte nicht im Keller gespeichert sein, falls der Keller "rein" ist. Entweder wir benutzen den Interpretermechanismus, oder wir erfinden irgend-
einen neuen. Der neue Mechanismus muß aber kellerähnlich sein,

wegen des ständig zu beachtenden Problems der potentiellen
Rekursion. Die übliche Lösung für dieses Problem besteht
darin, die Variablen(namen) wie während der Interpretation
zu benutzen, um zu Argumentwerten zuzugreifen.
Wenn ein Keller verwendet wird, in dem eine ganze Gruppe
von Kellerzellen (Stack-slots) erreichbar ist - wir sprechen
vom "frame" -, dann benötigen wir die Namen der Variablen
nicht mehr. Jedoch wir kommen in typische LISP-Schwierig-
keiten. Im Gegensatz zu der Tatsache, daß schon sehr früh
entdeckt wurde, daß LISP wie ALGOL implementiert werden
müsse, nämlich indem die Gültigkeitsbereiche der Variablen
"lexikal" verstanden werden, haben so manche der quick-and-
dirty Implementatoren behauptet (und behaupten noch), daß
diese Bereiche "dynamisch" aufzufassen seien. Es ist die Last
der Gewohnheit, die wir zu tragen haben, daß ein guter Teil
der Implementatoren und der Nutzergemeinschaft in diese
falsche Richtung folgte.
Das Schema der Verwendung des reinen Kellers kombiniert mit
dem Zugriff zu Variablen ist völlig verträglich mit dieser
dynamischen Sicht.
Wenn wir andere Maschinenresourcen für Argumente (anstelle
der Variablen) benutzen,dann wird die Bedeutung der Variablennamen vermindert (wenn nicht völlig vernichtet) und wir
akzeptieren gleichzeitig einen lexikalischen "Bindungsstil".
Natürlich zeigt sich das Verwenden lexikaler Gültigkeitsbereiche noch nicht, wenn einfach die Variablennamen unwichtig
(veränderlich) werden - die Geschichte der ALGOL-Compilation
beweist es. Das eigentliche Problem tritt erst auf, wenn es
globale Variablen gibt - oder,wie sie in LISP genannt werden,
"Fluid Variablen".
Innerhalb einer Funktion genügt die Verwendung unbenannter
Maschinenresourcen völlig als Ersatz für Variablen. Die schon
erwähnte "historische Hypothek" zwingt uns nun dazu, sowohl
lexikalische als auch dynamische Bindungsstrategien ermög-
lich zu müssen. Deshalb können für Fluid Variablen die unbe-

nannten Resourcen nicht genügen und wir müssen letztlich
für diese Variablen doch einen Bindungsmechanismus einsetzen. Wir nehmen aus Bequemlichkeitsgründen an, daß er im
runtime-system versteckt sei. (Unser Ziel ist eine Theorie
der Code-Generation, nicht eine generelle Compiler-Theorie.)

Wir fassen zusammen: Effizienz wird gewonnen, wenn wir Resourcen
einsetzen, die dem Interpreter nicht sichtbar sind. Diese
sollten im Keller oder unter den APH zu finden sein - dies ist
ein weniger bedeutsames Problem. Offensichtlich benötigen wir
in jedem Maschinenmodell den Keller als ultima ratio, wegen
der Rekursion. Für Fluid Variablen müssen wir eine Zugriffs-
strategie nutzen, die der des Interpreters ähnlich ist -
über die Namen.
Es ist offensichtlich, daß wir andere Probleme mit einführen,
wenn wir namenlose Resourcen für Argumente und Variablen verwenden: Programmtest wird schwerer, Fehlerbehandlung auf die
Art, wie in INTERLISP,zu vollführen, kann fast unmöglich werden.
Man kann allerdings auch dafür neue Lösungen finden: Beschreibungen der Funktion und ihrer Argumente könnten aufbewahrt
werden, man könnte in das Stackframe neben die Argumentwerte
auch Informationen über die Variablen unterbringen u.ä.m..

Wir kommen zu dem Resultat, daß es drei Hauptmodelle für
abstrakte Maschinen für compilierte LISP-Programme gibt:

1. Die "reine" Kellermaschine
   Argumente, Funktions- und Zwischenwerte sind gespeichert
   und werden transportiert (von einer Funktion zur anderen)
   mittels eines Kellers, der zur Gipfelzelle allein zugreifbar ist. Nach Funktionseintritt muß im allgemeinen eine
   Bindungsoperation vollzogen werden, um den wahlfreien
   Zugriff zu den Argumenten (Variablen) zu ermöglichen, d.h.
   die Argumente müssen in die Variablen transportiert werden.
   Während des Verlassens der Funktion muß dies rückgängig
   gemacht werden.

2. Die Rahmenkellermaschine

   Argumente, Funktionswerte und Zwischenwerte sind gespeichert
   und werden transportiert (von einer Funktion zur anderen)
   mittels eines Kellers, der zu allen Zellen in einem Bereich   (Rahmen) zugreifbar ist. Nach Funktionseintritt
   muß eine Bindungsoperation für die Fluid Variablen vollzogen werden. Bei Funktionsaustritt muß dies rückgängig
   gemacht werden. Der Rahmen wird entweder während des Vor-
   gangs der Funktionsaufrufe konstruiert (und aufgelöst während
   des Verlassens der Funktion, wobei der Wert entweder in den
   vorhergehenden Rahmen geschoben wird oder in einen VH) oder
   - mindestens "vorbereitet" - bevor das erste Argument berechnet wird.
   Bedingte Sprünge können ausgeführt werden nach Tests aller
   Zellen des Rahmens oder nach Tests anderer Resourcen (es
   gibt verschiedene Varianten solcher Maschinen).


3. Die APH-Maschine

   Zwischenwerte werden in den Keller gerettet, der zu allen
   Zellen eines Rahmens zugreifbar ist. Argumente und Funktionswerte werden (von einer Funktion zur anderen) mittels APHs
   transportiert. Im typischen Fall gibt es eine gewisse feste
   Zahl von ihnen. Wenn Funktionen mit mehr Argumenten aufgerufen werden, muß die Überzahl im Keller transportiert werden
   (hier gibt es wieder Möglichkeiten für Varianten). Bei
   Funktionseintritt muß eine Bindungsoperation stattfinden,
   wenn es Fluid Variables gibt. Diese muß bei Funktionsaustritt rückgängig gemacht werden. Der Kellerrahmen wird,
   wenn er überhaupt benötigt wird, während des Betretens der
   Funktion konstruiert und wird beim Verlassen freigegeben.
   Bedingte Sprünge werden ausgeführt nach Tests bezüglich von
   APHs oder Zellen des Kellerrahmens.

Wenn wir einmal versuchen, diese Klassen von abstrakten Maschinen in konkreten Implementationen wiederzufinden, so
gelangen wir zur folgenden Einteilung:

1. Reine Keller-Maschinen:
   - Mikro LISP /22/
   - ByteLISP  /50/, /23/
   - Urmi's Modell  /71/

2. Rahmenkeller-Maschinen:
   - MACLISP (MULTICS) /33/
   - INTERLISP /57/
   - die meisten LISP-Implementationen auf konkreten
     Maschinen ohne Maschinenregister (vermehrt evtl. um
     1-2 APHs)
   - P-Maschine /49/
   - L-Maschine /62/

3. APH-Maschinen:
   - MACLISP (DEC) /66/
   - Standard LISP  /35/
   - die meisten LISP-Implementationen auf konkreten
     Maschinen mit Maschinenregister

Von jetzt an wollen wir uns in dieser Arbeit auf die "Reine
Keller-Maschine" beschränken. Der Leser sollte beachten, daß
die Transformationsregeln von den Maschinenmodellen abhängig
sind, daß ähnliche Regeln für die anderen Maschinentypen entworfen werden können,und daß entsprechende Beweise möglich
sind (die Beweistechnik ist übertragbar). Der interessierte
Leser wird auf /68/  verwiesen.

Wie schon gesagt, ist die einzige Resource einer reinen
Keller-Maschine ein Keller, der zur Gipfelzelle allein
zugreifbar ist. Wir benötigen Operationen, um zu kellern
und zu entkellern, um eine Menge von Variablen mit der entsprechenden Menge von Argumenten zu binden, die gekellert
sind, um diese Menge wieder zu entbinden, um den Funktions-
wert bei Verlassen der Funktion zu übergeben (zur gleichen
Zeit muß abgesichert werden, daß alle Argumente entkellert
sind) und schließlich Operationen, um bedingt und unbedingt
zu springen.
Das Beispiel von ByteLISP könnte als Richtlinie dienen. Da
wir aber eine Teilsprache von LISP als Maschinensprache
benutzen wollen, schreiben wir die Operationen wie folgt
(vergleiche / 50 /, S.224 ):

| | |
|---|---|
| (SETQ $Si const) | Kellere eine Konstante in den Keller. |
| (SETQ $Si symbol) | Greife zum Wert einer Variablen zu und kellere ihn. |
| (SETQ symbol $Si) | Bewege den Gipfel des Kellers in die Variable und entkellere. |
| (SETQ $Si(fn $Si ... $Si+n-1)) | Rufe eine Funktion mit n Argumenten auf (die Argumente sind schon in richtiger Reihenfolge gekellert) - nach Rückkehr sind die Argumente entkellert und dafür ist der Wert als Gipfelwert im Keller. |
| (fn $Si ... $Si+n-1) | Rufe eine Funktion mit n Argumenten auf )die Argumente sind schon in richtiger Reihenfolge gekellert) - nach Rückkehr sind die Argumente entkellert. |

| | |
|---|---|
| $(\text{PROG}((\text{var}_1 \ \$Si) \dots (\text{var}_k \ \$Sj)$ $\text{var}_{k+1} \dots \text{var}_n) \dots)$ | Bei Eintritt: Binde die Variablen $\text{var}_1 \dots \text{var}_k$ zu ihren zugehörigen Werten (die gekellert sind); die anderen Variablen (bis $\text{var}_n$) zu NIL.<br>Bei Austritt: Mache Bindungsoperationen rückgängig. |
| $(\text{LAMBDA}(\text{var}_1 \dots \text{var}_k) \dots)$ | Bei Eintritt: Binde die Variablen $\text{var}_1 \dots \text{var}_k$ zu ihren zugehörigen Werten (die gekellert sind). Zusätzlich werden implementationsabhängige Verwaltungs- und Prüfaufgaben erfüllt.<br>Bei Austritt: Mache Bindungsoperationen rückgängig. Erledige implementationsabhängige Verwaltungsaufgaben. |
| (GO tag) | Unbedingter Sprung zur Marke. |
| (AND $Si(GO tag)) | Bedingter Sprung (wenn Kellergipfel nicht NIL).<br>Immer entkellernd. |
| (OR $Si(GO tag)) | Bedingter Sprung (wenn Kellergipfel gleich NIL). Immer entkellernd. |
| (RETURN $RESULT) | Löst den Austritt aus der äußeren $(\text{LAMBDA} \dots)$ - Operation aus. Funktionswert liegt auf dem Kellergipfel. |

Die Ziffern innerhalb der Namen $Si haben keinerlei Bedeutung
und können ignoriert werden. Wir verwenden sie für Zwecke der
Fehlerüberprüfung. (z.B. der Wert der Zahl, die den Ziffern j
in der (PROG ...)-Operation entspricht, sollte gleich der
Zahl i+k-1 sein.) Man könnte die Ziffern verwenden, um mehr-
fache Entkellerungsoperationen auszudrücken: Wenn nach einem
(SETQ $S5 ...) ein (SETQ $S3 ...) kommt, dann wäre zunächst
dreimal zu entkellern und danach wieder einmal zu kellern.
$RESULT und $S1 werden praktisch ununterscheidbar verwendet:
Eine Instruktion (SETQ $RESULT $S1) ist daher ein NOOP.

Alle Operationen sind eigentlich MACROs - das wird sichtbar,
wenn wir die (LAMBDA ...) bzw. die (PROG ...)-Operationen
betrachten. Es ist sehr einfach, eine Makro-Expansion nach
BYTELISP's Maschinensprache zu entwickeln. Wir kommen später
zu diesem Punkt zurück.


## 2.3 Die Transformationsregeln für die LISP-Compilation

Wir geben nun sieben Transformationsregeln an, die genügen,
um LISP-Programme in äquivalente dekomponierte Programme zu
überführen. Diese Regeln basieren auf der Annahme, daß Code
für eine Maschine erzeugt werden soll, die zur Klasse der
"reinen Keller-Maschinen" gehört.
Einige dieser Regeln sind in verschiedene Anwendungsfälle
zerteilt.
Die Ordnung, in der die Regeln angegeben werden, stellt die
Reihenfolge dar, in der während der Code-Erzeugungsphase
die Regeln zur maschinenunabhängigen Code-Erzeugung dienen
könnten. Die Anwendung einer Regel findet statt, indem von
außen nach innen ein Programmteil gesucht wird, auf den die

linke Seite einer Regel, das Anwendungsmuster, paßt. Bei
dieser Bewegung von außen nach innen, bewegen wir uns schrittweise von Formen zu Argumenten von Formen bzw. zu Teilformen
von Spezialformen. Wenn wir bei Konstanten oder Variablen
ankommen, dann gibt es prinzipiell keine Anwendungsmöglichkeiten für Regeln mehr,und der rekursive Prozeß der Suche
nach Regelanwendungsmöglichkeiten endet (auf dieser Linie).
Wenn so für eine Regel im gesamten Programm alle Anwendungsmöglichkeiten erschöpft sind, dann gehen wir zur nächsten
Regel über. Es ist jedoch vieles offen in der Reihenfolge,in
der eine bestimmte Regel auf das Programm angewendet wird.
Wenn es mehrere Anwendungsmöglichkeiten gibt, kann es keine
Konflikte geben, wenn unterschiedliche Abarbeitungsfolgen
gewählt werden. Außerdem haben alle Regeln die Eigenschaft,
daß die semantische Äquivalenz zwischen dem originalen Quellprogramm und dem transformierten Programm selbst dann gilt,
wenn noch nicht alle Anwendungsmöglichkeiten erschöpft sind.

Die Notation zeigt die Beobachtung von zwei Konventionen: Wir
haben eine Reihe von verschiedenen Namen für PROGN eingeführt
($STAT, $PSTAT, $FCOND,$PROG,$COND) und einen für SETQ ($SETQ),
um die Anwendungsmuster einfacher schreiben zu können. Man kann
sich dies auf LISP-Ebene gewährleistet denken, dadurch daß die
entsprechenden Symbole das gleiche Funktionsobjekt als funktionalen Wert besitzen - oder daß sie (unexpandierte) Makros sind.
Daneben benutzen wir eine Menge von Symbolen, um die Resourcen
der Keller-Maschine zu bezeichnen. Im speziellen Falle der
reinen Kellermaschine ist dies einfach, weil wir nur eine
Resource haben, den Keller. Die Variablen, die mit $S be-
ginnen,stehen für den Keller. Zusätzlich benutzen wir, um die
Möglichkeit für die Beseitigung der tail-Rekursion aufzuzeigen,
eine Variable $RESULT, die jedoch praktisch mit $S1 identisch
ist.

Der \$-Präfix wird benutzt, um die Absicht anzuzeigen, daß
diese Variablen und Funktionen (mit ihren Namen) völlig verschieden sind von allen vom Nutzer definierten Variablen oder
Funktionen. Ob dies wirklich durch diesen Präfix erreicht wird,
ist dabei nicht die Frage. (Man kann sich leicht eine systematische Prozedur zur Namensveränderung vorstellen, die den
gewünschten Zweck sicher erreichen könnte, etwa durch Voran-
stellen immer längerer \$-Präfixe. Das Package-Konzept von MACLISP
bzw. LM-LISP wäre hier sehr nützlich.)
Ansonsten verwenden wir folgende Notation:
Zeichenketten wie (PROG(\$RESULT) treten wirklich in der externen
Repräsentation der Quellprogramme auf.
Zeichenketten wie form,fn,$a_i$ usw. sind syntaktische Variablen,
die durch konkrete Formen, Funktionsnamen und Variablen usw.
ersetzt werden, die aus dem gerade übersetzten Quellprogramm
stammen. Dies können (und dürfen) niemals \$-Variablen (\$-Funktionen)
sein. Zeichenketten wie i+n-1, die in den Namen von \$-Variablen
scheinbar auftreten, sind nur Symbole für die an dieser Stelle
in Wirklichkeit stehenden Ziffern. Da die Transformationsregeln
Schemata sind, die etwa für unterschiedlich stellige Funktionen
verwendbar sein sollen, benötigen wir diese Variabilität. In
jedem konkreten Fall sind die Transformationsvariablen n,i usw.
bekannt, die Zahl, die einem solchen Ausdruck entspricht, eine
Konstante und demgemäß der Name der entsprechenden \$-Variablen
klar definiert. Zum Beispiel: Es wird niemals eine Variable
\$Si+n-1 in irgendeiner Programmzwischenform geben. Statt dessen
kann es, bei bekanntem konkreten i und n (etwa 4 und 2), eine
Variable \$S5 geben.


Wir nehmen an, daß vor Anwendung der Transformationsregeln die
Funktion in Quellsprache vorliegt und die Form

$$(\text{LAMBDA}(var_1...var_n)form_1...form_m)$$

hat.

(R1) Ersetze jede Form (PROG ...) durch ($PROG k (PROG ...)).
 (Diese Regel wird verwirklicht, indem das Anwendungsmuster zuerst auf äußere Formen angewendet wird und
 danach schrittweise auf innere. Es wird nicht zweimal
 auf die gleiche Form angewendet. Es wird dabei ein
 Zählmechanismus aktiviert, so daß die Zahl k für jede
 Regelanwendung verschieden ist - welche konkreten Werte
 sie hat, ist unwichtig.)

(R2) Ersetze die Funktion

 $(\text{LAMBDA}(\text{var}_1 ... \text{var}_n)\text{form} ... \text{form}_{m-1} \text{form}_m)$ durch

 $(\text{LAMBDA}(\text{var}_1 ... \text{var}_n)(\text{PROG}(\$\text{RESULT})(\$\text{STAT } 1 \text{ form}_1) ...$

 $(\$\text{STAT } 1 \text{ form}_{m-1}) (\text{SETQ } \$\text{RESULT form}_m)(\text{RETURN } \$\text{RESULT})))$

(R3) Ersetze die Statement-Formen des Resultats von Regel (R2)
 (schrittweise von außen nach innen) je nach Anwendungsmuster durch die folgenden Transformationsregeln:

 (R3-A1) $(\text{SETQ } \$\text{RESULT}(\text{fn } a_1 ... a_r))$

 $=>$

 $(\text{PROGN}(\text{SETQ } \$\text{S1 } a_1) ... (\text{SETQ } \$\text{Sr } a_r)$
 $(\text{SETQ } \$\text{RESULT}(\text{fn } \$\text{S1} ... \text{Sr})))$

 (R3-A2) $(\text{SETQ } \$\text{Si}(\text{fn } a_1 ... a_r))$

 $=>$

 $(\text{PROGN}(\text{SETQ } \$\text{Si } a_1) ... (\text{SETQ } \$\text{Si+r-1 } a_r)$
 $(\text{SETQ } \$\text{Si}(\text{fn } \$\text{Si} ... \$\text{Si+r-1})))$

 (R3-A3) $(\$\text{STAT } i(\text{fn } a_1 ... a_r))$

 $=>$

 $(\text{PROGN}(\text{SETQ } \$\text{Si } a_1) ... (\text{SETQ } \$\text{Si+r-1 } a_r)$
 $(\text{fn } \$\text{Si} ... \$\text{Si+r-1}))$

 (R3-A4) $(\$\text{PSTAT } i \text{ } j \text{ } (\text{fn } a_1 ... a_r))$

 $=>$

 $(\text{PROGN}(\text{SETQ } \$\text{Sj } a_1) ... (\text{SETQ } \$\text{Sj+r-1 } a_r)$
 $(\text{fn } \$\text{Sj} ... \$\text{Sj+r-1}))$

---

(R3-B1)    (SETQ $RESULT(SETQ var form))
           = >
           (PROGN(SETQ $RESULT form)(SETQ var $RESULT))


(R3-B2)    (SETQ $Si(SETQ var form))
           = >
           (PROGN(SETQ $Si form)(SETQ var $Si))


(R3-B3)    ($STAT i(SETQ var form))
           = >
           (PROGN(SETQ $Si form)(SETQ var $Si))


(R3-B4)    ($PSTAT i j (SETQ var form))
           = >
           (PROGN(SETQ $Sj form)(SETQ var $Sj))


(R3-C1)    (SETQ $RESULT(COND($p_1$ $e_{11}$...$e_{1n_1}$)...($p_r$ $e_{r1}$...$e_{rn_r}$)))
           = >
           (COND(($FCOND 1 1(SETQ $S1 $p_1$))($STAT 1 $e_{11}$) ...
                    ($STAT 1 $e_{1n_1-1}$) (SETQ $RESULT $e_{1n_1}$))
              ...
              (($FCOND r 1(SETQ $S1 $p_r$))($STAT 1 $e_{r1}$) ...
                    ($STAT 1 $e_{rn_r-1}$)(SETQ $RESULT $e_{rn_r}$))
           (T(SETQ $RESULT NIL)))
           Wenn es eine Klausel gibt mit $n_j=0$, dann wird diese
           transformiert in:
                (($FCOND j 1(SETQ $S1 $p_j$))(SETQ $RESULT $S1))

(R3-C2) $\quad$ (SETQ \$Si(COND$(p_1 \; e_{11}\cdots e_{1n_1})\cdots(p_r \; e_{r1}\cdots e_{rn_r})$)))
=>

(COND(((\$FCOND 1 i(SETQ \$Si $p_1$))(\$STAT i $e_{11}$) ...

$\qquad$ (\$STAT i $e_{1n_1-1}$) (SETQ \$Si $e_{1n_1}$))

$\qquad$ ...

$\qquad$ ((\$FCOND r i(SETQ \$Si $p_r$))(\$STAT i $e_{r1}$) ...

$\qquad\qquad$ (\$STAT i $e_{rn_r-1}$) (SETQ \$Si $e_{rn_r}$))

(T(SETQ \$Si NIL)))

Wenn es eine Klausel gibt mit $n_j=0$, dann wird
diese transformiert in:

$\qquad$ ((\$FCOND j i(SETQ \$Si $p_j$)))

(R3-C3) $\quad$ (\$STAT i(COND$(p_1 \; e_{11}\cdots e_{1n_1})\cdots(p_r \; e_{r1}\cdots e_{rn_r})$)))
=>

(COND(((\$FCOND 1 i(SETQ \$Si $p_1$))(\$STAT i $e_{11}$) ...

$\qquad$ (\$STAT i $e_{1n_1}$))

$\qquad$ ...

$\qquad$ ((\$FCOND r i(SETQ \$Si $p_r$))(\$STAT i $e_{r1}$) ...

$\qquad\qquad$ (\$STAT j $e_{rn_r-1}$)(\$PSTAT ij $e_{rn_r}$)))

Wenn es eine Klausel gibt mit $n_j=0$, dann wird
diese transformiert in:

$\qquad$ ((\$FCOND j i(SETQ \$Sj $p_j$)))

(R3-D1) $\quad$ (SETQ \$RESULT(AND $a_1\cdots a_{r-1} \; a_r$))
=>

(COND((NOT(\$FCOND 1 1(SETQ \$S1 $a_1$))))(\$SETQ \$RESULT NIL))

$\qquad$ ...

$\qquad$ ((NOT(\$FCOND r-1 1(SETQ \$S1 $a_{r-1}$))))(SETQ \$RESULT NIL))

$\qquad$ (T(SETQ \$RESULT $a_r$)))

```
(R3-D2)   (SETQ $Si(AND a_1...a_{r-1} a_r))
          =>
          (COND((NOT($FCOND 1 i(SETQ $Si a_1)))NIL) ...
                ((NOT($FCOND r-1 i (SETQ $Si a_{r-1})))NIL)
                (T(SETQ $Si a_r)))


(R3-D3)   ($STAT i(AND a_1...a_{r-1} a_r))
          =>
          (COND((NOT($FCOND 1 i(SETQ $Si a_1)))) ...
                ((NOT($FCOND r-1 i (SETQ $Si a_{r-1}))))
                (T($STAT i a_r)))


(R3-D4)   ($PSTAT i j(AND a_1...a_{r-1} a_r))
          =>
          (COND((NOT($FCOND 1 j(SETQ $Sj a_1)))) ...
                ((NOT($FCOND r-1 j(SETQ $Sj a_{r-1}))))
                (T($PSTAT i j a_r)))


(R3-E1)   (SETQ $RESULT(OR a_1...a_{r-1} a_r))
          =>
          (COND(($FCOND 1 1(SETQ $S1 a_1))(SETQ $RESULT $S1)) ...
                (($FCOND r-1 1(SETQ $S1 a_{r-1}))(SETQ $RESULT $S1))
                (T(SETQ $RESULT a_r)))


(R3-E2)   (SETQ $Si(OR a_1...a_{r-1} a_r))
          =>
          (COND(($FCOND 1 i(SETQ $Si a_1))) ... (($FCOND r-1 i
                (SETQ $Si a_{r-1})))(T(SETQ $Si a_r)))


(R3-E3)   ($STAT i(OR a_1...a_{r-1} a_r))
          =>
          (COND(($FCOND 1 i(SETQ $Si a_1)))...((($FCOND r-1 i
                      (SETQ $Si a_{r-1})))(T($STAT i a_r)))

(R3-E4)   ($PSTAT i j(OR a_1...a_{r-1} a_r))
          =>
          (COND(($FCOND 1 j(SETQ $Sj a_1)))...(($FCOND r-1 j
                      (SETQ $Sj a_{r-1})))(T($PSTAT i j a_r)))
```

---

(R3-F1)   (SETQ $RESULT(PROG1 $a_1$ $a_2$...$a_r$))
          = >
          (PROGN(SETQ $S1 $a_1$)($STAT 2 $a_2$)...($STAT 2 $a_r$)
               (SETQ $RESULT $S1))


(R3-F2)   (SETQ $Si(PROG1 $a_1$ $a_2$...$a_r$))
          = >
          (PROGN(SETQ $Si $a_1$)($STAT i+1 $a_2$)...($STAT i+1 $a_r$)$Si)


(R3-F3)   ($STAT i(PROG1 $a_1$ ... $a_r$))
          = >
          ($STAT i(PROGN $a_1$...$a_r$))


(R3-F4)   ($PSTAT i j(PROG1 $a_1$...$a_r$))
          = >
          ($PSTAT i j(PROGN $a_1$...$a_r$))


(R3-G1)   (SETQ $RESULT(PROG2 $a_1$ $a_2$ $a_3$...$a_r$))
          = >
          (PROGN($STAT 1 $a_1$)(SETQ $S1 $a_2$)($STAT 2 $a_3$) ...
               ($STAT 2 $a_r$)(SETQ $RESULT $S1))


(R3-G2)   (SETQ $Si(PROG2 $a_1$ $a_2$ $a_3$...$a_r$))
          = >
          (PROGN($STAT i $a_1$)(SETQ $Si $a_2$)($STAT i+1 $a_3$) ...
               ($STAT i+1 $a_r$)$Si)


(R3-G3)   ($STAT i(PROG2 $a_1$...$a_r$))
          = >
          ($STAT i(PROGN $a_1$...$a_r$))


(R3-G4)   ($PSTAT i j(PROG2 $a_1$...$a_r$))
          = >
          ($PSTAT i j(PROGN $a_1$...$a_r$))

(R3-H1)  (SETQ \$RESULT(PROGN $a_1 \ldots a_{r-1}\ a_r$))
  $=>$
  (PROGN(\$STAT 1 $a_1$)...(\$STAT 1 $a_{r-1}$)(SETQ \$RESULT $a_r$))

(R3-H2)  (SETQ \$Si(PROGN $a_1 \ldots a_{r-1}\ a_r$))
  $=>$
  (PROGN(\$STAT i $a_1$)...(\$STAT i $a_{r-1}$)(SETQ \$Si $a_r$))

(R3-H3)  (\$STAT i(PROGN $a_1 \ldots a_r$))
  $=>$
  (PROGN(\$STAT i $a_1$)...(\$STAT i $a_r$))

(R3-H4)  (\$PSTAT i j(PROGN $a_1 \ldots a_{r-1}\ a_r$))
  $=>$
  (PROGN(\$STAT j $a_1$)...(\$STAT j $a_{r-1}$)(\$PSTAT i j $a_r$))

(R3-I1)  (SETQ \$RESULT(\$PROG j(PROG(($var_1$ $form_1$)...
       ($var_k$ $form_k$)$var_{k+1}$ ... $var_r$)$st_1 \ldots st_s$)))
  $=>$
  (PROGN(SETQ \$S1 $form_1$)...(SETQ \$Sk $form_k$)(\$SETQ \$S1(PROG
       (($var_1$ \$S1)...($var_k$ \$Sk)$var_{k+1} \ldots var_r$)(\$PSTAT j 1 st)...
       (\$PSTAT j 1 $st_s$)(SETQ \$S1 NIL)\$PLj(RETURN \$S1)))
       (SETQ \$RESULT \$S1))

(Jedes $st_j (1 \leq j \leq s)$, das ein Symbol (d.h. eine
Sprungmarke ist, bleibt unverändert, d.h. wird nicht
in ein (\$PSTAT ...) getan.)

(R3-I2)   (SETQ $Si($PROG j(PROG((var$_1$ form$_1$)...(var$_k$ form$_k$)var$_{k+1}$...
            var)st$_1$...st$_s$)))

          =>

          (PROGN(SETQ $Si form$_1$)...(SETQ $Si+k-1 form$_k$)
               ($SETQ $Si(PROG((var$_1$ $Si)...
               (var$_k$ $Si+k-1)var$_{k+1}$...var$_r$)($PSTAT j i st$_1$) ...
               ($PSTAT j i st$_s$)(SETQ $Si NIL)$PLj(RETURN $Si)))$Si)

          (Jedes st$_j$ (1 $\leq$ j $\leq$ s) das ein Symbol (d.h. eine Sprung-
          marke) ist, bleibt unverändert, d.h. wird nicht in ein
          ($PSTAT ...) getan.)

(R3-I3)   ($STAT i($PROG j(PROG((var$_1$ form$_1$)...
               (var$_k$ form$_k$)var$_{k+1}$ ... var$_r$)st$_1$...st$_s$)))

          =>

          (PROGN(SETQ $Si form$_1$)...(SETQ $Si+k-1 form$_k$)
               (PROG((var$_1$ $Si)...(var$_k$ $Si+k-1)var$_{k+1}$...var$_r$)
               ($PSTAT j i st$_1$)...($PSTAT j i st$_s$)$PLj))

          (Jedes st$_j$ (1 $\leq$ j $\leq$ s), das ein Symbol (d.h. eine
          Sprungmarke) ist, bleibt unverändert, d.h. wird nicht
          in ein  ($PSTAT ...) getan.)

(R3-I4)   ($PSTAT i j($PROG l(PROG((var$_1$ form$_1$)...(var$_k$ form$_k$)var$_{k+1}$
               ... var$_r$)st$_1$...st$_s$)))

          =>

          ($STAT j ($PROG l(PROG((var$_1$ form$_1$)...(var$_k$ form$_k$)var$_{k+1}$
               ... var$_r$)st$_1$...st$_s$)))

(R3-J1)   (SETQ $RESULT((LAMBDA(var$_1$...var$_r$)form$_1$...form$_s$)a$_1$...a$_r$))
          =>
          (PROGN(SETQ $S1 a$_1$)...(SETQ $Sr a$_r$)(PROG(var$_1$ $S1)...
               (var$_r$ $Sr))($STAT 1 form$_1$)...($STAT 1 form$_{s-1}$)
               (SETQ $S1 form$_s$))(SETQ $RESULT $S1))

```
(R3-J2)    (SETQ $Si((LAMBDA(var_1...var_r)form_1...form_s)a_1...a_r))
           =>

           (PROGN(SETQ $Si a_1)...(SETQ $Si+r-1 a_r)(PROG((var_1 $Si)...
                 (var_r $Si+r-1))($STAT i form_1)...($STAT i form_s-1)
                 (SETQ $Si form_s))$Si)


(R3-J3)    ($STAT i((LAMBDA(var_1...var_r)form_1...form_s)a_1...a_r))
           =>

           (PROGN(SETQ $Si a_1)...(SETQ $Si+r-1 a_r)(PROG((var_1 $Si)...
                 (var_r $Si+r-1))($STAT i form_1)...($STAT i form_s)))


(R3-J4)    ($PSTAT i j((LAMBDA(var_1...var_r)form_1...form_s)a_1...a_r))
           =>

           ($STAT j((LAMBDA(var_1...var_r)form_1...form_s)a_1...a_r))


(R3-K)     ($PSTAT i j(GO label))
           =>

           (GO label)


(R3-L)     ($PSTAT i j(RETURN form))
           =>

           (PROGN(SETQ $Sj form)(GO $PLi))
```

Neue Anwendungsmöglichkeiten werden aufgedeckt, wenn man von
außen nach innen absteigt durch Betrachtung von Effektausdrücken
von COND-Spezialformen, von Argumenten von PROGN, von Statement-
Formen von PROG, von 2. Argumenten von SETQ, von 2. Argumenten
von $FCOND-Spezialformen, die als Prädikate in bedingten Aus-
drücken stehen und von Argumenten von NOT-Formen (in gleicher
Position).

(R4) Ersetze jede Form ($SETQ $Si(PROG(...)...(RETURN $Si))
durch (PROG(...)...).

(R5) Ersetze jede Form (PROGN $a_1...a_n$) durch $a_1...a_n$.
Beseitige jede Variable $Si, die während dieses Er-
setzungsprozesses entweder ein $a_j$ $(1 \leqq j < n)$ irgendeines
PROGNs wird, oder eine Statement-Form eines PROG oder
ein mittlerer Effektausdruck.

(R6) Behandle den Körper der Funktion, die mittels der Regeln
(R1) - (R5) transformiert wurde derart, daß jedes Auftreten
eines bedingten Ausdrucks (COND...) ersetzt wird durch
($COND i(COND...)), wobei i eine Indizierung ist, die für
jeden Ausdruck nur einmal vergeben wird. (Die Regel wird
rekursiv für alle als Teilausdrücke auftretenden bedingten Ausdrücke ausgeführt.)

(R7) Ersetze jede Form ($COND i(COND...)) entsprechend ihrer
Struktur nach folgenden Regeln:

    (R7-1) Wenn der bedingte Ausdruck von der folgenden
Form ist:

$$(\text{COND}((\$\text{FCOND } 1 \text{ j } form_{11}...form_{1k_1})e_{11}...e_{1n_1})$$
$$...$$
$$((\$\text{FCOND } r \text{ j } form_{r1}...form_{rk_r})e_{r1}...e_{rn_r})$$
$$(\text{T } e_1...e_s))$$

(mit oder ohne die letzte Klausel) ersetze den
Ausdruck durch:

$$form*_{11}...form*_{1k_1} (\text{OR } \$Sj(\text{GO } \$CiL1))e_{11}...e_{1n_1}$$
$$(\text{GO } \$Ci) \ \$CiL1$$
$$...$$
$$form*_{r1}...form*_{rk_r} (\text{OR } \$Sj(\text{GO } \$CiLR))e_{r1}...e_{rn_r}$$
$$(\text{GO } \$Ci) \ \$CiLr$$
$$e*_1 ... e*_s \ \$Ci$$

Wenn es keine Klausel gibt, die mit T beginnt, unterdrücke $e^*_1 \ldots e^*_s$. Wenn eine der Formen $form_{kl}$ eine Variable ist, kann sie unterdrückt werden. Gibt es eine Klausel (Index 1), in der eine einzige Form $form_{1k}$ (d.h. k=1) nur existiert und diese (SETQ \$Sj constant)(constant $\neq$ NIL) ist, dann unterdrücke alle Klauseln, deren Index größer als 1 ist (einschließlich der (T...)-Klausel) und transformiere die 1.te Klausel in:

$$e^*_{11} \ldots e^*_{1n} \quad \$Ci$$

Wenn es eine Klausel (Index m) gibt mit $n_m=0$, so transformiere sie in:

$$form^*_{m1} \ldots form^*_{mk} \quad (AND \; \$Sj(GO \; \$Ci))$$

(R7-2)  Wenn der bedingte Ausdruck von der folgenden Form ist:

$$(COND((\$FCOND \; 1 \; j \; form_{11} \ldots form_{1k_1})))$$
$$\ldots$$
$$((\$FCOND \; r \; j \; form_{r1} \ldots form_{rk}))) \; (T \; e_1 \ldots e_s))$$

(mit oder ohne die letzte Klausel), ersetze den ganzen Ausdruck durch:

$$form^*_{11} \ldots form^*_{1k_1} \quad (AND \; \$Sj(GO \; \$Ci))$$
$$\ldots$$
$$form^*_{r1} \ldots form^*_{rk_r} \quad (AND \; \$Sj(GO \; \$Ci))e^*_1 \ldots e_s \; \$Ci$$

Wenn es keine Klausel gibt, die mit T beginnt,
unterdrücke $e*_1...e*_s$. Wenn eine der Formen $form_{kl}$
eine Variable ist, dann kann sie unterdrückt werden.
Gibt es eine Klausel (Index 1), in der eine einzige
Form $form_{1k}$ (d.h. k=1) nur existiert und diese
(SETQ \$Sj constant) (constant ≠ NIL) ist, dann
unterdrücke alle Klauseln, deren Index größer als 1
ist (einschließlich der (T...)-Klausel und transformiere
die 1.te Klausel in:

$$form_{11} \quad \$Ci$$

(R7-3)    Wenn der bedingte Ausdruck von der folgenden Form
ist:
(COND((NOT(\$FCOND 1 1 $form_{11}...form_{1k_1}$ ))(SETQ \$RESULT NIL))
...
((NOT(\$FCOND r 1 $form_{r1}...form_{rk_r}$ ))(SETQ \$RESULT NIL))
(T $e_1...e_s$))


ersetze den Ausdruck durch:


$form*_{11}...form*_{1k_1}$ (OR \$S1(GO \$Ci))
...
$form*_{r1}...form*_{rk_r}$ (OR \$S1(GO \$Ci))$e*_1...e*_s$
(GO \$CiL1)\$Ci(SETQ \$RESULT NIL) \$CiL1


(R7-4)    Wenn der bedingte Ausdruck von der folgenden Form
ist:
(COND((NOT(\$FCOND 1 j $form_{11}...form_{1k_1}$ )))a)
...
((NOT(\$FCOND r j $form_{r1}...form_{rk_r}$ )))a)

(T $e_1...e_s$))

(dabei kann das a auch fehlen oder NIL sein),
ersetze den ganzen Ausdruck durch:

$$\text{form*}_{11} \ldots \text{form*}_{1k_1} \quad (\text{OR } \$Sj (\text{GO } \$Ci))$$
$$\ldots$$
$$\text{form*}_{r1} \ldots \text{form*}_{rk_r} \quad (\text{OR } \$Sj (\text{GO } \$Ci))$$
$$e^*_1 \ldots e^*_s \quad \$Ci$$

Die Sterne zeigen an, daß die Regel (R7) erneut angewendet werden soll.


## 2.4 Beispiele

Wir geben als Beispiel drei Versionen von REVERSE. Nur im ersten Beispiel geben wir einige der Zwischenresultate an. Es ist klar, daß ein wirklich informatives Beispiel, das zur Verwendung aller Transformationsregeln führt, sehr aufwendig sein würde.

1. Version:

```
(DE REVERSE(X)(COND((NULL x)NIL)(T(APPEND(REVERSE(CDR X))
   (NCONS(CAR X))))))
```

Nach Anwendung der Regeln (R1), (R2):

```
(LAMBDA(C)(PROG($RESULT)
   (SETQ $RESULT(COND((NULL X)NIL)
     (T(APPEND(REVERSE(CDR X))(NCONS(CAR X))))))
   (RETURN $RESULT)
                )
                )
```

Nach Anwendung der Regeln (R3-C1),(R3-A1):

```
(LAMBDA(X)(PROG($RESULT $S1 $S2)
   (COND(($FCOND 1(SETQ $S1(NULL X)))(SETQ $RESULT NIL))
       (($FCOND 2(SETQ $S1 T))(PROGN(SETQ $S1 (REVERSE(CDR X)))
                                    (SETQ $S2(NCONS(CAR X)))
                                    (SETQ $RESULT(APPEND $S1 $S2))
                                    ))
        (T(SETQ $RESULT NIL)))
   (RETURN $RESULT)
                    )
                     )
```

Nach fünfmaliger Anwendung der Regel (R3-A2):

```
(LAMBDA(X)(PROG($RESULT $S1 $S2)
             (COND(($FCOND 1(PROGN(SETQ $S1 X)
                                  (SETQ $S1(NULL $S1)))))(SETQ $RESULT NIL))
                  (($FCOND 2(SETQ $S1 T))
                        (PROGN(PROGN(PROGN(SETQ $S1 X)
                                          (SETQ $S1(CDR $S1)))
                                    (SETQ $S1(REVERSE $S1)))
                              (PROGN(PROGN(SETQ $S2 X)
                                          (SETQ $S2(CAR $S2)))
                                    (SETQ $S2(NCONS $S2)))
                              (SETQ $RESULT(APPEND $S1 $S2))))
                  (T(SETQ $RESULT NIL)))
             (RETURN $RESULT )
                              )
                               )
```

Dies ist das Resultat der Regel (R3).

Nach Anwendung der Regeln (R4), (R5), (R6), (R7-1):

```
(LAMBDA(C)
          (PROG($RESULT $S1 $S2)
              (SETQ $S1 X)
              (SETQ $S1(NULL $S1))
              (OR $S1(GO $C1L1))
              (SETQ $RESULT NIL)
              (GO $C1)
        $C1L1
              (SETQ $S1 X)
              (SETQ $S1(CDR $S1))
              (SETQ $S1(REVERSE $S1))
              (SETQ $S2 X)
              (SETQ $S2(CAR $S2))
              (SETQ $S2(NCONS $S2))
              (SETQ $RESULT(APPEND $S1 $S2))
          $C1
              (RETURN $RESULT)
                              )
                          )
```

2. Version:

```
(DE REVERSE(X Y)(COND((NULL X)Y)(T(REVERSE(CDR X)(CONS(CAR X)Y))))))
```

Nach Anwendung der Regeln (R1), (R2), (R3-C1), (R3-A1), 5mal
(R3-A2), (R4), (R5), (R7-1):

```
(LAMBDA(X Y)
            (PROG($RESULT $S1   $S2 $S3)
                (SETQ $S1 X)
                (SETQ $S1(NULL $S1))
                (OR $S1(GO   $C1L1))
                (SETQ $RESULT Y)
                (GO $C1)
         $C1L1
                (SETQ $S1 X)
                (SETQ $S1(CDR $S1))
                (SETQ $S2 X)
                (SETQ $S2(CAR $S2))
                (SETQ $S3 Y)
                (SETQ $S2(CONS $S2 $S3))
                (SETQ $RESULT(REVERSE $S1 $S2))
         $C1
                (RETURN $RESULT)
                                    )
                                      )
```

3. Version:
```
(DE REVERSE(X=(PROG(Y)L(COND((NULL X)(RETURN Y)))(SETQ Y
   (CONS(CAR X)Y))(SETQ X(CDR X))(GO L)))
```

Nach Anwendung der Regeln (R1), (R2), (R3-I1), (R3-C4), 2mal
(3-B4), (R3-K), 4mal (R3-A2), (R3-L), (R4), (R5), (R6), (R7-1):

```
(LAMBDA(X Y)(PROG($RESULT $S1 $S2)
                (PROG(Y)
                 L
                       (SETQ $S1 X)
                       (SETQ $S1(NULL $S1))
                       (OR $S1(GO $C1L1))
                       (SETQ $S1 Y)
                       (GO $PL1)
                       (GO $C1)
                 $C1L1
                       (SETQ $S1 X)
                       (SETQ $S1(CAR $S1))
                       (SETQ $S2 Y)
                       (SETQ $S1(CONS $S1 $S2))
                       (SETQ Y $S1)
                       (SETQ $S1 X)
                       (SETQ $S1(CDR $S1))
                       (SETQ X $S1)
                       (GO L)
                  $PL1        )
                (SETQ $RESULT $S1)
                (RETURN RESULT)
                              )
                              )
```

## 2.5 Bewertung

Wir haben damit gezeigt, daß die Compilierung von LISP in den
Code der abstrakten LISP-Maschine möglich ist.
Wenden wir uns nun den Fragen der Code-Qualität und der
Umwandlung in Code für konkrete LISP-Maschinen zu.

## 2.5.1  Optimierung

Die Beispiele machen offensichtlich, daß nach den Code-
erzeugenden Transformationsregeln ein Bedarf nach Optimierung
besteht. Dies ist eine Konsequenz der Dekomposition, die
große Einheiten in kleinere Einheiten zerlegt. Die vorherigen
Berührungspunkte der größeren Einheiten werden dabei zu In-
ferenzfeldern. So kommt es typischerweise vor, daß die Dekomposition eines Konstrukts  zur Erzeugung von Programmelementen führt, die im dekomponierten Nachbarteil ebenfalls
erzeugt werden, und so eigentlich gar nicht erforderlich
wären.
Um diese bekannte Situation (der man mit mehr Transformationsregeln begegnen könnte) zu bessern, haben die Compiler-Ent-
werfer seit langem nicht den Compiler mit immer genaueren
Analysefällen erweitert, sondern anschließend einen einfachen
Verbesserungsschritt angehängt: die Peephole-Optimierung
(siehe 4.2.3.1).
Die meisten der bekannten Schritte in der Peephole-Optimierung
sind einfach ausdrückbar mittels Transformationsregeln für
die dekomponierte Programmiersprache / 69  /. Wir werden auf
dieses Problem hier nicht weiter eingehen. Der Leser kann
einige einfache Regeln, die Peephole-Optimierungsprinzipien
widerspiegeln, als Axiome (d17) - (d20) finden.
Für die LISP-Compilation spielt die Optimierung der Beseitigung
von Tail-Rekursiven-Funktionsaufrufen eine große Rolle. In
diesen Fällen erfolgt der rekursive Aufruf kurz vor dem end-
gültigen Verlassen der Funktion, ohne daß weitere Berechnungs-
schritte sich anschlössen. Man kann hier den rekursiven Aufruf
durch einen einfachen Sprung an den Anfang der Funktion beseitigen. Um solche Situationen schnell und einfach entdecken
zu können, haben wir die Variable $RESULT eingeführt. In
allen Fällen, in denen eine Zuweisung zu $RESULT mit einem
Ausdruck, der ein Aufruf der Funktion selbst ist - die Argumente
werden mit $S1 beginnen -, so steht, daß zwischen diesem Aus-
durck und dem abschließenden RETURN allenfalls nur GO's -

die direkt oder über GO-Ketten - zu diesem RETURN führen -
und Sprungmarken stehen, kann die Tail-Rekursionsoptimierung
vollzogen werden.


## 2.5.2  Makro-Expansion

Die Makro-Expansion findet statt durch Ersetzung eines
Makro-Aufrufs durch Folgen von Zeichen oder Instruktionen
samt Operanden. Parameter sind möglich. (Wir wollen hier
nicht in die Theorie der Makros eindringen. Zu diesem Gebiet, siehe /11/.) Wir wollen nun zeigen, wie die dekomponierte Sprache als Makrosprache reinterpretiert werden kann,
indem wir Expansionsregeln für die Makros angeben. Wir
bleiben dazu im Kontext der reinen Kellermaschine. Griss
und Hearn /35/ haben Makros angegeben, die für eine APH-
Maschine brauchbar sind.


1. Makro-Expansion nach ByteLISP LAP:

ByteLISP LAP ist eine Maschinensprache für LISP-Maschinen
des ByteLISP-Modells / 50 /. Es ist eigentlich selbst auch
ein Makro-Code. Die folgenden Operationen sind bekannt:

| | |
|---|---|
| (SETQ symbol) | Transportiere den Kellergipfel in das Sybol. Entkellere dabei. |
| (POP) | Entkellere einmal. |
| (COPY) | Kellere eine Kopie des Keller-gipfels. |
| (CONST something) | Kellere eine Konstante. |
| (VAR symbol) | Kellere den Wert einer Variablen. |
| (FN symbol number) | Rufe eine Funktion von n Argumen-ten auf. |
| (BIND(var$_1$...var$_k$)(var$_{k+1}$...var$_n$)) | Binde Variablen zu den nachein-ander gekellerten Werten (für var$_1$-var$_k$) oder zu NIL. |
| (UNBIND) | Mache letzte Bindungsoperationen rückgängig. Der Kellergipfel wird wieder zum Gipfel gemacht. |

| | |
|---|---|
| (DUNBIND) | Mache letzte Bindungsoperation rückgängig. |
| (JUMP tag) | Unbedingter Sprung zur Marke. |
| (TJUMP tag) | Bedingter Sprung (wenn Kellergipfel von NIL verschieden). Entkellert immer. |
| (FJUMP tag) | Bedingter Sprung (wenn Kellergipfel gleich NIL). Entkellert immer. |
| (NTJUMP tag) | Wie TJUMP. Kein Entkellern beim Sprung. |
| (NFJUMP tag) | Wie FJUMP. Kein Entkellern beim Sprung. |
| (RETURN) | Liefere den Kellergipfel als Wert der aktuellen Funktion zurück. Beseitige alle von der Funktion gekellerten Werte. |

ByteLISP ist dem dekomponierten LISP sehr ähnlich. Die folgenden Expansionsregeln ergeben sich fast von selbst:

| Expandiere | nach: |
|---|---|
| (SETQ \$Si const) | (CONST const) |
| (SETQ \$Si symbol) | (VAR symbol) |
| (SETQ symbol \$Si) | (SETQ symbol) |
| (SETQ \$Si(fn \$Si...\$Si+n-1)) | (FN fn n) |
| (fn \$Si...\$Si+n-1) | (FN fn n)(POP) |
| (Prog(($var_1$ \$Si)...($var_k$ \$Sj) $var_{k+1}$...$var_n$) ... ) | (BIND($var_1$...$var_k$)($var_{k+1}$...$var_n$)) ... (DUNBIND) |
| (LAMBDA($var_1$...$var_n$) (PROG(\$RESULT...\$Sk) ... )) | (BIND($var_1$...$var_n$)()) - ... (UNBIND) |

| | |
|---|---|
| (GO tag) | (JUMP tag) |
| (AND $Si(GO tag)) | (TJUMP tag) |
| (OR $Si(GO tag)) | (FJUMP tag) |
| (RETURN $RESULT) | (RETURN) |
| (SETQ $RESULT $S1) | - |
| (SETQ $RESULT const) | (CONST const) |
| (SETQ $RESULT symbol) | (VAR symbol) |

Wenn wir die Tatsache beachten, daß nicht alle der Instruktionen von ByteLISP bei dieser Expansion benötigt wurden, dann verstehen wir, daß auch nach der Makro-Expansion weitere Optimierungsmöglichkeiten bleiben. Diese sind maschinenabhängig.

Ein anderer Vorschlag für eine Menge von Makro-Expansionsregeln kann unter Verwendung der Makros des Standard-LISP-Compilers formuliert werden. Dies ist allerdings nicht ganz harmonisch möglich, weil das eigentlich zu Grunde liegende Maschinenmodell eine APH-Maschine ist. (Siehe / 35 /). Der Übergang zu einem reinen-Keller-Maschinenmodell wird erreicht dadurch, daß wir die <exp>-Ausdrücke (/ 35 /, S. 555) auf folgende Werte beschränken:

| | |
|---|---|
| 0 | Kellergipfel |
| (QUOTE ... ) | eine Konstante |
| (FLUID ... ) | eine Variable |

Unter Verwendung dieser Festlegung können wir die folgende Menge von Maschineninstruktionen konstatieren(/ 35 /, S. 543):

| | |
|---|---|
| (ENTRY name type nargs) | Zeigt den Start einer Funktion an und deklariert ihren Namen, Typ und die erwartete Argumentzahl. |
| (EXIT) | Rückkehr zur aufrufenden Funktion. |

| | |
|---|---|
| (ALLOC n) | Prüft die Kapazität des Kellers (auf n Zellen). |
| (DEALLOC n) | Entkellert alle restlichen Zellen. Der Gipfel wird anschließend erneut gekellert. |
| (MOVE exp exp) | 1. Arg = 0: Entkellern und Zuweisung zur Variablen |
| | 2. Arg = 0: Kellern des Werts des 1. Arguments |
| (JUMP adr) | Unbedingter Sprung zur Marke adr. |
| (JUMPNIL adr) | Bedingter Sprung (wenn Kellergipfel gleich NIL). Entkellere immer. |
| (JUMPT adr) | Bedingter Sprung (wenn Kellergipfel verschieden von NIL). Entkellere immer. |
| (LBL adr) | Definiere eine Sprungmarke. |
| (LINK name type nargs) | Rufe Funktion name auf, die den Typ type hat und nargs Argumente. Die Argumente sind schon gekellert. Wenn der Aufruf beendet ist, ist das Resultat im Kellergipfel (dies ist dort, wo vorher das 1. Argument stand). |
| (LAMBIND alst) | Binde die Variablen in alst zu den entsprechend gekellerten Werten. |
| (PROGBIND alst) | Binde die Variablen in alst zu NIL. |
| (FREERSTR alst) | Mache letzte Bindungsoperation rückgängig. |

Wir fügen hinzu:

| | |
|---|---|
| (LINKP name type nargs) | Rufe Funktion name auf, die den Typ typ hat und nargs Argumente. Die Argumente sind schon gekellert. Wenn der Aufruf beendet ist, sind alle Argumente entkellert und kein Wert berücksichtigt worden. |

Damit ergeben sich die folgenden Expansionsregeln:

Expandiere:

| | |
|---|---|
| (SETQ \$Si const) | (MOVE const 0) |
| (SETQ \$Si symbol) | (MOVE (FLUID symbol) 0) |
| (SETQ symbol \$Si) | (MOVE 0 (FLUID symbol)) |
| (SETQ \$Si (fn \$Si...\$Si+n-a)) | (LINK fn type n) |
| (fn \$Si...\$Si+n-1) | (LINKP fn type n) |

nach:

```
Expandiere:                              nach:

(SETQ $Si const)                         (MOVE const 0)
(SETQ $Si symbol)                        (MOVE(FLUID symbol)0)
(SETQ symbol $Si)                        (MOVE 0(FLUID symbol))
(SETQ $Si(fn $Si...$Si+n-a))             (LINK fn type n)
(fn $Si...$Si+n-1)                       (LINKP fn type n)
(PROG((var_1 $Si)...(var_k $Sj)          (LAMBIND(var_1...var_k))
     var_k+1...var_n)                            (PROGBIND(var_k+1...var_n))
  ...                                        ...
        )                                (FREERSTR(var_1...var_n))

(LAMBDA(var_1...var_n)                   (ENTRY name type n)
   (PROG($RESULT...$Sk)                  (ALLOC k)
                                         (LAMBIND(var_1...var_n))
                                            ...
  ...                                    (FREESTR(var_1...var_n))
        ))                               (DEALLOC k)
                                         (EXIT)

(GO tag)                                 (JUMP tag)
(AND $Si(GO tag))                        (JUMPT tag)
(OR $Si(GO tag))                         (JUMPNIL tag)
(RETURN $RESULT)                         -
(SETQ $RESULT $S1)                       -
(SETQ $RESULT const)                     (MOVE const 0)
(SETQ $RESULT symbol)                    (MOVE(FLUID symbol)0)
```

Sind diese Expansionsregeln einmal gegeben, so kann man viele
der von Griss und Hearn angegebenen Expansionsregeln für die
Umsetzung von den Standard LISP Makros in Maschinencode für
die IBM/360 oder die DEC-10 übernehmen. Die Instruktionen
für die zusätzlichen Entkellerungsoperationen müssen allerdings hinzugefügt werden.

## 2.6 Beweise für die Erhaltung der Semantik bei Anwendung der Transformationsregeln

Wir wollen zeigen, daß die Transformationsregeln korrekt sind,
d.h. daß sie wirklich die Semantik der Programme erhalten.
Dazu formulieren wir Axiome, die kleinste semantische Äquivalenzen zwischen Konstrukten der Programmiersprache LISP
ausdrücken.
Diese Axiome könnten ihrerseits mittels eines definierenden
Interpreters oder einer formalen semantischen Definition
von LISP bewiesen werden. Wir glauben jedoch, daß die Formulierung als Axiome einen wichtigen Aspekt der Compilerentwicklung ausdrückt: Dies sind die einfachsten Tatsachen an
die sich der Compilerschreiber halten sollte. Dieser ist
nicht so sehr damit beschäftigt, die Semantik von Elementen
der Programmiersprache zu ergründen, sondern damit, die Quellprogramme in semantisch äquivalente Objektprogramme umzuformen.

### 2.6.1 Die Axiome

a) Axiome für Formen:

| | | |
|---|---|---|
| (a1) | LAMBDA-Einführung: | form = ((LAMBDA()form)) |
| (a2) | PROGN-Einführung: | form = (PROGN form) |
| (a3) | COND-Einführung: | form = (COND (T form)) |
| (a4) | PROG-Einführung: | form = (PROG(newvar)(SETQ newvar form) |

                                              (RETURN newvar))

(newvar darf nicht in form frei
vorkommen und ist streng lokal.)

(a5) beschränkte SETQ-Einführung:    form = (SETQ newvar form)

(newvar ist streng lokal und wird
nicht außerhalb benutzt.)

(a6) Form-Dekomposition:

$$(fn\ var_1 \ldots var_{i-1}\ a_i\ a_{i+1} \ldots a_n)$$
$$=$$
$$(PROGN\ (SETQ\ locvar\ a_i)$$
$$(f_n\ var_1 \ldots var_{i-1}$$
$$locvar\ a_{i+1} \ldots a_n))$$

$(1 \leqq i \leqq n$. locvar darf nicht identisch sein mit einem der $var_j$ $(1 \leqq j < i)$, ist streng lokal und wird nicht außerhalb benutzt. Die Berechnung von $a_i$ darf keine Zuweisung zu einer der Variablen $var_j$ enthalten noch die Definition der Funktion fn verändern, die ein beliebiger nicht-spezieller Kombinator ist.)

(a7) PROGN-Einführung in Lambda-Körper:

$$(LAMBDA\ (var_1 \ldots var_n)\ form_1 \ldots$$
$$form_{m-1}\ form_m)$$
$$=$$
$$(LAMBDA\ (var_1 \ldots var_n)\ form_1 \ldots$$
$$form_{m-2}\ (PROGN\ form_{m-1}\ form_m))$$
$$(1 < m)$$

(a9) SETQ-Einführung:

$$var = (SETQ\ var\ var)$$

b) Axiome für SETQ's:

(b1) Einführung einer Zwischenvariablen:

$$(SETQ\ var\ form)$$
$$=$$
$$(PROGN\ (SETQ\ locvar\ form\ )\ (SETQ\ var\ locvar))$$

(locvar ist streng lokal und wird nicht außerhalb benutzt.)

(b2) Einführung einer Variablen:

```
(SETQ var form)
=
(PROGN(SETQ var form)var)
```

(b3) SETQ-Dekomposition:

```
(SETQ var1(SETQ var2 form))
=
(PROGN(SETQ var1 form)
   (SETQ var2 var1))
```

c) Axiome für PROGN's:

(c1) Einführung einer seiteneffektfreien Form:

$$(PROGN\ a) = (PROGN\ form\ a)$$

(form ist eine Form, die keine Seiteneffekte auslöst.)

(c2) PROGN-Komposition:

$$(PROGN\ a_1 \ldots a_{i-1}\ a_i\ a_{i+1}\ a_{i+2} \ldots a_n)$$
$$=$$
$$(PROGN\ a_1 \ldots a_{i-1}(PROGN\ a_i\ a_{i+1})\ a_{i+2} \ldots a_n)$$
$$(1 \leqq i \leqq n)$$

(c3) PROG in PROGN-Komposition:

$$(PROGN\ a_1 \ldots a_{n-1}\ a_n)$$
$$=$$
$$(PROGN(PROG()a_1 \ldots a_{n-1})a_n)$$

($1<n.$ $a_n$ darf in das PROG nur einbezogen werden, wenn das ganze PROGN selbst ein $a_j$ ($j<n$) eines anderen PROGN oder PROG ist. Keines der $a_j$ darf ein Symbol sein.)

(c4) PROG1-Reduktion:

$$(PROGN(PROG1\ a_1 \ldots a_{n-1})a_n)$$
$$=$$
$$(PROGN(PROGN\ a_1 \ldots a_{n-1})a_n)$$

Bedingung von (c3), 1. Teil.

(c5)  PROG-Resultat-
     Unterdrückung:

$$(PROGN(PROG(\ldots)\ldots(RETURN\ form)\ldots)a)$$
$$=$$
$$(PROGN(PROG(\ldots)\ldots(RETURN\ NIL)\ldots)a)$$

(Das RETURN kommt vor als direktes PROG-statement oder als letztes Argument eines PROGN oder letzte Effektform eines bedingten Ausdrucks, welche beide selbst entweder direkte PROG-statement   sind oder in ähnlichen Positionen selbst stehen. form löst keine Seiteneffekte aus.)

(c6)  Beseitigung des letzten RETURN:

$$(PROGN(PROG(\ldots)st_1\ldots st_{n-1}$$
$$(RETURN\ form))a)$$
$$=$$
$$(PROGN(PROG(\ldots)st_1\ldots st_{n-1}\ form)a)$$
$$(1 \leqq n. form\ \text{darf kein Symbol sein.})$$

(c7)  COND nach OR-Reduktion:

$$(PROGN(COND((NOT\ p)e))a)$$
$$=$$
$$(PROGN(OR\ p\ e)a)$$

(c8)  Beseitigung einer redundanten Zuweisung:

$$(PROGN(SETQ\ var\ form_1)(SETQ\ var\ form_2))$$
$$=$$
$$(PROGN(SETQ\ var\ form2))$$

($form_2$ darf eine Konstante, eine Variable oder eine beliebige Kombination oder Spezialform sein, in welcher var selbst nicht vorkommt. $form_1$ darf keine Seiteneffekte auslösen, var ist strikt lokal.)

(c9)  Vertauschung mit einargumentiger Form:

$$(PROGN\ a_1(fn\ a_2)) = (fn(PROGN\ a_1\ a_2))$$

($a_1$ darf keinen Seiteneffekt auf die Definition von fn auslösen.)

(c10) PROGN-Wert-Weiter-  
      gabe:

$$(SETQ\ var\ (PROGN\ a_1\ a_2))$$
$$=$$
$$(PROGN\ a_1\ (SETQ\ var\ a_2))$$

d) Axiome für PROG's:

(d1) Einführung einer  
      seiteneffektfreien  
      Form:

$$(PROG(...)st_1...st_i\ st_{i+1}...st_n)$$
$$=$$
$$(PROG(...)st_1...st_i\ stat\ st_{i+1}...st_n)$$

$(1 \leq i \leq n.$ stat ist eine Form, die keine Seiteneffekte auslöst.$)$

(d2) PROGN in PROG-  
      Komposition:

$$(PROG(...)st_1...st_{i-1}st_i...$$
$$st_i...st_k\ st_{k+1}...st_n)$$
$$=$$
$$(PROG(...)st_1...st_{i-1}$$
$$(PROGN\ st_i...st_k)st_{k+1}...st_n)$$

$(1 \leq i \leq k \leq n.$ Keines der $st_j$ $(i \leq j \leq k)$ darf ein Symbol sein, keines, mit der Ausnahme von $st_k$ darf ein GO oder RETURN enthalten, das sich auf das äußere PROG bezieht.$)$

(d3) PROG-Komposition:

$$(PROG(...)st_1...st_{i-1}\ st_i...st_k$$
$$st_{k+1}...st_n)$$
$$=$$
$$(PROG(...)st_1...st_{i-1}(PROG()$$
$$st_i...st_k)st_{k+1}...st_n)$$

$(1 \leq i \leq k \leq n.$ Keines der $st_j$ $(i \leq j \leq k)$ darf ein Symbol sein, bzw. ein GO oder ein RETURN enthalten, das sich entweder auf das äußere oder das beseitigte (eingeführte) PROG bezieht.

(d4) PROG1-Reduktion:

$$(\text{PROG}(\dots)\,st_1 \dots st_{i-1}$$
$$(\text{PROG1 } a_1 \dots a_k)\,st_{i+1} \dots st_n)$$
$$=$$
$$(\text{PROG}(\dots)\,st_1 \dots st_{i-1}$$
$$(\text{PROGN } a_1 \dots a_k)\,st_{i+1} \dots st_n)$$
$$(1 \leqq i \leqq n,\ 1 \leqq k)$$

(d5) PROG-Resultat-Unter-
drückung:

$$(\text{PROG}(\dots)\,st_1 \dots st_{i-1}$$
$$(\text{PROG}(\dots) \dots (\text{RETURN form}) \dots)$$
$$st_{i+1} \dots st_n)$$
$$=$$
$$(\text{PROG}(\dots)\,st_1 \dots st_{i-1}(\text{PROG}(\dots)\dots$$
$$(\text{RETURN NIL})\dots)\ st_{i+1} \dots st_n)$$
$$(1 \leqq i \leqq n.\text{form darf keine Seiten-}$$

effekte auslösen.)

(d6) Beseitigung des
letzten RETURN:

$$(\text{PROG}(\dots)\,st_1 \dots st_{i-1}(\text{PROG}(\dots)\,st_i \dots$$
$$st_{k-1}(\text{RETURN form}))\,st_{k+1} \dots st_n)$$
$$=$$
$$(\text{PROG}(\dots)\,st_1 \dots st_{i-1}(\text{PROG}(\dots)\,st_i \dots$$
$$st_{k-1}\ \text{form})\ st_{k+1} \dots st_n)$$
$$(1 \leqq i \leqq k \leqq n.\text{form darf kein}$$

Symbol sein.)

(d7) COND nach OR-Re-
duktion:

$$(\text{PROG}(\dots)\,st_1 \dots st_{i-1}$$
$$(\text{COND}((\text{NOT } p)e))\,st_{i+1} \dots st_n)$$
$$=$$
$$(\text{PROG}(\dots)\,st_1 \dots st_{i-1}(\text{OR } p\ e)$$
$$st_{i+1} \dots st_n)$$

$$(1 \leqq i \leqq n)$$

(d8) Beseitigung der redun-  
danten Zuweisung:

$$(PROG(\ldots)\,st_1\ldots st_{i-1}$$
$$(SETQ\ var\ form_1)(SETQ\ var\ form_2)$$
$$st_{i+2}\ldots st_n)$$
$$=$$
$$(PROG(\ldots)\,st_1\ldots st_1\ldots st_{i-1}$$
$$(SETQ\ var\ form_2)\,st_{i+2}\ldots st_n)$$

$(1 \leqq i < n.$ siehe die Bedingung von $(c8))$

(d9) Beseitigung einer un-  
benutzten Marke:

$$(PROG(\ldots)\,st_1\ldots st_{i-1}\ label\ st_{i+1}$$
$$\ldots st_n)$$
$$=$$
$$(PROG(\ldots)\,st_1\ldots st_{i-1}\ st_{i+1}\ldots st_n)$$

$(1 \leqq i < n.$ Es darf kein GO geben, das auf label gerichtet ist.$)$

(d10) GO-Neurichtung:

$$(PROG(\ldots)\,st_1\ldots st_{i-1}\ label_1\ label_2$$
$$st_{i+2}\ldots st_{k-1}\ldots(GO\ label_1)\ \ldots$$
$$st_{k+1}\ldots st_n)$$
$$=$$
$$(PROG(\ldots(st_1\ldots st_{i-1}\ label_1\ label_2$$
$$st_{i+2}\ldots st_{k-1}\ldots(GO\ label_2)\ldots$$
$$st_{k+1}\ldots st_n)$$

$(1 \leqq i \leqq k \leqq n.$ Das GO muß nicht direkt als $st_k$ auftreten $(i+1<k\leqq n)$ sondern kann in ihm vorkommen. In gleicher Weise könnte das GO als (oder in einem) $st_j$ $(1\leqq j<i)$ auftreten.$)$

(d11)  Beseitigung eines
       überflüssigen RETURN: 

$$(PROG(\ldots)st_1\ldots st_{n-1}(RETURN\ NIL))$$
$$=$$
$$(PROG(\ldots)st_1\ldots st_{n-1})$$
$$(1 \leq n)$$

(d12)  COND-Dekomposition:

$$(PROG(\ldots)st_1\ldots st_{i-1}$$
$$(COND(p_1\ e_1)(p_2\ e_2))st_{i+1}\ldots st_n)$$
$$=$$
$$(PROG(\ldots)st_1\ldots st_{i-1}(COND(p_1\ e_1$$
$$(GO\ newlab)))(COND(p_2\ e_2))$$
$$newlab\ st_{i+1}\ldots st_n)$$

$(1 \leq i \leq n.\,newlab$ darf nicht als
eines der $st_j$ $(1 \leq j \leq n)$ auftreten. Das $e_k$ muß nicht auftreten
$(k = 1,2))$.

(d13)  Austausch von SETQ
       und letztem RETURN: 

$$(SETQ\ var(PROG(\ldots)st_1\ldots st_{i-1}$$
$$(RETURN\ form)))$$
$$=$$
$$(PROGN(PROG(\ldots)st_1\ldots st_{i-1}$$
$$(SETQ\ var\ form))var)$$

$(1 \leq n.\,var$ darf nicht durch das
PROG gebunden werden, d.h. nicht
in der Liste nach PROG als direkte
Variable oder erstes Element eines
Paares (variable a) auftreten.
Es darf kein weiteres RETURN in
dem PROG geben.)

(d14)  RETURN-Aufschub:

$(\text{PROG}(\ldots)\,st_1\ldots st_{i-1}\ldots$
$\qquad(\text{RETURN form})\ldots st_{i+1}\ldots st_n\ \text{label})$
$=$
$(\text{PROG}(\ldots)\,st_1\ldots st_{i-1}\ldots(\text{RETURN form})$
$\qquad\ldots st_{i+1}\ldots st_n(\text{SETQ newvar NIL})$
$\qquad\text{label}(\text{RETURN newvar}))$
$=$
$(\text{PROG}(\ldots)\,st_1\ldots st_{i-1}\ldots$
$\qquad(\text{PROGN}(\text{SETQ newvar form})$
$\qquad(\text{GO label}))\ldots st_{i+1}\ldots st_n$
$\qquad(\text{SETQ newvar NIL})\ \text{label}$
$\qquad(\text{RETURN newvar}))$

$(1 \leq i \leq n$.newvar darf nicht durch das PROG gebunden werden - siehe Bedingung von (d13). Das RETURN kommt entweder als direkte Statement-form des PROG vor oder als Teil davon und muß sich auf das äußere PROG beziehen.)

(d15)  PROG-Dekomposition:

$(\text{PROG}(var_1\ var_2)\ldots(var_{k-2}\ var_{k-1})$
$\qquad(var_k\ a_1)(var_{k+1}\ a_2)$
$\qquad\ldots(var_{k+n}\ a_{n-1})var_{k+n+1}\ldots var_{k+n+m})$
$\qquad st_1\ldots st_s)$
$=$
$(\text{PROGN}(\text{SETQ locvar } a_1)(\text{PROG}((var_1 var_2)$
$\qquad\ldots(var_{k-2}\ var_{k-1})\ (var_k\ \text{locvar})$
$\qquad(var_{k+1}\ a_2)\ldots(var_{k+n}\ a_{n-1})$
$\qquad var_{k+n+1}\ldots var_{k+n+m})st_1\ldots st_s))$

$(1 \leq k,\ 1 \leq m,\ 1 \leq n,\ 1 \leq s$. locvar darf nicht als eine der Variablen $var_j (1 \leq j \leq k+n+m)$ vorkommen und nicht in einer der Formen $a_1$ $(1 \leq 1 <n)$. $a_1$ darf keine Zuweisung zu einer der $var_i (2 \leq i \leq k-1;$  für gerade i) sein.)

(d16) PROG-LAMBDA-Äquiva-  
      lenz:

$$(\text{PROG}((\text{var}_1\ a_1)\ldots(\text{var}_n\ a_n))$$
$$\text{form}_1\ldots\text{form}_{m-1}\ (\text{RETURN form}_m))$$
$$=$$
$$((\text{LAMBDA}(\text{var}_1\ldots\text{var}_n)\text{form}_1\ldots$$
$$\text{form}_{m-1}\ \text{form}_m)a_1\ldots a_n)$$

$(1 \leqq m,\ 1 \leqq n.$ Keine der Formen
$\text{form}_i\ (1 \leqq i < m)$ darf ein GO
oder RETURN sein oder ent-
halten, welches sich auf das
äußere PROG bezieht.)

(d17) Beseitigung des  
      toten Codes:

$$(\text{PROG}(\ldots)\text{st}_1\ldots\text{st}_{i-1}(\text{GO label}_1)$$
$$\text{st}_{i+1}\ldots\text{st}_{k-1}\ \text{label}_2\ \text{st}_{k+1}\ldots\text{st}_n)$$
$$=$$
$$(\text{PROG}(\ldots)\text{st}_1\ldots\text{st}_{i-1}(\text{GO label}_1)$$
$$\text{label}_2\ \text{st}_{k+1}\ldots\text{st}_n)$$

$(1 \leqq i < k \leqq n.$ Keines der $\text{st}_{i+1}\ldots\text{st}_{k-1}$
ist ein Symbol.)

(d18) Beseitigung eines  
      leeren GO's:

$$(\text{PROG}(\ldots)\text{st}_1\ldots\text{st}_{i-1}(\text{GO label})$$
$$\text{label}\ \text{st}_{i+2}\ldots\text{st}_n)$$
$$=$$
$$(\text{PROG}(\ldots(\text{st}_1\ldots\text{st}_{i-1}\ \text{label}\ \text{st}_{i+2}$$
$$\ldots\ \text{st}_n)$$

$(1 \leqq i < n)$

(d19) GO-Verkettung:

$$(\text{PROG}(\ldots)\text{st}_1\ldots\text{st}_1\ldots(\text{GO label}_1)$$
$$\ldots\text{st}_{i+1}\ldots\text{st}_{k-1}\ \text{label}_1(\text{GO label}_2)$$
$$\text{st}_{k+2}\ \ldots\ \text{st}_n)$$
$$=$$
$$(\text{PROG}(\ldots)\text{st}_1\ldots\text{st}_{i-1}\ldots(\text{GO label}_2)\ldots$$
$$\text{st}_{i+1}\ldots\text{st}_{k-1}\ \text{label}_1(\text{GO label}_2)$$
$$\text{st}_{k+2}\ldots\text{st}_n)$$

$(1 \leqq i < k < n.$ Der Fall $1 \leqq k < i \leqq n$
ist auch möglich. Das $(\text{GO label}_1)$ kann
als direkte Statement-Form des PROG
auftreten oder in einem solchen.
Es muß sich auf das äußere PROG
beziehen.)

(d20) Vermengung überlappen-  
der Formfolgen:

$$(PROG(\ldots)st_1 \ldots st_{i-1}\; stat$$
$$label\; st_{i+2} \ldots st_{k-1}$$
$$stat(GO\; label)st_{k+2} \ldots st_n)$$
$$=$$
$$(PROG(\ldots)st_1 \ldots st_{i-1}\; newlab$$
$$stat\; label\; st_{i+2} \ldots st_{k-1}$$
$$(GO\; newlab)st_{k+2} \ldots st_n)$$
$$(1 \leqq i < k < n.\; \text{Der Fall } 1 \leqq k < i < n$$
ist auch möglich.)

e) Axiome für bedingte Ausdrücke:

   (e1) PROGN-Einführung im  
        Konsequenzteil:

$$(COND(p_1\; e_{11} \ldots e_{1i} \ldots e_{1k}\; e_{1k+1} \ldots$$
$$e_{1n_1})(T\; e_{21} \ldots e_{2n_2}))$$
$$=$$
$$(COND(p_1\; e_{11} \ldots e_{1i-1}(PROGN\; e_{1i} \ldots$$
$$e_{1k})e_{1k+1} \ldots e_{1n_1})(T\; e_{21} \ldots e_{2n_2}))$$
$$(1 \leqq i \leqq k \leqq n_1, 1 \leqq n_2)$$

   (e2) COND-Komposition:

$$(COND(p_1\; e_{11} \ldots e_{1n_1})$$
$$(p_2\; e_{21} \ldots e_{2n_2}) \ldots$$
$$(p_m e_{m1} \ldots e_{mn_m}))$$
$$=$$
$$(COND(p_1\; e_{11} \ldots e_{1n_1})$$
$$(T(COND(p_2\; e_{21} \ldots e_{2n_2}) \ldots$$
$$(p_m\; e_{m1} \ldots e_{mn_m}))))$$
$$(1 \leqq m, 0 \leqq n_1, \ldots, 0 \leqq n_m)$$

   (e3) Klausel-Inversion:

$$(COND(p\; e_1)(T\; e_2))$$
$$=$$
$$(COND((NOT\; p)e_2)(T\; e_1))$$

(e4)  Beseitigung eines PROGN aus der 1. Bedingung:

$$(COND((PROGN\ a_1\ a_2)e_1)(T\ e_2))$$
$$=$$
$$(PROGN\ a_1(COND(a_2\ e_1)(T\ e_2)))$$

(Der Fall ohne $e_1$ ist erlaubt.)

(e5)  COND nach AND-Reduktion:

$$(COND(p\ e)) = (AND\ p\ e)$$

(e6)  Allgemeine Konversion von AND nach COND:

$$(AND\ p_1 \ldots p_{n-1}\ p_n)$$
$$=$$
$$(COND((NOT\ p_1)NIL)\ldots((NOT\ p_{n-1})\ NIL)(T\ p_n))$$

$$(1 \leqq n)$$

(e7)  Allgemeine Konversion von OR nach COND:

$$(OR\ p_1 \ldots p_{n-1}\ p_n)$$
$$=$$
$$(COND(p_1)\ldots(p_{n-1})(T\ p_n))$$

$$(1 \leqq n).$$

(e8)  Beseitigung einer leeren Klausel:

$$(COND(p\ e)(T\ NIL)) = (COND(p\ e))$$

(e9)  Beseitigung einer überflüssigen Klausel:

$$(COND(p\ e)(const_1\ e_1)(const_2\ e_2))$$
$$=$$
$$(COND(p\ e)(T\ e_1))$$

(Beide Konstanten $const_1$, $const_2$ müssen von NIL verschieden sein.)

(e10) Wertweitergabe:

$$(\text{SETQ var}(\text{COND}(p\ e)))$$
$$=$$
$$(\text{COND}(p(\text{SETQ var } e))(T(\text{SETQ var NIL})))$$
$$=$$
$$(\text{COND}((\text{SETQ var } p)(\text{SETQ var } e\ )))$$

(In der letzten Gleichung:var darf nicht in e frei vorkommen.)

(e11) Wertweitergabe-Variante:

$$(\text{SETQ var}(\text{COND}(p)(T\ e\ )))$$
$$=$$
$$(\text{COND}((\text{SETQ newvar } p)(\text{SETQ var newvar}))$$
$$\qquad (T\ (\text{SETQ var } e)))$$

(newvar ist strikt lokal und nicht außerhalb benutzt.)

f) Sonstige Axiome:

(f1) Konversion von PROG2 nach PROG1:

$$(\text{PROG2 } a_1\ a_2 \ldots a_n)$$
$$=$$
$$(\text{PROGN } a_1\ (\text{PROG1 } a_2 \ldots a_n))$$

$$(2 < n)$$

(f2) Konversion von PROG2 nach PROGN:

$$(\text{PROG2 } a_1\ a_2)$$
$$=$$
$$(\text{PROGN } a_1\ a_2)$$

(f3) Weitergabe des Wertes im PROG1:

$$(\text{SETQ var}(\text{PROG1 } a_1\ a_2 \ldots a_n))$$
$$=$$
$$(\text{PROGN}(\text{SETQ var } a_1)a_2 \ldots a_n\ \text{var})$$

($1 < n$. Es darf keine Zuweisung zur Variablen var geben während der Berechnung der $a_j$ ($2 \leq j \leq n$).)

## 2.6.2  Diskussion der Axiome

### 2.6.2.1  Notation

- Zeichenketten aus Sonderzeichen oder Großbuchstaben wie
  (PROGN(SETQ oder ))) sind wirklicher LISP-Code und treten
  exakt in dieser Form in den Programmen auf.
- Zeichenketten der Form ... zeigen Wiederholungen an.
- Zeichenketten aus Kleinbuchstaben wie var, label, newvar
  (auch mit Indizes) werden für syntaktische Variablen verwendet. An derselben Stelle tritt im wirklichen LISP-Code
  Text auf, der unter die entsprechenden syntaktischen Einheiten fällt. Die Namen der Variablen zeigen auf die unterschiedlichen syntaktischen Klassen:

Im Falle von $const_1$ und $const_2$ sind dies LISP-Konstanten.
Es genügt hier anzunehmen, daß die Zahlen sowie T und NIL
darunter fallen.
Im Falle von  var, $var_j$ (mit beliebigem Index), locvar, newvar,
var1, var2 werden LISP-Symbole (d.h. "literale Atome", die von
NIL oder T verschieden sind) bezeichnet.
Im Falle von $a_i$ (mit beliebigem Index), form, $form_k$ (beliebiger
Index), e, $e_i$ (beliebiger Index), $e_{ij}$ (beliebige Paare von
Indizes), p, $p_i$ (beliebiger Index) und a werden LISP-Formen
bezeichnet (einschließlich von Spezialformen jeder Art mit Aus-
nahme von GO und RETURN).
Im Falle von fn werden Symbole mit funktionaler Bedeutung be-
zeichnet.Damit sind im System vorher definierter Grundfunktio-
nen und vom Nutzer selbst definierte Funktionen gemeint.
Allerdings dürfen diese nicht, was in manchen LISP-Systemen
möglich ist,Funktionen sein, die ihre Argumente nicht auf
normale Art ausgewertet übermittelt bekommen - in der LISP-
Sprache heißt es, solche Funktionen seien FEXPRs oder NOEVAL-
Funktionen. Auch MACROS werden hier nicht zugelassen. Man kann
gut ohne FEXPRs auskommen, wenn man MACROs hat (siehe /59 /).

Andererseits kann man sich die Macros expandiert denken
(durch eine frühe Compilerphase), wenn der eigentliche
Compiler seine Arbeit beginnt.
Im Falle von label,newlab, $label_1$, $label_2$ werden Symbole
bezeichnet, die als Sprungmarken in PROGs verwendet werden.
Die letzte Klasse syntaktischer Variablen ist die, die aus
stat, $st_i$ (beliebiger Index) besteht. Diese dienen zur Bezeichnung von konkreten LISP-Formen in sehr ähnlicher Weise
als es die dritte Klasse tat - allerdings ist die dortige
Ausnahme aufgehoben: GOs und RETURNs sind nun eingeschlossen.
Symbole, die als Konkretisierung einer derartigen Variablen
auftreten, gelten als Sprungmarken.


## 2.6.2.2  Die allgemeine Form der Axiome

Die allgemeine Form unserer Axiome ist

$$\mathrm{form} = \mathrm{form}'$$

Man könnte jedoch genau so gut schreiben

$$\frac{P \{ \mathrm{form} \} Q}{P \{ \mathrm{form}' \} Q}$$

unter Verwendung der Notation von Hoare /37/.

Wir ziehen die Notation als Gleichung vor, weil wir die
Axiome (als semantische Äquivalenzen) in beiden Richtungen
verwenden und weil  es in einigen Fällen überhaupt schwierig
ist, zu entscheiden, welche Seite der Gleichung oben stehen
sollte und welche unten. Das Gleichheitszeichen sollte gelesen
werden als "... ist semantisch äquivalent zu ..." oder
"... resultiert im gleichen Wert und hat die gleichen Seiteneffekte wie ...".

## 2.6.2.3  Geltung der Axiome

Wir haben als Ausspracheweise des Gleichheitszeichens nicht
vorgeschlagen "... wird ausgewertet durch den Interpreter X
in genau denselben Schritten wie ..." oder "... wird in genau
den gleichen Objektcode übersetzt durch den Compiler Y wie ...",
weil es keinen derartig kodifizierten Interpreter oder Compiler gibt.
Es wurde schon vorgeschlagen, die Geltung der Axiome zu beweisen unter Verwendung des McCarthy'schen Interpreters für das
"reine LISP"  /51/ . Doch das macht wenig Sinn, weil unser
LISP über die Grundsprache dieses Interpreters hinausgeht
(durch die Spezialformen mit Ausnahme der bedingten Ausdrücke;
insbesondere das PROG.)
Nun mag man erneut vorschlagen, daß man doch einen idealen
Interpreter für die ausgewählte Sprachvariante programmieren
könnte und dann die Axiome beweisen könnte, indem der Interpreter ausgeführt werden könnte für beide Seiten einer Gleichung.
Es scheint jedoch, daß dies ein sehr langwieriger und nichts
Neues bringender Prozeß ist. Und am Ende muß der Interpreter
immer noch bewiesen werden. LISP existiert bereits, und wir
sind nicht in der glücklichen Position von Sprachentwerfern,
die alles per definitionem korrekt machen. Im Unterschied zu
einem solchen Herangehen glauben wir, daß die Axiome einfach
genug sind, daß sie studiert und verstanden werden können.
Wenn jemand ein gewisses Maß an Grundverständnis von LISP
hat (es ist keinerlei Programmiererfahrung erforderlich),
dann sollte er fähig sein, die Evidenz eines jeden Axioms
einzusehen. Um diese Zustimmung zu befördern, wollen wir
jedes Axiom ein wenig kommentieren.
Schließlich kann man sogar zu der umgekehrten Sicht kommen
und die Axiome für den Beweis der Korrektheit eines Interpreters heranziehen. Aber dies führt aus dem Bereich dieser
Arbeit heraus.

## 2.6.2.4 Vollständigkeit, Widerspruchsfreiheit und verwandte Fragen

Die Axiomenmenge  (erweitert um eine weitere Menge von
Axiomen für die auf die Datentypen bezogenen Grundfunktionen)
könnte als axiomatische Basis für LISP dienen. Dies war jedoch
nicht unser Ziel. Auch wurde nicht beabsichtigt, eine minimale
Menge von Axiomen zu konstruieren oder eine vollständige,
indem Axiome für alle möglichen Beziehungen zwischen den
Grundspezialformen  formuliert wurden. Der Zweck hier ist
ganz präzise die Darstellung der Compilation durch Programmtransformationen. Die Axiome wurden dahingehend ausgewählt,
wie sie diesem Ziel nützlich sind. Jedes Axiom (mit Ausnahme
von (a1)), das keine Verwendung in einem der Korrektheitsbeweise fand, wurde wieder beseitigt. Andererseits gab es
Äquivalenzen, die sehr wichtig erschienen, jedoch unter
Verwendung einfacherer Axiome bewiesen werden konnten.

Wir schwankten, ob das Axiom

$$(\text{PROG1 } a_1 \ a_2 \ \ldots \ a_n)$$
$$=$$
$$(\text{PROG1 } a_1 \ (\text{PROGN } a_2 \ \ldots \ a_n))$$

aufgenommen werden solle, denn es hätte uns ermöglicht, die
Axiome (f1) und (f3) mit 2 Argumentformen nur zu formulieren:

$$(\text{f3})$$
$$(\text{SETQ var} (\text{PROG1 } a_1 \ a_2))$$
$$=$$
$$(\text{PROGN} (\text{SETQ var } a_1) \ a_2 \ \text{var})$$

Aber es scheint, daß ein ähnliches Axiom für PROG2 erforderlich
wäre, und so sehen wir keinen Vorteil.

So wie die Axiome sind, scheinen sie gut für den gedachten
Zweck  zu taugen, und deshalb lassen wir auch die Frage nach
der Minimalität offen. Das gleiche gilt für die Vollständigkeit und selbst für die Widerspruchsfreiheit. Wir glauben
natürlich an die letztere und finden Bestärkung, wenn wir
an die vielen LISP-Interpreter denken, die praktisch den
Axiomen genügen. Aber das ist sicher noch kein Beweis.
Eine Weiterführung der Axiomatisierung könnte auch geschehen,
indem Axiome für Fehler hinzugefügt werden, zum Beispiel:

$$\text{(PROG2 a)}$$
$$=$$
$$\text{ERROR}$$

Aber dies wurde bisher nicht weiterverfolgt.


## 2.6.2.5  Seiteneffekte

Einige der Axiome bezogen sich in ihren Bedingungen auf Begriffe wie "Seiteneffekt", "wird verwendet", "Seiteneffekte
auf die Definition". Wenn wir diese Bedingungen noch genauer
analysieren, dann konstatieren wir, daß die Bezugnahmen auf
diese Konzepte in zwei Klassen zerfallen: Die Axiome (a4),
(a5), (a6), (b1), (b2), (d15), (e10), (e11), (f3) beziehen
sich auf "Zuweisungen (SETQ's), auf "Lokalität" und "Gebrauch
von Variablen", während die Axiome (c1), (c5), (c8), (d1)
und (d5) sich auf allgemeine Seiteneffekte beziehen. Eine
spezielle Gruppe bilden die Axiome (a6) und (c9), die beide
bezogen sind auf "Seiteneffekte auf eine Funktionsdefinition".

Es kann gesagt werden, daß wir nur ein sehr rohes Verständnis
von Seiteneffekten (eigentlich nur der Seiteneffektlosigkeit)
benötigen. Weil aber in so vielen Axiomen von diesen Dingen
die Rede ist, wollen wir etwas mehr zu Seiteneffekten in
LISP sagen.

In LISP fallen die Seiteneffekte in folgende Klassen:

(S1)     Zuweisungen (SETQ)

(S2)     Konstruktion von Datenstrukturen

(S3)     Modifikation von Datenstrukturen

(S4)     Funktionsdefinition (und Modifikation)

(S5)     Ein-/ Ausgabe

Seiteneffekte können ausgelöst werden durch Grundfunktionen,
innerhalb von nutzer-definierten Funktionen und innerhalb
von Teilausdrücken der nutzer-definierten Funktion, die
gerade betrachtet wird (die "aktuelle Funktion"). Seiteneffekte in Nutzer-definierten Funktionen sind schwer fest-
zustellen - die meisten LISP-Compiler gehen deshalb von der
Annahme aus, daß jede Funktion dieser Art Seiteneffekte auslöst (wir müssen denselben Weg gehen).
Es würde sehr hilfreich sein, wenn LISP eine Funktions-
klassifikation eingeführt hätte, ähnlich zu der die CDL2
/ 19/ enthält: Dort gibt es eine klare Unterscheidung
zwischen nutzer-definierten Funktionen mit oder ohne Seiteneffekte (Prädikate/Aktionen erhalten Seiteneffekte, Tests/
Funktionen nicht).

Wir beginnen hier mit der Annahme, daß jede nutzer-definierte
Funktion einen Seiteneffekt auslösen kann. Für Optimierungs-
zwecke sollte man jedoch von einer realistischeren Grund-
lage ausgehen.
Wir diskutieren nun hauptsächlich Zuweisungsseiteneffekte.
Dabei wird  auch Material anfallen, welches die anderen
Seiteneffekte hinreichend charakterisiert.
Wir werden die Worte "freies Vorkommen" und "Benutzung"
(bzw. "kommt in einer Form vor" und "wird in einer Form
benutzt") austauschbar verwenden.

## 0 - Freies und gebundes Vorkommen

(01)    Eine Variable kommt in einer Form frei vor, wenn diese
        nur aus der Variablen besteht.

(02)    Eine Variable kommt in einer Kombination frei vor,
        wenn sie als ein Argument frei vorkommt.

(03)    Eine Variable kommt in einer Spezialform der Art
        AND, OR, PROG1, PROG2, PROGN frei vor, wenn sie als
        eines der Argumente frei vorkommt.

(04)    Eine Variable kommt in einer COND-Spezialform frei vor,
        wenn sie frei entweder in einem Prädikat oder in einem
        Effektausdruck vorkommt.

(05)    Eine Variable kommt in einer SETQ-Spezialform frei vor,
        wenn sie entweder als das erste Argument auftritt
        oder frei im 2. Argument auftritt.

(06)    Eine Variable kommt frei in einer Spezialform
        $(\mathrm{PROG}((\mathrm{var}_1\ \mathrm{form}_1)\ldots(\mathrm{var}_m\ \mathrm{form}_m)\mathrm{var}_{n+1}\ldots\mathrm{var}_{n+m})\mathrm{st}_1\ldots\mathrm{st}_s)$
        vor, wenn sie frei in einem der Startwert-Formen $\mathrm{form}_i$
        $(1 \le i \le n)$ vorkommt, oder wenn sie verschieden ist
        von allen lokalen Variablen $\mathrm{var}_j$ $(1 \le j \le n+m)$ und frei
        in einem der Statement-Formen $\mathrm{st}_k$ $(1 \le k \le s)$ vorkommt.

(B1)    Jede Variable $\mathrm{var}_j$ $(1 \le j \le m)$ aus dieser Spezialform
        bezeichnen wir als "gebunden" im Körper dieser Spezial-
        form.

(07)    Eine Variable kommt in einem LAMBDA-Ausdruck (LAMBDA
        $(\mathrm{var}_1\ldots\mathrm{var}_n)\mathrm{form}_1\ldots\mathrm{form}_m)$ frei vor, wenn sie ver-
        schieden ist von allen Variablen $\mathrm{var}_i (1 \le i \le n)$ und
        in einer der Formen $\mathrm{form}_j$ $(1 \le j \le m)$ im Körper des
        Ausdrucks frei vorkommt.

(B2)    Jede Variable $\mathrm{var}_1,\ldots,\mathrm{var}_n$ aus diesem Ausdruck be-
        bezeichnen wir als "gebunden" im Körper dieses Ausdrucks.

I - Auslösen von Seiteneffekten

(I1)    Eine Konstante löst keinen Seiteneffekt aus.

(I2)    Eine Variable löst keinen Seiteneffekt aus.

(I3)    Die Spezialform SETQ löst einen Zuweisungsseiten-
        effekt aus, der auf ihr erstes Argument, eine
        Variable, gerichtet ist.
        Keines der Grundprädikate (einschließlich NOT) und
        keine der Datenzugriffsfunktionen löst einen Seiten-
        effekt aus.
        Jede Daten-Modifikationsfunktion löst einen Datenmodi-
        fikationsseiteneffekt aus, der auf eine konkrete
        Datenstruktur gerichtet ist.
        Jede der Daten-Konstruktionsfunktionen löst einen
        Datenkonstruktionsseiteneffekt aus.
        Jede Ein-/Ausgabefunktion löst einen Ein-/Ausgabe-
        seiteneffekt aus.

(I4)    Eine AND, OR, PROG1, PROG2, PROGN-Spezialform läßt
        alle Seiteneffekte passieren, die durch ihre Argumente
        ausgelöst werden.

(I5)    Eine COND-Spezialform läßt alle Seiteneffekte passieren,
        die durch ihre Prädikate und Effektformen ausgelöst
        werden.

(I6)    Eine PROG-Spezialform läßt alle Seiteneffekte passieren,
        die durch ihre Startwert-Ausdrücke ausgelöst werden.

(I7)    Eine PROG-Spezialform läßt alle Seiteneffekte passieren,
        die durch ihre Statement-Formen ausgelöst werden, mit
        Ausnahme der Zuweisungsseiteneffekte, die auf die ge-
        bundenen Variablen (lokalen Variablen) gerichtet sind.

(I8)    Ein LAMBDA-Ausdruck läßt alle Seiteneffekte passieren,
        die durch seine Formen im Körper ausgelöst werden, mit
        Ausnahme der Zuweisungsseiteneffekte, die auf die ge-
        bundenen Variablen (LAMBDA-Variablen) gerichtet sind.

(I9)      Eine nutzer-definierte Funktion sendet jede Art
von Seiteneffekt aus (tut dies zumindest potentiell),
speziell Zuweisungen zu nichtlokalen Variablen.
(Das Gegenteil kann explizit bekanntgegeben und verwendet werden.)

(I10)    Eine Kombination läßt alle Seiteneffekte passieren,
die durch die Argumente bzw. die Funktion selbst
ausgelöst werden.

Wir sagen, eine Form "hat" einen Seiteneffekt, wenn sie einen
auslöst. Eine Form löst einen Seiteneffekt aus, wenn Teilformen
Seiteneffekte auslösen und die Form diese passieren läßt.


T - Sensitivität gegenüber Seiteneffekten


(T1)     Eine Konstante ist gegenüber keinerlei Seiteneffekten
sensitiv.

(T2)     Eine Variable ist sensitiv gegenüber einem auf sie
gerichteten Zuweisungsseiteneffekt.

(T3)     Keine der Grundfunktionen ist sensitiv gegenüber
irgendwelchen Seiteneffekten.

(T4)     Nutzer-definerte Funktionen sind sensitiv gegenüber
Zuweisungsseiteneffekten, die auf freie (globale)
Variable gerichtet sind.

(T5)     Nutzer-definierte Funktionen sind sensitiv gegenüber
Funktionsdefinitions-Seiteneffekten, die auf sie
selbst gerichtet sind.

(T6)     LAMBDA-Ausdrücke sind sensitiv gegenüber Zuweisungsseiteneffekten, die auf freie (globale) Variable gerichtet sind und gegenüber jedem anderen Seiteneffekt,
dem gegenüber die Formen im Körper sensitiv sind.

(T7)    Eine AND-, OR-, PROG1-, PROG2-, PROGN-Spezialform
        ist sensitiv gegenüber jedem Seiteneffekt, demgegen-
        über eines ihrer Argumente sensitiv ist.

(T8)    Eine COND-Spezialform ist sensitiv gegenüber jedem
        Seiteneffekt, dem gegenüber eines der Prädikate
        oder eine der Effektformen sensitiv sind.

(T9)    Eine SETQ-Spezialform ist sensitiv gegenüber jedem
        Seiteneffekt, dem gegenüber das zweite Argumtent
        sensitiv ist.

(T10)   Eine PROG-Spezialform ist sensitiv gegenüber jedem
        Seiteneffekt, dem gegenüber eine der Startwertformen
        sensitiv ist.

(T11)   Eine PROG-Spezialform ist sensitiv gegenüber jedem
        Zuweisungsseiteneffekt, der auf eine freie (globale)
        Variable gerichtet ist und gegenüber jedem anderen
        Seiteneffekt, dem gegenüber eines der Statement-
        Formen sensibel ist.

(T12)   Eine Kombination ist sensitiv gegenüber jedem Seiten-
        effekt, dem gegenüber ihre Funktion oder ihre Argu-
        mente sensitiv sind.


OC - Die Reihenfolge der Auswertung


(OC1)   Die Argumente einer Kombination werden ausgewertet,
        bevor die Kombination angewendet werden kann.

(OC2)   Wenn i<j, und das ite Argument löst einen Seiten-
        effekt aus, und das jte Argument ist diesem gegenüber
        sensitiv, dann muß das ite Argument vor dem jten
        Argument ausgewertet werden.
        Wenn i<j, und jte Argument löst einen Seiteneffekt
        aus, und das ite Argument ist diesem gegenüber sensi-
        tiv, dann muß das ite Argument vor dem jten Argument
        ausgewertet werden.

(OC3)   Die Argumente einer Kombination, deren Funktion
        ein LAMBDA-Ausdruck ist, werden ausgewertet, bevor
        die Formen im Körper ausgewertet werden.

(OC4)   Die Regel (OC2) gilt auch für Spezialformen PROG1,
        PROG2 und PROGN.

(OC5)   Für die AND- und OR-Spezialformen gilt: Wenn $i<j$,
        dann wird das ite Argument vor dem jten Argument
        ausgewertet.

(O7)    Für COND-Spezialformen gilt: das ite Prädikat wird
        ausgewertet vor dem ersten Effektausdruck in der
        iten Klausel.

(OC8)   Für die Effektausdrücke in einer Klausel von COND-
        Spezialformen gilt sinngemäß Regel (OC2): Verwende
        "Effektausdruck $e_{ki}$" anstelle von "ites Argument"
        und "Effektausdruck $e_{kj}$" anstelle von "jtes Argu-
        ment".
        Beachte dabei, daß der letzte Effektausdruck den
        Wert des gesamten bedingten Ausdrucks erzeugt. Er
        sollte in der Regel als letzter ausgewertet werden.

(OC9)   Für SETQ-Spezialformen: Das 2. Argument wird ausge-
        wertet bevor die Zuweisung ausgeführt wird.

(OC10)  Für PROG-Spezialformen: Alle Startwertausdrücke
        werden vor der ersten Statement-Form ausgewertet.

(OC11)  Für PROG-Spezialformen: Die Regel (OC2) gilt sinnge-
        mäß für die Startwertausdrücke: Verwende "Startwert-
        ausdruck" an Stelle von "Argument".

(OC12)  Für PROG-Spezialformen: Wenn die ite Statement-
        Form keine Sprungmarke ist, so wird sie nach der
        i-1.ten Statement-Form ausgewertet, falls diese
        existiert, keine Sprungmarke ist, kein GO oder
        RETURN ausgelöst hat.

(OC13)   Für PROG-Spezialformen: Wenn die ite Statement-
         Form eine RETURN-Spezialform ist, dann wird nach
         Auswertung dieser Statement-Form keine weitere
         Statementform der PROG-Spezialform ausgewertet.
(OC14)   Eine Spezialform gilt als ausgewertet, nachdem
         die Formen (Prädikate, Statement-Formen, Start-
         wertausdrücke) in der Spezialform, je nach dem
         konkreten Auswertungsvorgang, ausgewertet wurden.


Mit diesen Regeln wird nun klar, was die Bedingungen der
Axiome genau meinen: In den Axiomen (c1), (c5), (c8),
(c1) und (d5) steht schon "Form, die keine Seiteneffekte
auslöst". Im Axiom (f3) wird nur Bezug genommen auf Zuweisungsseiteneffekte. Die Axiome (a4), (a5), (a6), (b1),
(c8), (d13), (d14), (d15), (e10) und (e11) verwenden in
ihren Bedingungen Formulierungen wie "streng lokal",
"nicht außerhalb benutzt". Mit "streng lokal" ist gemeint,
lokal in der "aktuellen Funktion", d.h. gebunden durch
irgendein PROG oder gebunden als LAMBDA-Variable. Mit
"nicht außerhalb benutzt" ist gemeint, "nicht durch Zuweisungen mit Werten versehen vor der im Axiom beschriebenen
Form und nicht frei vorkommend in Formen, die nach der im
Axiom beschriebenen Form ausgewertet werden müssen". Die
Termini "vor" und "nach" sind durch die Regeln OC hinreichend fixiert.
Bei genauerem Hinsehen wird man feststellen, daß die Bedingungen in O etwas abgeschwächt werden könnten: Eine
weitere Fassung des Terminus "benutzt" oder "freien Vor-
kommens" ist möglich, wenn wir die Regel (O5) fortlassen.
Auch die Paraphrasierung von "nicht außerhalb benutzt"
kann abgeschwächt werden in "wird nicht später benutzt"
vulgo "tritt nicht später frei auf". "Vor" und "nach"
beziehen sich natürlich nur auf die "aktuelle Funktion".
Da wir später systematisch Variablen einsetzen werden,
die durch ein umfassendes PROG gebunden sind,aber neu
generiert und so von allen nutzer-definierten Variablen
verschieden, lassen sich diese Bedingungen leicht erfüllen.

## 2.6.2.6  Diskussion der Axiome

### A. Axiome für Formen

Die ersten vier sind sehr allgemein. Die anderen sind stark
auf den Zweck der Programmdekomposition bezogen.

(A1)    Dieses Axiom spiegelt die Lambda-Reduktion (die
        ß-Regel) für Lambda-Formen ohne Argumente wider.

(A2)    Wenn man ein Form als einziges Argument in eine
        PROGN-Spezialform aufnimmt, ändert man weder den
        Wert (der immer durch das letzte Argument geliefert
        wird) noch die Seiteneffekte (PROGN läßt sie passieren).

(A3)    Eine COND-Spezialform wird ausgewertet, indem die
        Prädikate ausgewertet werden, solange, bis eines von
        NIL verschieden ist. Dies gilt auch für das einzige
        und deshalb ist der Gesamtwert auf beiden Seiten des
        Axioms derselbe (der Interpreter hat jedoch eine Aus-
        wertungsaktion mehr zu absolvieren).Die Auswertung des
        konstanten Prädikats führt keinen neuen Seiteneffekt
        ein, die existierenden Seiteneffekte können passieren.

(A4)    Die Ausführung des SETQs fügt einen Seiteneffekt hinzu.
        Jedoch ist dieser nicht sichtbar außerhalb des PROG.
        Der Wert des PROG ist dann derselbe wie der von form,
        wenn die neue Bindung (von newvar zu NIL) nicht eine
        existierende Bindung überschreibt und diese in form
        benutzt würde. Das gerade wird durch die Bedingung
        ausgeschlossen.

(A5)    Die Ausführung des SETQs fügt einen Seiteneffekt hinzu.
        Wäre die Variable locvar außerhalb der "aktuellen
        Funktions" sichtbar oder würde damit eine in der
        "aktuellen Funktion" später stattfindende Auswertung
        beeinflußt, so wäre dies nicht zu akzeptieren. Einge-
        schränkt durch die Bedingung jedoch entsteht kein
        Schaden. Der Wert eines SETQs ist immer durch das
        2. Argument bestimmt.

(A6)     Dieses Axiom ist das allerwichtigste von allen. Es
         beschreibt den Effekt, der entsteht, wenn eine Be-
         rechnungsreihenfolge geändert wird. Für die einge-
         führten SETQs gilt die Argumentation von (A5).)
         Und zwar wird die Ermittlung der Funktion erst nach der
         Auswertung der Argumente durchgeführt. Dieses Axiom
         kann sicher nicht für alle LISP-Programme gelten. Die-
         jenigen, die die Bedingung nicht erfüllen, sind nicht
         compilierbar und können nicht in Betracht gezogen
         werden. Diese Bedingung erscheint als Konkretisierung
         der allgemeineren Bemerkungen von Jürgensen /40/.
(A7)     Dieses Axiom wäre in LISP1.5 nicht möglich. Es beschreibt
         - wie auch (e2) und (d15) - das sog. "implizite PROGN"
         (in diesem Falle für Lambda-Körper).
(A8)     Hier liegt der merkwürdige Fall vor, daß trotz der
         Einführung eines SETQ eigentlich kein Seiteneffekt ein-
         geführt wird.


B. Axiome für SETQs

Die Axiome (b1) und (b3) werden für den Dekompositionsprozeß
benötigt. Sie haben keine allgemeine Bedeutung. Das Axiom (b2)
dagegen spiegelt eine wesentliche Eigenschaft von Zuweisungen
wider.
(B1)     Es ist offensichtlich, daß die Werte der Formen auf
         beiden Seiten der Gleichung den gleichen Wert haben,
         weil der Wert im einen Fall direkt genommen wird und
         im anderen Falle mittels locvar transportiert wird.
         Offensichtlich wird jedoch ein Seiteneffekt neu ein-
         geführt. Dessen Auswirkungen werden durch die Bedingung
         eingedämmt.

(B2)     Nach der Zuweisung eines Wertes zu einer Variablen hat
         diese Variable den Wert - fürs erste.

(B3)     Dieses Axiom ist wichtig, um die Dekomposition von
         SETQ-Spezialformen beweisen zu können. Es wird kein
         Seiteneffekt hinzugefügt, der Wert auf beiden Seiten
         ist der gleiche - einmal als 2. Argument von SETQ
         und einmal transportiert durch die Variable.


## C. Axiome für PROGNs

Die meisten Axiome beschreiben, was in einem "PROGN-Kontext"
möglich ist, d.h. in Programmpositionen, wo die Auswertung der
Seiteneffekte halber geschieht und nicht der Werte halber.
Wir haben versucht, die Axiome ohne Parameter zu formulieren.
Dies konnte nicht für das allgemeine Axiomenschema (c2)
gelingen. Dieses Schema wird benötigt, um die n-stelligen
Varianten der Axiome zu beweisen. So konnten die Axiome (c1),
(c3), (c5), (c7), (c8) und (c9) zweistellig  gemacht werden.
Axiomenschemata liegen noch vor im Falle von (c3), (c4),
(c5) und (c6).
Im Falle des Axioms (c4) könnte auch das ausgeräumt werden,
wenn ein Axiom $(PROG1\ a_1\ a_2\ ...\ a_n) = (PROG1\ a_1\ (PROGN\ a_2\ ...\ a_n))$
eingefügt worden wäre. Das Axiom (c4) würde dann lauten können:
(c4')

$$(PROGN(PROG1\ a_1\ a_2)a_3) = (PROGN(PROGN\ a_1\ a_2)a_3)$$

Die Axiome (c3), (5) und (c6) müssen Axiomenschemata bleiben,
weil sie Aussagen über PROG's machen und für diese kann eine
Zusammenfassung, die zu (c2) ähnlich ist, nicht so allgemein
existieren.

(C1)   Wir werden dieses Axiom nur mit Konstanten für
       die eingeführte Form form benötigen. Der Wert
       beider Seiten der Gleichung ist gleich (letztes
       Argument von PROGN!), Seiteneffekte werden nicht neu
       eingeführt.

(C2)   Dieses Axiom erlaubt das Ausklammern von PROGNs.
       Es ist deshalb sehr wichtig für die Dekompositions-
       technik. Im inneren PROGN benötigen wir nur zwei
       Formen, weil jede andere Zahl durch wiederholte
       Anwendung des Axioms selbst erzeugt werden kann.

(C3)   Dieses Axiom erlaubt das Ausklammern mit PROGs in
       PROGn-Kontexten. Die schwache Ausklammerungskraft
       von PROGs behindert uns hier nicht, weil die zukünftigen
       Statement-Formen auf Formen beschränkt sind (GOs und
       RETURNs können nicht auftreten). Dies ist der Haupt-
       grund, daß die Äquivalenz gilt.

(C4)   Der einzige Zweck eines PROG1 ist, den Wert seines
       ersten Arguments weiterzugeben. Wenn dieser Wert nicht
       gefragt ist, dann ist PROG1 mit PROGN äquivalent.

(C5)   Die Pünktchen müssen verstanden werden als "kommt vor
       als direkte Statement-Form oder als Teil einer solchen".
       Die Ersetzung des konkreten Wertes für die form kann
       geschehen, weil der Wert ohnehin unbeachtet bleibt.

(C6)   Im Normalfall liefert ein PROG, das nach Auswertung
       der letzten Statement-Form endet ("ausläuft"), den
       Wert NIL: Insofern scheint es, als könne das gesamte
       RETURN beseitigt werden - wenn man (C5) beachtet. Wenn
       jedoch Seiteneffekte erlaubt sind, dann dürfen diese
       nicht entfernt werden. Deshalb bedeutet die Ersetzung
       des letzten RETURN durch sein Argument, daß der
       Wert NIL eingeführt wird und die Seiteneffekte erhalten
       bleiben.

(C7)    Man könnte der Meinung sein, daß die Äquivalenz
des CONDs und des ORs unabhängig vom (auf den
Wert bezogenen) Kontext gelte. Dabei wird aber der
Fall vergessen, daß das Prädikat einen von NIL
verschiedenen Wert annimmt. Das OR würde diesen
Wert liefern, während das COND NIL liefert! (Im
anderen Fall sind die Werte gleich.)

(C8)    Wir beseitigen einen Seiteneffekt, der nach außen
nicht Auswirkungen haben kann, weil sie gleich anschließend geändert werden.

(C9)    Wenn man dieses Axiom mit (a6) vergleicht, so stellt
man fest, daß auch hier eine Auswertungsreihenfolge
geändert wird. Wenn die Form $a_1$ die Definition von
fn ändern würde, so wären beide Seiten der Gleichung
nicht semantisch äquivalent. Sie (A6).
Wir benötigen dieses Axiom nur um die semantische
Äquivalenz von Formen wie
$$(NOT(PROGN\ a_1 \ldots a_{n-1}\ a_n))\quad und\quad (PROGN\ a_1 \ldots a_{n-1}(NOT\ a_n))$$
zu beweisen. Wir nehmen nicht an, daß es jemals Pro-
gramme geben könnte, die Seiteneffekte enthalten, um
die Definition von NOT zu verändern.

(C10)   Hier werden keinerlei Reihenfolgen geändert. Werte
und Seiteneffekte bleiben gleich.


## D. Axiome für PROGS

Alle Axiome in diesem Teil sind Axiomenschemata, weil die
Möglichkeiten, in PROGs auszuklammern, beschränkt sind. Dies
kommt daher, weil Sprungmarken, GOs und RETURNs auf ein be-
stimmtes PROG bezogen sind.

(D1)     Dieses Axiom soll die Parallelität zwischen PROGs
         und PROGNs unterstreichen. Es wird in keinem Beweis
         wirklich benutzt. (Für die Optimierung könnte es
         wichtig sein.) Variablen müssen ausgeschlossen werden,
         weil sie in PROGs als Sprungmarken falsch interpretiert
         würden.

(D2)     Dieses Axiom könnte so angegeben werden, daß das innere
         PROG nur zwei Formen enthält. Die Bedingung spiegelt
         die Beschränkungen  wider, denen das Ausklammern in
         PROGs unterworfen ist. Wenn wir ein GO als vorderes
         Argument in das PROGN bekommen, so gerät es in eine
         verbotene Position (das gleiche gilt für RETURN).
         Wenn eine Sprungmarke in das PROGN gerät, wird sie im
         PROG unsichtbar.
         Wenn wir das Axiom von rechts nach links lesen, dann
         wären die Einschränkungen  nicht so scharf: Nur der Fall
         der Variablen als Argumente von PROGN müßte verboten
         werden (um die Neueinführung von Sprungmarken auszu-
         schließen).

(D3)     Die Bedingung sagt bereits genug, so daß mit den bei
         (D2) gemachten Bemerkungen alles klar sein müßte.
         Der Grund für die Spezialrolle von GO bzw. RETURN
         ist deren Bezugnahme auf ein bestimmtes PROG (-Niveau).
         Das Axiom wird insbesondere benutzt, um überflüssige
         PROGs (solche ohne lokale Variablen) zu beseitigen.

(D4)     Siehe bei (C4)

(D5)     Siehe bei (C5)

(D6)     Siehe bei (C6)

(D7)     Siehe bei (C7)

(D8)     Siehe bei (C8)

(D9)     Einfaches Prinzip der Peephole-Optimierung

(D10)    Einfaches Prinzip der Peephole-Optimierung.

(D11)    Ein "auslaufendes" PROG hat ohnehin den Wert NIL.

(D12)    Zusammen mit (d7) bildet dieses Axiom das Herz der
         Regeln für die Dekomposition bedingter Ausdrücke.
         Wir führen keine neuen Seiteneffekte ein, und der
         Wert ist uninteressant in diesem Kontext. Es wird
         die Äquivalenz von Ausdrucksmitteln für Formenfolgen
         in PROGs festgestellt. Dabei sollten wir die Tatsache
         beachten, daß bedingte Ausdrücke in einzelne Teile
         zerlegbar sind, die aus je einer Klausel nur be-
         stehen.

(D13)    Eine wichtige Voraussetzung dieses Axioms (das gewöhn-
         lich als Transformation von links nach rechts benutzt
         wird) ist, daß es kein  weiteres RETURN geben darf.
         Der einzige Weg, auf dem das PROG einen Wert liefern
         kann, führt genau über dieses RETURN. Das ist der Grund,
         weshalb wir es durch eine Zuweisung ersetzen können.
         Das letzte Argument des äußeren PROGN ist nur dann
         wichtig, wenn das PROGN in Kontexten steht, wo es auf
         den Wert ankommt. Kein Seiteneffekt wird hinzugefügt.
         Die Aufgabe, das Verlassen des PROGs zu vollziehen,
         wird von einem expliziten Sprachmittel auf ein implizites
         Verhalten verlagert.

(D14)    Jedes RETURN kann ersetzt werden durch einen  Sprung zum
         Ende des PROGs. Das ist die Moral dieses Axioms. Die
         Bedingung für die neue Variable ist so zu verstehen, daß
         sie wirklich neu sein muß. Ihr Bindungsbereich kann mit
         dem PROG übereinstimmen. Wichtig ist, daß es keine un-
         liebsame Interferenz mit existierenden Variablen gibt.

(D15)    Man könnte verlangen, daß die Bindung mit NIL explizit
         gemacht wird. Das erscheint aber nicht als nötig. Dieses
         Axiom wird für die Dekomposition von PROGs gebraucht.

(D16)   Dieses Axiom drückt aus, daß es nur einen Bindungs-
        mechanismus gibt, der durch beide konkrete Formen,
        durch Lambda-Bindungen und PROG-Bindung, aktiviert
        wird.
(D17)   Einfaches Prinzip der Peephole-Optimierung
(D18)   Einfaches Prinzip der Peephole-Optimierung
(D19)   Einfaches Prinzip der Peephole-Optimierung
(D20)   Einfaches Prinzip der Peephole-Optimierung


## E. Axiome für bedingte Ausdrücke

Die ersten zwei Axiomenschemata erlauben, daß die übrigen
Axiome kürzer werden. Die meisten beziehen sich auf die
Struktur bedingter Ausdrücke. Ausnahmen sind (e5), (e6)
und (e7), die die Beziehung von bedingten Ausdrücken zu
anderen Spezialformen beschreiben, die noch verwendet
werden, um bedingte Auswertungen zu formulieren.

(E1)    Dieses Axiom könnte für LISP1.5 nicht aufgestellt
        werden, weil dort nur eine Effektform pro Klausel
        erlaubt war. Für Nachfolgerdialekte beschreibt
        es das sog. "implizite PROGN" (siehe Axiom (a7)).
        Eine andere Form dieses Axiom hätte dies noch
        deutlicher gemacht -aber auch stärkeren Bezug zu
        (c2) erfordert:

$$(\text{COND}(p_1\ e_{11}\ \ldots\ e_{1n_1})(T\ e))$$
$$=$$
$$(\text{COND}(p_1\ (\text{PROGN}\ e_1\ \ldots\ e_{1n_1}))(T\ e))$$

        Die Möglichkeit, dieses Axiom nur mit zwei Klauseln
        und nur einer Form in der zweiten Klausel  zu formu-
        lieren wird durch die Existenz des Axioms (e2) ge-
        sichert.

(E2) Dieses Axiomenschema drückt die Auswertungsreihenfolge in bedingten Ausdrücken in einer rekursiven
Art aus: Ein bedingter Ausdruck wird ausgewertet,
indem das erste Prädikat ausgewertet wird. Ist dessen
Wert von NIL verschieden, dann werden die Effektformen
so ausgewertet, als ob sie als Argumente eines PROGN
aufgetreten wären. Wenn das Prädikat den Wert NIL hatte,
dann wird der "Rest des bedingten Ausdrucks" ausgewertet.
Man sollte beachten (in Bezug auf (E1)), daß die 2.
Klausel des verschachtelten bedingten Ausdrucks nur
einen Effektausdruck hat.

(E3) Die Gültigkeit dieses Axioms wird deutlich, wenn man
die Auswertungsereignisse protokolliert. In beiden bedingten Ausdrücken beginnen wir damit, das erste Prädikat auszuwerten. Im linken Ausdruck ist es das p selbst,
im rechten Ausdruck (NOT p). Um dies letztere auszuwerten müssen wir auch im rechten Ausdruck mit der Auswertung von p beginnen. Nun sei der Wert von p nicht
NIL. Im linken Fall ist damit schon die richtige Klausel
ausgewählt, und wir enden mit der Auswertung von $e_1$. Im
rechten Falle bekommt das gesamte Prädikat den Wert NIL.
Wir gehen zur nächsten Klausel und werten dort das Prädikat aus. Es ist eine Konstante (kann keinen Seiteneffekt auslösen), verschieden von NIL, und wir enden ...
mit dem Wert von $e_1$. In ähnlicher Weise behandele man
den anderen Fall (Wert p=NIL).

(E4) Dies ist eine wichtige Beziehung zwischen COND und
PROGN. Einsicht in die Gültigkeit gewinnt man wiederum
durch ein Protokoll der Auswertungsereignisse. Die Natur
des PROGN schließt die Eigenschaft ein, daß nur das
letzte Argument seinen Wert bestimmt - und dies beeinflußt deshalb allein den Wert des Prädikats.

(E5)  Während die COND-nach-OR-Reduktion nur in PROG-
bzw. PROGN-Kontexten gültig war, ist die COND-
nach-AND-Reduktion immer gültig. Der Grund liegt
darin, daß der Wert NIL, der durch die Semantik
von AND garantiert wird, nun auch nach Auswertung
des 1. Ausdrucks allein in beiden Seiten vorliegt,
(Während OR einen von NIL verschiedenen Wert lieferte.)

(E6)  Zunächst wurde dieses Axiom verwendet im Glauben,
daß es in einem Paper von Sussman und Steele benutzt
worden wäre. Die richtige Literaturangabe konnte
jedoch nicht festgestellt werden. Es könnte deshalb
auch ein Compilerlisting des S1-LISP gewesen sein.
Daß eine Beziehung zu  den McCarthy'schen Definitionen
der logischen Operatoren / 52 / besteht, sollte offensichtlich sein: McCarthy hatte notiert:

$$p \ \& \ q = \text{if } p \text{ then } q \text{ else } F$$
$$p \lor q = \text{if } p \text{ then } T \text{ else } q$$

Der Hauptunterschied liegt darin, daß die logischen
Operatoren nur Wahrheitswerte erzeugen, während
die LISP-Funktionen die Werte der Argumente (im
Falle nicht NIL) liefern. Doch dies hat Konsequenzen
für OR allein. Wenn wir beide Definitionen in LISP
schreiben (als semantische Äquivalenzen), so haben
wir:

```
(AND P Q) = (COND(P Q)(T NIL))
(OR P Q)  = (COND(P)   (T Q))
```

Die zweite Gleichung ist bereits in der richtigen
Form und muß nur verallgemeinert werden, um das
Axiom (e7) zu bekommen. Die erste Gleichung wird
unter Verwendung von Axiom (e3) transformiert werden
zu:

```
(AND P Q) = (COND((NOT P)NIL)(T Q))
```

Durch Verallgemeinerung ergibt sich Axiom (e6).

(E7)  Siehe (E6)

(E8)   Dieses Axiom macht eine Differenz zu LISP1.5 deut-
       lich. Ein bedingter Ausdruck ohne ein Prädikat, das
       einen von NIL verschiedenen Wert lieferte,war nur in
       PROG-Kontexten erlaubt. Deshalb würde der Ausdruck
       auf der linken Seite nicht als korrekt gelten können.
       Das Axiom drückt die Annahme aus, daß jeder bedingte
       Ausdruck ein immer wahres Prädikat enthält, zu dem
       der Wert NIL gehört.

(E9)   Ein Prädikat, das immer einen Wert liefert, der von
       NIL verschieden ist, beginnt praktisch die letzte
       Klausel in jedem bedingten Ausdruck. Es kann durch
       ein ähnliches Prädikat (eine Konstante $\neq$ NIL) ersetzt
       werden.

(E10)  Dieses Axiom drückt die Möglichkeit aus, daß der
       Wert eines bedingten Ausdrucks durch jeden letzten
       Effektausdruck geliefert werden kann.

(E11)  Wieder ein Axiom, das für LISP1.5 nicht korrekt wäre.
       In Klauseln, die nur aus dem Prädikat bestehen, liefert
       dies den Wert.


F. Sonstige Axiome

Diese Axiome machen Aussagen über PROG1 bzw. PROG2. Ein mit
(f3) vergleichbares Axiom für PROG2 wäre formulierbar gewesen.
Wir benötigen es jedoch nicht, weil es mittels (f1) und (f3)
beweisbar ist.

(F1)   Ein PROG2 kann eine nicht festgelegte Argumentzahl
       haben und liefert den Wert des zweiten Arguments.
       Wenn mehr als zwei Argumente gegeben sind, können
       wir es in ein PROG1 umschreiben.

(F2)   Für zwei Argumente ist ein PROG2 mit PROGN identisch.
       (Das "N" in dessen Name soll auch genau dies aus-
       drücken.)

(F3)   Die Bedingung bezüglich der Variablen kann als
       gesichert angesehen werden, wenn es sich um eine
       neueingeführte Variable handelt. Zusammen mit Axiom
       (c4) stellt dies die Definition von PROG1 dar.

## 2.6.3 Beweise der semantischen Korrektheit

1. Für Transformationsregel (R1):
Die Äquivalenz

$$\text{form} = (\text{PROGN form})$$

ist gültig für jede Form, nicht nur für PROG-Spezialformen
(Axiom (a2)).
Die Äquivalenz

$$(\text{PROGN form}) = (\text{PROGN number form})$$

ist gültig auf Grund von Axiom (c1).                    Q.E.D.


2. Für Transformationsregel (R2):
$(\text{LAMBDA}(\text{var}_1 \ldots \text{var}_n)\,\text{form}_1 \ldots \text{form}_m) = (\text{LAMBDA}(\text{var}_a \ldots \text{var}_n)$
  $(\text{PROGN form}_1 \ldots \text{form}_m))$

auf Grund von Axiom (a7) - wir benötigen Lemma (L1).
$(\text{LAMBDA}(\text{var}_1 \ldots \text{var}_n)(\text{PROGN form}_1 \ldots \text{form}_m)) = (\text{LAMBDA}(\text{var}_1 \ldots \text{var}_n)$
  $(\text{PROG}(\$\text{RESULT})(\text{SETQ }\$\text{RESULT}(\text{PROGN form}_1 \ldots \text{form}_m))(\text{RETURN }\$\text{RESULT})))$

auf Grund von Axiom (a4); $RESULT ist nach Annahme eine
Variable, die nicht in der Funktion vorkommt.
$(\text{SETQ }\$\text{RESULT}(\text{PROGN form}_1 \ldots \text{form}_m)) = (\text{PROGN form}_1 \ldots \text{form}_{m-1}$
  $(\text{SETQ }\$\text{RESULT form}_m))$

auf Grund von Axiom (c10). Um ihm direkt zu entsprechen, fassen
wir alle Formen $\text{form}_i$ $(1 \leq i \leq m-1)$ in einem PROGN zusammen (Axiom
(c2), Lemma (L2)) und beseitigen dies wieder nach der Anwendung
von Axiom (c10).
Weiter: $(\text{PROG}(\ldots)(\text{PROGN form}_1 \ldots \text{form}_{m-1}(\text{SETQ }\$\text{RESULT form}_m)) \ldots) =$
        $(\text{PROG}(\ldots)\text{form}_1 \ldots \text{form}_{m-1}(\text{SETQ }\$\text{RESULT form}_m) \ldots)$

auf Grund von Axiom (d2) - wenn Symbole unter den Formen sind,
können wir diese im PROGN unterdrücken gemäß Axiom (c1).
Für jede der Formen können wir den Beweis von Regel 1 verwenden,
um die Äquivalenzen

$$\text{form} = (\text{PROGN number form})$$

zu sichern.

Damit

$(\text{LAMBDA}(\text{var}_1 \ldots \text{var}_n)\,\text{form}_1 \ldots \text{form}_m) =$

$(\text{LAMBDA}(\text{var}_1 \ldots \text{var}_n)(\text{PROG}(\$\text{RESULT})(\text{PROGN 1 form}_1) \ldots$

$\quad (\text{PROGN 1 form}_{m-1})(\text{SETQ \$RESULT form}_m)(\text{RETURN \$RESULT})))$

Wenn wir den Namen $STAT für PROGN verwenden, haben wir
die Behauptung.                                          Q.E.D.


3. Für Transformationsregel (R3):

<u>3.A1.</u> Wir benötigen einen Induktionsbeweis.

Zuerst: r=1   (d.h.: für einstellige Funktionen)

$(\text{SETQ \$RESULT}(\text{fn a})) = (\text{SETQ \$RESULT}(\text{PROGN}(\text{SETQ \$S1 a})$

$\quad (\text{fn \$S1})))$

(gemäß Axiom (a6)).

$\qquad\qquad\qquad = (\text{PROGN}(\text{SETQ \$S1 a})(\text{SETQ \$RESULT}(\text{fn \$S1})))$

(gemäß Axiom (c10)).

Wir nehmen nun an, die Behauptung sei für $r \leq k$ gültig.

Wir führen jetzt den Beweis für r=k+1 (d.h. für k+1-stellige

Funktionen):

$(\text{SETQ \$RESULT}(\text{fn a}_1 \ldots a_k\ a_{k+1})) = (\text{SETQ \$RESULT}(\text{PROGN}(\text{SETQ \$S1 a}_1)$

$\quad (\text{fn \$S1 a}_2 \ldots a_k\ a_{k+1})))$

(gemäß Axiom (a6)).

$\quad = (\text{PROGN}(\text{SETQ \$S1 a}_1)(\text{SETQ \$RESULT}(\text{fn \$S1 a}_2 \ldots a_k\ a_{k+1})))$

(gemäß Axiom (c10)).

$\quad = \ldots$

$\quad \ldots$

$\quad = (\text{PROGN}(\text{SETQ \$S1 a}_1) \ldots (\text{SETQ \$Sk a}_k)(\text{SETQ \$RESULT}(\text{fn} \ldots a_{k+1})))$

$\quad = (\text{PROGN}(\text{SETQ \$S1 a}_1) \ldots (\text{SETQ \$Sk a}_k)(\text{SETQ \$RESULT}$

$\qquad (\text{PROGN}(\text{SETQ \$Sk+1 a}_{k+1})(\text{fn \$S1} \ldots \$\text{Sk+1}))))$

(gemäß Axiom (a6)).

$\quad = (\text{PROGN}(\text{SETQ \$S1 a}_1) \ldots (\text{SETQ \$Sk a}_k)(\text{SETQ \$Sk+1 a}_{k+1})$

$\qquad (\text{SETQ \$RESULT}(\text{fn \$S1} \ldots \$\text{Sk \$Sk+1})))$

(gemäß Axiom (c10)).

Jede Anwendung von Axiom (a6) war möglich, weil wir eine
völlig neue Variable einführten. Es sind endlich viele
Schritte und wir generieren endlich viele Symbole (wir
benötigen für jedes Argument eines). Die letzte Zeile
war genau das, was wir brauchten.

Der Beweis ist nur unter der Annahme gültig, daß die Bedingung
von Axiom (a6) erfüllt wurde. Die ersten zwei Teile sind
abgesichert durch die Konstruktion: Jede der neu eingeführten Variablen ist von den anderen verschieden und
kommt nicht unter den schon eingeführten Variablen vor.
Jede von ihnen ist lokal (zur "aktuellen Funktion") per
definitionem. Was können wir zu ihrer Verwendung "außerhalb"
und "innerhalb" der Argumente $a_i$ sagen? Um den ersten Teil
zu beweisen, verwenden wir Lemma (L5) und (L19). Um den
zweiten Teil zu beweisen, bemerken wir, daß keine der ursprünglichen Formen eine Variable der Form $S enthält. Sie
alle werden eingeführt bei Ausführung einer (R3)-Transforma-
tion. Die Frage ist nun: Kann es Anwendungsfälle für Transformationsregeln innerhalb einer Form geben, bevor die
Form selbst transformiert worden ist?
Anwendungssituationen sind charakterisiert durch die Muster
(1)      (SETQ $RESULT ...)
(2)      (SETQ $Si      ...)
(3)      ($STAT         ...)
(4)      ($PSTAT        ...).

Das ursprüngliche Programm enthält solche Teile nicht. Sie
werden nur durch Transformationsregeln eingebracht. Keine
Regel jedoch überquert die Kombinationen (indem sie außerhalb und innerhalb ändert, die Kombination jedoch erhält).
Ein Ausdruck (SETQ $Si(fn $Si...$Si+n-1)) ist kein An-
wendungsfall per definitionem.

Deshalb kann keine Variable \$S identisch sein mit einem
Argument $a_i$ ($1 \leqq i \leqq n$) noch innerhalb einem Argument vorkommen.
Dies vervollständigt den Beweis. $\qquad$ Q.E.D.

<u>3.A2.</u> Wir können den Beweis von (R3-A1) weitgehend benutzen.
Der Unterschied liegt nur in der ersten Gleichung des In-
duktionsschrittes:

$$(\text{SETQ } \$Si(\text{fn } a_1 \ldots a_k \ a_{k+1})) = (\text{PROGN}(\text{SETQ } \$Si \ a_1)$$
$$(\text{SETQ } \$Si(\text{fn } \$Si a_2 \ldots a_k \ a_{k+1})))$$

Diese Anwendung der Axiome (a6) und (c10) ist einfacher zu
beweisen als durch eine Anwendung des Lemmas (L5). Die
übrigen Teile der Bedingung sind leicht zu erfüllen (d.h.:
1. Argument, lokal per definitionem) weil direkt einsehbar
ist, daß keine "äußere Verwendung" möglich ist: Der Beweis
für (R3-A1) sichert, daß \$Si nicht unter den $a_i$ ($1 \leqq i \leqq k+1$)
vorkommen kann. Die neue Zuweisung zerstört ohnehin jede mögliche äußere Verwendung, und deshalb können wir die Variable
innerhalb der Form frei verwenden. Alle anderen Beweisteile
von (R3-A1) können verwendet werden, wenn \$RESULT durch
\$Si ersetzt wird und die \$S-Variablen neu durchgezählt werden.

<u>3.A3.</u> Jede Form (\$STAT...) ist entweder ein direktes Argument
eines PROGN, ein PROG-Statement oder eine Effektform (in einem
bedingten Ausdruck). In anderen Worten: Es ist eine Form in
einem PROGN-Kontext. (Siehe Lemma (L3).)
Deshalb:

$$(\text{PROGN} \ldots (\$STAT \ i(\text{fn } a_1 \ldots a_r)) \ldots)$$
$$= (\text{gemäß Axiom (c1); } \$STAT \text{ ist ein anderer Name für PROGN.})$$
$$(\text{PROGN} \ldots (\$STAT \ (\text{fn } a_1 \ldots a_r)) \ldots)$$
$$= (\text{gemäß Axiom (a2)})$$
$$(\text{PROGN} \ldots (\text{fn } a_1 \ldots a_r) \ldots)$$
$$= (\text{gemäß Axiom (a5)})$$

$$(\text{PROGN}\ldots(\text{SETQ } \$Si(\text{fn } a_1\ldots a_r))\ldots)$$
$=(\text{gemäß Regel (R3-A2)})$
$$(\text{PROGN}\ldots(\text{PROGN}(\text{SETQ } \$Si\ a_1)\ldots(\text{SETQ } \$Si{+}r{-}1\ a_r)$$
$$(\text{SETQ } \$Si(\text{fn } \$Si\ldots\$Si{+}r{-}1)))\ldots)$$
$=(\text{gemäß Regel (c2)})$
$$(\text{PROGN}\ldots(\text{SETQ } \$Si\ a_1)\ldots(\text{SETQ } \$Si{+}r{-}1\ a_r)$$
$$(\text{SETQ } \$Si(\text{fn } \$Si\ldots\$Si{+}r{-}1))\ldots)$$
$=(\text{gemäß Axiom (a5)})$
$$(\text{PROGN}\ldots(\text{SETQ } \$Si\ a_1)\ldots(\text{SETQ } \$Si{+}r{-}1\ a_r)$$
$$(\text{fn } \$Si\ldots\$Si{+}r{-}1)\ldots)$$
$=(\text{gemäß Axiom (c2)})$
$$(\text{PROGN}\ldots(\text{PROGN}(\text{SETQ } \$Si\ a_1)\ldots(\text{SETQ } \$Si{+}r{-}1\ a_r)$$
$$(\text{fn } \$Si\ldots\$Si{+}r{-}1))\ldots)$$

Die einzige Frage, die offen geblieben ist, ist die nach den Anwendbarkeitsbedingungen für Axiom (a5). In Lemma (L6) beweisen wir, daß keine Zuweisungen zu den Variablen $\$Sj(j{<}i)$ aus ($STAT i...) erzeugt werden.

__3.A4.__ Jede Form ($PSTAT...) ist ein direktes PROG-Statement, letztes Argument eines PROGN oder letzte Effektform eines bedingten Ausdrucks, welche selbst wiederum entweder direkte PROGN-Statements sind oder über einige Zwischenvorkommen als letzte Argumente von PROGN oder letzte Effektformen von bedingten Ausdrücken in direkten PROG-Statements vorkommen (Lemma (L4)). In anderen Worten: Es ist eine Form in PROG-Kontext. Deshalb gilt:

$$(\text{PROG}(\ldots)\ldots(\$\text{PSTAT } i\ j(\text{fn } a_1\ldots a_n))\ldots)$$
$= (\text{gemäß Axiom (c2), (c1), (c2);}\$\text{PSTAT ist ein Alias}$
$\quad\text{für PROGN})$
$$(\text{PROG}(\ldots)\ldots(\$\text{PSTAT } j(\text{fn } a_1\ldots a_n))\ldots)$$
$= (\text{gemäß Axiom (c1)})$

```
(PROG(...)...($PSTAT(fn a₁...a_r))...)
```
$(PROG(...)...(\$PSTAT(fn\ a_1...a_r))...)$
= (gemäß Axiom (d2))
$(PROG(...)...(fn\ a_1...a_r)...)$
= (gemäß Axiom (a5))
$(PROG(...)...(SETQ\ \$Sj(fn\ a_1...a_r))...)$
= (gemäß Regel (R3-A2))
$(PROG(...)...(PROGN(SETQ\ \$Sj\ a_1)...(SETQ\ \$Sj+r-1\ a_r)$
$(SETQ\ \$Sj(fn\ \$Sj...\$Sj+r-1)))...)$
= (gemäß Axiom (a5) und (d2))
$(PROG(...)...(SETQ\ \$Sj\ a_1)...(SETQ\ \$Sj+r-1\ a_r)$
$(fn\ \$Sj...\$Sj+r-1)...)$
= (gemäß Axiom (d2))
$(PROG(...)...(PROGN(SETQ\ \$Sj\ a_1)...(SETQ\ \$Sj+r-1\ a_r)$
$(fn\ \$Sj...\$Sj+r-1))...)$

Die Frage blieb noch offen, ob die Anwendbarkeitsbedingungen von Axiom (a5) erfüllt sind. In Lemma (L7) beweisen wir, daß es bezüglich der $Sk ($j \overset{\leq}{=} k$) keine Konflikte gibt, wenn ($PSTAT i j ...) transformiert wird.

3.B1.

   (SETQ $RESULT(SETQ var form))
   = (gemäß Axiom (b3))
   (PROGN(SETQ $RESULT form)(SETQ var $RESULT))

3.B2. Benutze den Beweis für (R3-B1), ersetze $RESULT durch $Si.

3.B3. Über den Kontext, siehe die ersten Sätze im Beweis von (R3-A3). Deshalb gilt:

   (PROGN...($STAT i(SETQ var form))...)
   = (gemäß Axiom (c1))
   (PROGN...($STAT(SETQ var form))...)
   = (gemäß Axiom (c2))
   (PROGN...(SETQ var form)...)
   = (gemäß Axiom (b1))
   (PROGN...(PROGN(SETQ $Si form)(SETQ var $Si))...)

Um die Anwendbarkeitsbedingungen von Axiom (b1) zu sichern,
siehe Lemma (L6) - bzw. letzter Satz des Beweises von (R3-A3).

**3.B4.** Über den Kontext, siehe die ersten Sätze vom Beweis
von (R3-A4). Deshalb gilt:

   (PROG(...)...($PSTAT i j(SETQ var form))...)

   = (gemäß Axiom (c2). Axiom (c1) und Axiom (c2))

   (PROG(...)...($PSTAT j(SETQ var form))...)

   = (gemäß Axiom (c1))

   (PROG(...)...($PSTAT(SETQ var form))...)

   = (gemäß Axiom (d2))

   (PROG(...)...(SETQ var form)...)

   = (gemäß Axiom (b1))

   PROG(...)...(PROGN(SETQ $Sj form)(SETQ var $Sj))...)

Um die Anwendbarkeitsbedingungen von Axiom (b1) zu sichern,
siehe Lemma (L7) - bzw. letzter Satz des Beweises von (R3-A4).

**3.C1.**

$$(\text{SETQ } \$RESULT\,(\text{COND}\,(p1\ e_{11}\cdots e_{1n_1-1}\ e_{1n_1})\cdots(p_r\ e_{r1}\cdots e_{rn_r-1}\ e_{rn_r})))$$

   = (gemäß Lemma (L11), eine Verallgemeinerung von Axiom (e8))

$$(\text{SETQ } \$RESULT\,(\text{COND}\,(p_1\ e_{11}\cdots e_{1n_1-1}\ e_{1n_1})\cdots$$

$$(p_r\ e_{r1}\cdots e_{rn_r-1}\ e_{rn_r})(\text{T NIL})))$$

   = (gemäß Lemma (L7) und Lemma (L8), Verallgemeinerung von
    Axiom (e10))

$$(\text{COND}\,(p_1\ e_{11}\cdots e_{1n_1-1}\,(\text{SETQ } \$RESULT\ e_{1n_1}))\cdots$$

$$(p_r\ e_{r1}\cdots e_{rn_r-1}\,(\text{SETQ } \$RESULT\ e_{rn_r}))(\text{T}\,(\text{SETQ } \$RESULT\ \text{NIL})))$$

   = (mittels r-maliger Anwendung von Axiom (a2))

$$(\text{COND}\,((\$FCOND\ p_1)e_{11}\cdots 1_{1n_1-1}\,(\text{SETQ } \$RESULT\ e_{1n_1}))\cdots$$

$$((\$FCOND\ p_r)e_{r1}\cdots e_{rn-1}\,(\text{SETQ } \$RESULT\ e_{rn_r}))$$

$$(\text{T}\,(\text{SETQ } \$RESULT\ \text{NIL})))$$

   = (mittels r-maliger Anwendung von Axiom (c1))

$(\text{COND}((\$\text{FCOND } 1\ p_1)e_{11}\ldots e_{1n_1-1}(\text{SETQ } \$\text{RESULT } e_{1n_1}))\ldots$

$\qquad ((\$\text{FCOND } r\ p_r)e_{r1}\ldots e_{rn_r-1}(\text{SETQ } \$\text{RESULT } e_{rn_r}))$

$\qquad\qquad\qquad (\text{T}(\text{SETQ } \$\text{RESULT NIL})))$

$=$ (mittels $(n_1-1+\ldots+n_r-1)$-maliger Anwendung von

Axiom (a2))

$(\text{COND}((\$\text{FCOND } 1\ p_1)(\$\text{STAT } e_{r1})\ldots(\$\text{STAT } e_{1n_1-1})(\text{SETQ } \$\text{RESULT } e_{1n_1}))$

$\ldots$

$\qquad ((\$\text{FCOND } r\ p_r)(\$\text{STAT } e_{r1})\ldots(\$\text{STAT } e_{rn_r-1})(\text{SETQ } \$\text{RESULT } e_{rn_r}))$

$\qquad\qquad\qquad\qquad (\text{T}(\text{SETQ } \$\text{RESULT NIL})))$

$=$ (mittels $(n_1-1+\ldots+n_r-1)$-maliger Anwendung von Axiom (c2))

$(\text{COND}((\$\text{FCOND } 1\ p_1)(\$\text{STAT } 1\ e_{11})\ldots(\$\text{STAT } 1\ e_{1n_1-1})(\text{SETQ } \$\text{RESULT } e_{1n_1}))$

$\ldots$

$\qquad ((\$\text{FCOND } r\ p_r)(\$\text{STAT } 1\ e_{r1})\ldots(\$\text{STAT } 1\ e_{rn_r-1})(\text{SETQ } \$\text{RESULT } e_{rn_r}))$

$\qquad\qquad\qquad\qquad (\text{T}(\text{SETQ } \$\text{RESULT NIL})))$

$=$ (mittels $r$-malige Anwendung von Axiom (a5))

$(\text{COND}((\$\text{FCOND } 1(\text{SETQ } \$\text{S1 } p_1))(\$\text{STAT } 1\ e_{11})\ldots(\$\text{STAT } 1\ e_{1n_1-1})$

$\qquad\qquad\qquad\qquad\qquad\qquad (\text{SETQ } \$\text{RESULT } e_{1n_1}))$

$\ldots$

$\qquad ((\text{FCOND } r(\text{SETQ } \$\text{S1 } p_r))(\$\text{STAT } 1\ e_{r1})\ldots(\$\text{STAT } 1\ e_{rn_r-1})$

$\qquad\qquad\qquad\qquad\qquad\qquad (\text{SETQ } \$\text{RESULT } e_{rn_r}))$

$(\text{T}(\text{SETQ } \$\text{RESULT NIL})))$

Um die Anwendbarkeitsbedingungen von Axiom (a5) abzusichern,
siehe den Beweis von (R3-A1). Die noch fehlenden r Einsen können
via Axiom (c1) eingeführt werden. - Ein Induktionsbeweis wäre
ebenso gut möglich gewesen. Dies demonstrieren wir mit dem
nächsten Beweis.

__3.C.2__ Wir beweisen durch Induktion über die Zahl der Klauseln:
Sei $r=1$:

    (SETQ \$Si(COND(p $e_1$...$e_n$)))

    = (gemäß Axiom (e8))

    (SETQ \$Si(COND(p $e_1$...$e_n$)(T NIL)))

    = (gemäß Axiom (e1))

    (SETQ \$Si(COND(p (PROGN $e_1$...$e_n$))(T NIL)))

    = (gemäß Axiom (e10))

    (COND(p (SETQ \$Si(PROGN $e_1$...$e_n$)))(T(SETQ \$Si NIL)))

    = (gemäß Axiom (c10); siehe Beweis von (R2))

    (COND(p (PROGN $e_1$...(SETQ \$Si $e_n$)))(T(SETQ \$Si NIL)))

    = (gemäß Axiom (e1))

    (COND(p $e_1$...$e_{n-1}$(SETQ \$Si $e_n$))(T(SETQ \$Si NIL)))

    = (gemäß Axiom (a2),n-mal.\$FCOND und \$STAT sind Aliases
      von PROGN)

    (COND(((\$FCOND p)(\$STAT $e_1$)...(\$STAT $e_{n-1}$)(SETQ \$Si $e_n$))
      (T(SETQ \$Si NIL)))

    = (gemäß Axiom (c1), n-mal)

    (COND(((\$FCOND 1 p)(\$STAT i $e_1$)...(\$STAT i $e_{n-1}$)
      (SETQ \$Si $e_n$))
      (T(SETQ \$Si NIL)))

    = (gemäß Axiom (a5) und Axiom (c1))

    (COND(((\$FCOND 1 i(SETQ \$Si p))(\$STAT i $e_1$) ...
      (\$STAT i $e_{n-1}$)(SETQ \$Si $e_n$))
      (T(SETQ \$Si NIL)))

Um die Anwendbarkeitsbedingungen für Axiom (a5) zu sichern,
siehe den Beweis von (R3-A2).


Wir nehmen an, die Korrektheit gelte für $r \leq k$.
Wir zeigen sie nun für $r=k+1$:

$$(\text{SETQ } \$Si\,(\text{COND}\,(p_1\ e_{11}\ldots e_{1n_1})$$
$$(p_2\ e_{21}\ldots e_{2n_2})\ \ldots$$
$$(p_{k+1}\ e_{k+11}\ldots e_{k+1n_{k+1}})))$$

$= $ (gemäß Axiom (e2))

$$(\text{SETQ } \$Si\,(\text{COND}\,(p_1\ e_{11}\ldots e_{1n_1})$$
$$(\text{T}\,(\text{COND}\,(p_2\ e_{21}\ldots e_{2n_2})\ldots$$
$$(p_{k+1}\ e_{k+11}\ldots e_{k+1n_{k+1}})))))$$

$= $ (Anwendung der Induktionsvoraussetzung)

$$(\text{COND}\,((\$FCOND\ 1\ i\,(\text{SETQ } \$Si\ p_1))\,(\$STAT\ i\ e_{11})\ldots$$
$$(\$STAT\ i\ e_{1n_1-1})\,(\text{SETQ } \$Si\ e_{1n_1}))$$
$$((\$FCOND\ 2\ i\,(\text{SETQ } \$Si\ \text{T}))\,(\text{SETQ } \$Si\,(\text{COND}\,(p_2\ e_{21}\ldots e_{2n_2})\ldots$$
$$(p_{k+1}\ e_{k+11}\ldots e_{k+1n_{k+1}}))))$$

$$(\text{T}\,(\text{SETQ } \$Si\ \text{NIL})))$$

$= $ (Anwendung der Induktionsvoraussetzung)

$$(\text{COND}\,((\$FCOND\ 1\ i\,(\text{SETQ } \$Si\ p_1))\,(\$STAT\ i\ e_{11})\ldots$$
$$(\$STAT\ i\ e_{1n_1-1})\,(\text{SETQ } \$Si\ e_{1n_1}))$$
$$((\$FCOND\ 2\ i\,(\text{SETQ } \$Si\ \text{T}))\,(\text{COND}\,((\$FCOND\ 1\ i\,(\text{SETQ } \$Si\ p_2))$$
$$(\$STAT\ i\ e_{21})\ldots(\$STAT\ i\ e_{2n_2-1})\,(\text{SETQ } \$Si\ e_{2n_2}))$$
$$\ldots$$
$$(((\$FCOND\ i\,(\text{SETQ } \$Si\ p_{k+1}))$$
$$(\$STAT\ i\ e_{k+11})\ldots(\$STAT\ i\ e_{k+1n_{k+1}-1})\,(\text{SETQ } \$Si\ e_{k+1n_{k+1}}))$$
$$(\text{T}\,(\text{SETQ } \$Si\ \text{NIL}))))$$
$$(\text{T}\,(\text{SETQ } \$Si\ \text{NIL})))$$

$= $ (k-mal Axiom (c1): Nummernbeseitigung; k-mal Axiom (c1):
Neue Zahlen.)

$$(\text{COND}((\$\text{FCOND } 1 \text{ i}(\text{SETQ } \$\text{Si } p_1))(\$\text{STAT i } e_{11})\ldots$$
$$(\$\text{STAT i } e_{1n_1-1})(\text{SETQ } \$\text{Si } e_{1n_1}))$$
$$((\$\text{FCOND } 2 \text{ i}(\text{SETQ } \$\text{Si } T))(\text{COND}((\$\text{FCOND } 2 \text{ i}(\text{SETQ } \$\text{Si } p_2))$$
$$(\$\text{STAT i } e_{21})\ldots(\$\text{STAT i } e_{2n_2-1})(\text{SETQ } \$\text{Si } e_{2n_2}))$$
$$\ldots$$
$$((\$\text{FCOND } k+1 \text{ i}(\text{SETQ } \$\text{Si } p_{k+1}))$$
$$(\$\text{STAT i } e_{k+11})\ldots(\$\text{STAT i } e_{k+1n_{k+1}-1})(\text{SETQ } \$\text{Si } e_{k+1n_{k+1}}))$$
$$(T(\text{SETQ } \$\text{Si NIL}))))$$
$$(T(\text{SETQ } \$\text{Si NIL})))$$
$$= (\text{mittels Axiom (c1) und (a2): (PROGN 2 T) = T.)}$$
$$(\text{COND}((\$\text{FCOND } 1 \text{ i}(\text{SETQ } \$\text{Si } p_1))(\$\text{STAT i } e_{11})\ldots$$
$$(\$\text{STAT i } e_{1n_1-1})(\text{SETQ } \$\text{Si } e_{1n_1}))$$
$$(T(\text{COND}((\$\text{FCOND } 2 \text{ i}(\text{SETQ } \$\text{Si } p_2))(\$\text{STAT i } e_{21})\ldots$$
$$(\$\text{STAT i } e_{2n_2-1})(\text{SETQ } \$\text{Si } e_{2n_2}))$$
$$\ldots$$
$$((\$\text{FCOND } k+1 \text{ i}(\text{SETQ } \$\text{Si } p_{k+1}))(\$\text{STAT i } e_{k+11}) \ldots$$
$$(\$\text{STAT i } e_{k+1n_{k+1}-1})(\text{SETQ } \$\text{Si } e_{k+1n_{k+1}}))$$
$$(T(\text{SETQ } \$\text{Si NIL}))))$$
$$(T(\text{SETQ } \$\text{Si NIL})))$$
$$= (\text{mittels Axiom (e9)})$$
$$(\text{COND}((\$\text{FCOND } 1 \text{ i}(\text{SETQ } \$\text{Si } p_1))(\$\text{STAT i } e_{11})\ldots$$
$$(\$\text{STAT i } e_{1n_1-1})(\text{SETQ } \$\text{Si } e_{1n_1}))$$
$$(T(\text{COND}((\$\text{FCOND } 2 \text{ i}(\text{SETQ } \$\text{Si } p_2))(\$\text{STAT i } e_{21})\ldots$$
$$(\$\text{STAT i } e_{2n_2-1})(\text{SETQ } \$\text{Si } e_{2n_2}))$$
$$\ldots$$
$$((\$\text{FCOND } k+1 \text{ i}(\text{SETQ } \$\text{Si } p_{k+1}))(\$\text{STAT i } e_{k+11})\ldots$$
$$(\$\text{STAT i } e_{k+1n_{k+1}-1})(\text{SETQ } \$\text{Si } e_{k+1n_{k+1}}))$$
$$(T(\text{SETQ } \$\text{Si NIL})))))$$
$$= (\text{mittels Axiom (e2)})$$

```
(COND(($FCOND 1 i(SETQ $Si p_1))($STAT i e_11) ...
   ($STAT i e_{1n_1-1})(SETQ $Si e_{1n_1}))
    (($FCOND 2 i(SETQ $Si p_2))($STAT i e_21)...
      ($STAT i e_{2n_2-1})(SETQ $Si e_{2n_2}))
     ...
      (($FCOND k+1 i(SETQ $Si p_{k+1}))($STAT i e_{k+11})...
       ($STAT i e_{k+1n_{k+1}-1})(SETQ $Si e_{k+1n_{k+1}}))
   (T(SETQ $Si NIL)))
```

Damit ist der Beweis erbracht.


3.C3.

$$(\$STAT\ i(COND\ p_1\ e_{11}...e_{1n_1})...(p_r\ e_{r1}...e_{rn_r})))$$

= (gemäß Axiom (c1),(c2). Wir sind im PROGN-Kontext -
  siehe Lemma (L3).)

$$(COND(p_1\ e_{11}...e_{1n})...(p_r\ e_{r1}...e_{rn}))$$

= (mittels $(n_1+1+...+n_r+1)$-maliger Anwendung von Axiom (a2))

$$(COND((\$FCOND\ p_1)(\$STAT\ e_{11})...(\$STAT\ e_{1n_1}))...$$
$$((\$FCOND\ p_r)(\$STAT\ e_{r1})...(\$STAT\ e_{rn_r})))$$

= (mittels $(n_1+1+...+n_r+1)$-maliger Anwendung von Axiom (c1))

$$(COND((\$FCOND\ 1\ p_1)(\$STAT\ i\ e_{11})...(\$STAT\ i\ e_{1n_1}))...$$
$$((FCOND\ r\ p_r)(\$STAT\ i\ e_{r1})...(\$STAT\ i\ e_{rn_r})))$$

= (mittels r-maliger Anwendung von Axiom (a5))

$$(COND((\$FCOND\ 1(SETQ\ \$Si\ p_1))(\$STAT\ i\ e_{11})...(\$STAT\ i\ e_{1n_1}))...$$
$$((\$FCOND\ r(SETQ\ \$Si\ p_r))(\$STAT\ i\ e_{r1})...(\$STAT\ i\ e_{rn_r})))$$

Um die Anwendbarkeitsbedingungen für Axiom (a5) zu sichern,
siehe das Ende des Beweises von (R3-A3). Die fehlenden
r i's können via Axiom (c1) hinzugefügt werden.

**3.C4.** Wir können weitgehend den Beweis für (R3-C3) verwenden. Die erste Äquivalenz

$$(\$PSTAT\ j\ i(COND(p_1\ e_{11}\cdots e_{1n_1})\cdots(p_r\ e_{r1}\cdots e_{rn_r})))$$
$$=$$
$$(COND(p_1\ e_{11}\cdots e_{1n_1})\cdots(p_r\ e_{r1}\cdots e_{rn}))$$

ist gesichert durch zwei Anwendungen von Axiom (c1) und einer vom Axiom (c2). Wir berücksichtigen, daß wir in einem PROG-Kontext sind (Lemma (L4)!). Nach der letzten Äquivalenz von 3.C3 fügen wir eine weitere an, um das letzte PROGN in $PSTAT umzubenennen und eine 2. seiteneffekt-freie Form in allen diesen letzten PROGNs pro Klausel einzuführen:

$$=$$

$$(COND((\$FCOND\ 1\ i(SETQ\ \$Si\ p_1))(\$STAT\ i\ e_{11})\cdots$$
$$(\$STAT\ i\ e_{1n_1-1})(\$PSTAT\ j\ i\ e_{1n_1}))$$
$$\cdots$$
$$((\$FCOND\ r\ i(SETQ\ \$Si\ p_r))(\$STAT\ i\ e_{r1})\cdots$$
$$(\$STAT\ i\ e_{rn-1})(\$PSTAT\ j\ i\ e_{rn_r})))$$

Um die Anwendbarkeitsbedingungen für Axiom (a5) zu sichern, siehe das Ende des Beweises von (R3-A4).


**3.D1.** Wir beweisen durch Induktion über die Zahl der Argumente von AND. Sei r=2. (Der Fall r=1 ist uninteressant wegen (AND a) = a.)

$$(SETQ\ \$RESULT(AND\ a\ b))$$
$$=\ (gemäß\ Axiom\ (e6))$$
$$(SETQ\ \$RESULT(COND((NOT\ a)NIL)(T\ b)))$$
$$=\ (gemäß\ Axiom\ (e10))$$
$$(COND((NOT\ a)(SETQ\ \$RESULT\ NIL))$$
$$(T(SETQ\ \$RESULT\ b)))$$
$$=\ (gemäß\ Axiom\ (a2))$$

```
(COND((NOT($FCOND a))(SETQ $RESULT NILL))
      (T(SETQ $RESULT b)))
```

= (gemäß Axiom (c1))

```
(COND((NOT($FCOND 1 a))(SETQ $RESULT NIL))
      (T(SETQ $RESULT b)))
```

= (gemäß Axiom (a5) und Aciom (c1))

```
(COND((NOT($FCOND 1 1(SETQ $S1 a)))(SETQ $RESULT NIL))
      (T(SETQ $RESULT b)))
```

Um die Anwendbarkeitsbedingungen von Axiom (a5) zu sichern, siehe den Beweis von (R2-A1).

Wir nehmen an, die Korrektheit gelte für $r \leq k$.

Wir zeigen sie für r=k+1:

```
(SETQ $RESULT(AND a₁ a₂...a_{k+1}))
```

= (gemäß Lemma (L12))

```
(SETQ $RESULT(AND a₁(AND a₂...a_{k+1})))
```

= (Anwendung der Induktionsvoraussetzung)

```
(COND((NOT($FCOND1 1(SETQ $S1 a₁)))(SETQ $RESULT NIL))
      (T(SETQ $RESULT(AND a₂...a_{k+1}))))
```

= (Anwendung der Induktionsvoraussetzung)

```
(COND((NOT($FCOND 1 1(SETQ $S1 a₁)))(SETQ $RESULT NIL))
      (T(COND((NOT($FCOND 1 1(SETQ $S1 a₂)))(SETQ $RESULT NIL))...
            (T(SETQ $RESULT a_{k+1})))))
```

= mittels 2k-maliger Anwendung von Axiom (c1): Zahlenaustausch.)

```
(COND((NOT($FCOND 1 1(SETQ $S1 a₁)))(SETQ $RESULT NIL))
      (T(COND((NOT($FCOND 2 1(SETQ $S1 a₂)))(SETQ $RESULT NIL))...
            (T(SETQ $RESULT a_{k+1})))))
```

= (gemäß Axiom (e2))

```
(COND((NOT($FCOND 1 1(SETQ $S1 a₁)))(SETQ $RESULT NIL))
     ((NOT($FCOND 2 1(SETQ $S1 a₂)))(SETQ $RESULT NIL))
     ...
     (T(SETQ $RESULT a_{k+1})))
```

Damit ist der Beweis erbracht.


<u>3.D2.</u> Wir beweisen durch Induktion über die Anzahl der
Argumente von AND. Sei r=2.

```
(SETQ $Si(AND a b))
= (gemäß Axiom (e5))
(SETQ $Si(COND(a b)))
= (gemäß Axiom (e10))
(COND((SETQ $Si a)(SETQ $Si b))
= (gemäß Axiom (e3))
(COND((NOT(SETQ $Si a))NIL)(T(SETQ $Si b)))
= (gemäß Axiom (a2) und (c1) erhalten wir:)
(COND((NOT($FCOND 1(SETQ $Si a)))NIL(T(SETQ $Si b)))
```
Nun nehmen wir an, die Korrektheit gelte für $r \leq k$.
Wir zeigen sie für r=k+1:
```
(SETQ $Si(AND a₁ a₂...a_k a_{k+1}))
= (unter Verwendung von Lemma (L12))
(SETQ $Si(AND a₁(AND a₂...a_{k+1})))
= (Anwendung der Induktionsvoraussetzung
(COND((NOT($FCOND 1 i(SETQ $Si a₁)))NIL)
     (T(SETQ $Si(AND a₂...a_{k+1}))))
= (Anwendung der Induktionsvoraussetzung)
(COND((NOT($FCOND 1 i(SETQ $Si a₁)))NIL)...
     (T(COND((NOT($FCOND 1 i(SETQ $Si a₂)))NIL)...
         (T(SETQ $Si a_{k+1}))))))
= (mittels 2k-maliger Anwendung von Axiom (c1):
   Zahlenaustausch.)
```

```
(COND((NOT($FCOND 1 i(SETQ $Si a₁)))NIL)
    (T(COND((NOT($FCOND 2 i(SETQ $Si a₂)))NIL)...
            (T(SETQ $Si a_{k+1}))))))
```
= (gemäß Axiom (e2))
```
(COND((NOT($FCOND 1 i(SETQ $Si a₁)))NIL)
    ((NOT($FCOND 2 i(SETQ $Si a₂)))NIL)...
        (T(SETQ $Si a_{k+1})))
```

Damit ist der Beweis erbracht.

<u>3.D3.</u> Wir beweisen durch Induktion über die Anzahl der Argumente von AND. Dabei ist zu berücksichtigen, daß ein PROGN-Kontext vorliegt (Lemma L3)). Sei r=2.
```
(PROGN...($STAT i(AND a b))...)
```
= (gemäß Axiom (c1))
```
(PROGN...($STAT(AND a b))...)
```
= (gemäß Axiom (a2))
```
(PROGN...(AND a b)...)
```
= (gemäß Axiom (e5))
```
(PROGN...(COND(a b))...)
```
= (gemäß Axiom (e8) und Axiom (e3))
```
(PROGN...(COND((NOT a)NIL)(T b)...)
```
= (gemäß Axiom (e3))
```
(PROGN...(COND((NOT(NOT a))b)(T NIL))...)
```
= (gemäß Axiom (e8))
```
(PROGN...(COND((NOT(NOT a))b))...)
```
= gemäß Axiom (c7))
```
(PROGN...(OR(NOT a)b)...)
```
= (gemäß Axiom (e7))
```
(PROGN...(COND((NOT a))(T b))...)
```
=(mittels zweimal Axiom (a2))
```
(PROGN...(COND((NOT($FCOND a))(T($STAT b)))...)
```
= (mittels zweimal Axiom (c1))

```
(PROGN...(COND((NOT($FCOND 1 i a))(T($STAT i b)))...)
```
= (gemäß Axiom (a5) und Axiom (c1))
```
(PROGN...(COND((NOT($FCOND 1 i(SETQ $Si a))))(T($STAT i b)))...)
```

Um die Anwendbarkeitsbedingungen für Axiom (a5) zu sichern, siehe das Ende des Beweises von (R3-A3). Wir nehmen nun an, die Korrektheit gelte für $r \overset{\leq}{=} k$. Wir zeigen sie für $r=k+1$:

$$(PROGN...(\$STAT\ i(AND\ a_1\ a_2...a_k\ a_{k+1}))...)$$
= (Unter Verwendung von Lemma (L12))
$$(PROGN...(\$STAT\ i(AND\ a_1\ (AND\ a_2...a_{k+1})))...)$$
= (Anwendung der Induktionsvoraussetzung)
$$(PROGN...(COND((NOT(\$FCOND\ 1\ i(SETQ\ \$Si\ a_1))))$$
$$(T(\$STAT\ i(AND\ a_2...a_{k+1}))))...)$$
= (Anwendung der Induktionsvoraussetzung)
$$(PROGN...(COND((NOT(\$FCOND(\$FCOND1\ i(SETQ\ \$Si\ a_1))))$$
$$(T(COND((NOT(\$FCOND\ 1\ i(SETQ\ \$Si\ a_2)))))...$$
$$(T(\$STAT\ i\ a_{k+1})))))...)$$

= (mittels $2(k-1)$-maliger Anwendung des Axioms (c1): Zahlenaustausch.)
$$(PROGN...(COND((NOT(\$FCOND\ 1\ i(SETQ\ \$Si\ a_1))))$$
$$(T(COND((NOT(\$FCOND\ 2\ i(SETQ\ \$Si\ a_2)))))...$$
$$(T(\$STAT\ i\ a_{k+1})))))...)$$
= (gemäß Axiom (e2))
$$(PROGN...(COND((NOT(\$FCOND\ 1\ i(SETQ\ \$Si\ a_1))))$$
$$((NOT(\$FCOND\ 2\ i(SETQ\ \$Si\ a_2))))...$$
$$(T(\$STAT\ i\ a_{k+1})))...)$$

Dies vervollständigt den Beweis.

---

<u>3.D4.</u> Wir können dem Beweis für (R3-D3) weitgehend folgen.
Es muß \$STAT durch \$PSTAT, PROGN durch PROG(...) ersetzt
werden. Die erste Äquivalenz im Beweis für R=2 wird:

    (PROG(...)...(\$PSTAT j i(AND a b))...)

    =

    (PROG(...)...(\$PSTAT(AND a b))...)


und sie ist gesichert durch zwei Anwendungen von Axiom (c1).
Wir benutzen den Fakt, daß wir im PROG-Kontext sind - siehe
Lemma (L4). Nach der letzten Äquivalenz in beiden Fällen
(r=2, r=k+1) muß eine weitere Äquivalenz hinzugefügt werden,
um eine 2. seiteneffektfreie Form im letzten PROGN der
letzten Klausel einzuführen:


    =

    (PROG(...)...(COND((NOT(\$FCOND 1 i(SETQ \$Si a))))
       (T(\$PSTAT j i b)))...)
    bzw.:
    =

    (PROG(...=...(COND((NOT(\$FCOND 1 i(SETQ \$Si $a_1$)))))...
                    (T(\$PSTAT j i $a_{k+1}$)))...)


Um die Anwendbarkeitsbedingungen für Axiom (a5) zu sichern,
siehe das Ende des Beweises für (R3-A4).

3.E1. Wir beweisen durch Induktion über die Zahl der Argumente des OR. Sei r=2. (Der Fall r=1 ist uninteressant wegen
(OR a) = a.)

    (SETQ $RESULT(OR a b))
    = (gemäß Axiom (e7))
    (SETQ $RESULT(COND(a)(T b)))
    = (gemäß Axiom (e11))
    (COND((SETQ $S1 a)(SETQ $RESULT $S1))(T(SETQ $RESULT b)))
    = (gemäß Axiom (a2))
    (COND(($FCOND(SETQ $S1 a))(SETQ $RESULT $S1))(T(SETQ $RESULT b)))
    = (gemäß Axiom (c1))
    (COND(($FCOND 1 1(SETQ S1 a))(SETQ $RESULT $S1))
       (T(SETQ $RESULT b)))

Um die Anwendbarkeitsbedingungen für Axiom (e11) zu sichern,
siehe den Beweis für (R3-A1).
Wir nehmen an, die Korrektheit gelte für $r \leq k$.
Wir zeigen sie nun für r=k+1:

    (SETQ $RESULT(OR $a_1$ $a_2$...$a_k$ $a_{k+1}$))
    = (unter Verwendung von Lemma (L13))
    (SETQ $RESULT(OR $a_1$(OR $a_2$...$a_{k+1}$)))
    = (Anwendung der Induktionsvoraussetzung)
    (COND(($FCOND 1 1(SETQ $S1 $a_1$))(SETQ $RESULT $S1))
        (T(SETQ $RESULT(OR $a_2$...$a_{k+1}$)))))

    = (Anwendung der Induktionsvoraussetzung)
    (COND(($FCOND1 1(SETQ $S1 $a_1$))(SETQ $REULT $S1))
        (T(COND(($FCOND 1 1(SETQ $S1 $a_2$))(SETQ $RESULT $S1))...
            (T(SETQ $RESULT $a_{k+1}$)))))
    = (mittels 2k-1-maliger Anwendung des Axioms (c1))

```
(COND(($FCOND 1 1(SETQ $S1 a_1))(SETQ $RESULT $S1))
      (T(COND(($FCOND 2 1(SETQ $S1 a_2))(SETQ $RESULT $S1))...
           (T(SETQ $RESULT a_{k+1})))))
```

= (gemäß Axiom (e2))

```
(COND(($FCOND 1 1(SETQ $S1 a_1))(SETQ $RESULT $S1))
      (($FCOND 2 1(SETQ $S1 a_2))(SETQ $RESULT $S1))...
      (T(SETQ $RESULT a_{k+1})))
```

Damit ist der Beweis erbracht.


<u>3.E2</u>. Wir beweisen durch Induktion über die Zahl der Argumente
des OR. Sei $r=2$.

```
(SETQ $Si(OR a b))
```
= (gemäß Axiom (e7))
```
(SETQ $Si(COND(a)T b)))
```
= (gemäß Axiom (e11))
```
(COND((SETQ $Si a))(T(SETQ $Si b)))
```
= (gemäß Axiom (a2))
```
(COND(($FCOND(SETQ $Si a)))(T(SETQ $Si b)))
```
= (gemäß Axiom (c1))
```
(COND(($FCOND 1 i (SETQ $Si a)))(T(SETQ $Si b)))
```

Wir nehmen an, die Korrektheit gelte für $r \overset{<}{=} k$.
Wir zeigen sie nun für $r=k+1$:
```
(SETQ $Si(OR a_1 a_2...a_k a_{k+1}))
```
= (unter Verwendung von Lemma (L13))
```
(SETQ $Si(OR a_1(OR a_2...a_{k+1}))
```
= (Anwendung der Induktionsvoraussetzung)
```
(COND(($FCOND 1 i(SETQ $Si a_1)))(T(SETQ $Si(OR a_2...a_{k+1})))))
```
= (Anwendung der Induktionsvoraussetzung)

```
(COND(($FCOND 1 i(SETQ $Si a_1)))
      (T(COND(($FCOND 1 i(SETQ $Si a_2)))...
            (T(SETQ $Si a_{k+1}))))))
```

= (mittels 2k-1-maliger Anwendung des Axioms (c1))

```
(COND(($FCOND 1 i(SETQ $Si a_1)))
      (T(COND(($FCOND 2 i(SETQ $Si a_2)))...
            (T(SETQ $Si a_{k+1}))))))
```

= (gemäß Axiom (e2))

```
(COND(($FCOND 1 i(SETQ $Si a_1)))(($FCOND 2 i(SETQ $Si a_2)))...
      (T(SETQ $Si a_{k+1})))
```

Damit ist der Beweis erbracht.


<u>3.E3.</u> Wir beweisen durch Induktion über die Zahl der Argumente
von OR. Wir beachten dabei, daß wir in einem PROGN-Kontext
sind (Lemma (L3)!). Sei r=2.

```
    (PROGN...($STAT i(OR a b))...)
```

= (gemäß Axiom (c1) und (c2))

```
    (PROGN...(OR a b)...)
```

= (gemäß Axiom (e7))

```
    (PROGN...(COND(a)(T b))...=
```

= (gemäß Axiom (a2))

```
    (PROGN...(COND(($FCOND a)(T b))...)
```

= (gemäß Axiom (c1))

```
    (PROGN...(COND(($FCOND 1 a)(T b))...)
```

= (gemäß Axiom (a5))

```
    (PROGN...(COND(($FCOND 1(SETQ $Si a))(T b))...)
```

= (gemäß Axiom (a2))

```
    (PROGN...(COND(($FCOND 1(SETQ $Si a))(T($STAT b)))...)
```

= (gemäß Axiom (c1))

```
    PROGN...(COND(($FCOND 1 i(SETQ $Si a))(T($STAT i b)))...)
```

Die Absicherung der Anwendungsbedingungen von Axiom (a5) erfolgt
wieder mit Lemma (L6) - siehe Ende von Beweis vom (R3-A3).

Wir nehmen nun die Gültigkeit an für $r \leqq k$.

Wir zeigen sie für $r=k+1$:

```
   (PROGN...($STAT i(OR a_1 a_2...a_k a_{k+1}))...)
```

= (Unter Verwendung von Lemma (L13))

```
   (PROGN...($STAT i(OR a_1(OR a_2...a_{k+1})))...)
```

= (Anwendung der Induktionsvoraussetzung)

```
   (PROGN...(COND(($FCOND1 i(SETQ $Si a_1)))(T($STAT i
      (OR a_2...a_{k+1})))))...
```

= (Anwendung der Induktionsvoraussetzung)

```
   (PROGN...(COND(($FCOND 1 i(SETQ $Si a_1)))
                   (T(COND(($FCOND 1 i(SETQ $Si a_2)))...
                       (T($STAT i a_{k+1})))))...)
```

= (mittels $2(k-1)$-maliger Anwendung von Axiom (c1) zum
   Zahlenaustausch.)

```
   (PROGN...(COND(($FCOND 1 i(SETQ $Si a_1)))
                (T(COND(($FCOND 2 i(SETQ $Si a_2)))


   (PROGN...(COND(($FCOND 1 i(SETQ $Si a_1)))
                (T(COND(($FCOND 2 i(SETQ $Si a_2)))...
                    (T($STAT i a_{k+1}))))))...)
```

= (gemäß Axiom (e2))

```
   (PROGN...(COND(($FCOND 1 i(SETQ $Si a_1)))($FCOND 2 i
      (SETQ $Si a_2)))...
                  (T($STAT i a_{k+1})))...)
```

Damit ist der Beweis erbracht.

**3.E4.** Wir können den Beweis von (R3-E3) weitgehend verwenden.
Wir haben nur \$STAT mit \$PSTAT und PROGN mit PROG(...) zu
vertauschen. Die erste Äquivalenz im Beweis für r=2 wird:

    (PROG(...)...(\$STAT i j(OR a b)...)

    =

    (PROG(...)...(OR a b)...)

und sie gilt, weil sie durch zwei Anwendungen von Axiom (c1)
und eine von Axiom (c2) aufgebaut werden kann. Wir verwenden
dabei, daß wir im PROG-Kontext sind - siehe Lemma (L4).
Nach der letzten Äquivalenz ist in beiden Fällen (r=2, r=k+1)
eine weitere Äquivalenz hinzuzufügen, um eine 2. seiteneffektfreie Form in das letzte PROGN der letzten Klausel einzu-
bringen:

    =

    (PROG(...)...(COND(((\$FCOND 1 i (SETQ \$Si $a_1$)))

      (T(\$PSTAT j i b)))...)

    bzw.

    =

    (PROG(...)...(COND(((\$FCOND 1 i (SETQ \$Si $a_1$)))...

      (T(\$PSTAT j i $a_{k+1}$))))...)

Die Absicherung der Anwendungsbedingungen von Axiom (a5) erfolgt wieder mit Lemma (L7) - siehe Ende vom Beweis von (R3-A4).


**3.F1.** Wir beweisen durch Induktion über die Zahl der Argumente
von PROG1. Sei r=2.

    (SETQ \$RESULT(PROG1 a b))

    = (gemäß Axiom (b1))

    (PROGN(SETQ \$S1(PROG1 a b))(SETQ \$RESULT \$S1))

    = (gemäß Axiom (f3)

    (PROGN(PROGN(SETQ \$S1 a)b)(SETQ \$RESULT \$S1))

    = (gemäß Axiom (c2))

    (PROGN(SETQ \$S1 a) b(SETQ \$RESULT \$S1))

    = (gemäß Axiom (c2))

    (PROGN(SETQ \$S1 a)(\$STAT b)(SETQ \$RESULT \$S1))

    = (gemäß Axiom (c1))

    (PROGN(SETQ \$S1 a)(\$STAT 2 b)(SETQ \$RESULT \$S1))

Die Absicherung der Anwendungsbedingungen von Axiom (b1)
erfolgt wie im Beweis von (R3-A1). Die Absicherung der
Bedingungen für Axiom (f3) erfolgt im Lemma (L6).
Wir nehmen an, die Korrektheit gelte für $r \leqq k$ und zeigen
sie nun für r=k+1:

```
(SETQ $RESULT(PROG1 a_1 a_2...a_k a_{k+1}))
= (Unter Verwendung von Lemma (L14))
(SETQ $RESULT(PROG1 a_1 (PROGN a_2...a_k a_{k+1})))
= (Anwendung der Induktionsvoraussetzung)
(PROGN(SETQ $S1 a_1)($STAT 2(PROGN a_2...a_k a_{k+1}))
  (SETQ $RESULT $S1))
= (Unter Verwendung von Regel (R3-H3))
(PROGN(SETQ $S1 a_1)($STAT 2 a_2)...($STAT 2 a_k)
  ($STAT 2 a_{k+1})(SETQ $RESULT $S1))
```

Damit ist der Beweis erbracht.


<u>3.F2.</u> Wir beweisen durch Induktion über die Zahl der Argumente
von PROG1. Sei r=2:

```
(SETQ $Si(PROG1 a b))
= (gemäß Axiom (f3))
(PROGN(SETQ $Si a)b $Si)
= (gemäß Axiom (c2))
(PROGN(SETQ $Si a)($STAT b)$Si)
= (gemäß Axiom (c1))
(PROGN(SETQ $Si a)($STAT i+1 b)$Si)
```

Die Absicherung der Anwendungsbedingungen von Axiom (f3)
erfolgt im Lemma (L8). Wir beweisen nun die Korrektheit für
r=k+1 und nehmen sie für $r \leqq k$ an.

$$(\text{SETQ } \$Si(\text{PROG1 } a_1\ a_2...a_k\ a_{k+1}))$$
$$= (\text{Unter Verwendung von Lemma (L14)})$$
$$(\text{SETQ } \$Si(\text{PROG1 } a_1(\text{PROGN } a_2...a_k\ a_{k+1})))$$
$$= (\text{Anwendung der Induktionsvoraussetzung und (R3-H3)})$$
$$(\text{PROGN}(\text{SETQ } \$Si\ a_1)(\$STAT\ i{+}1\ a_2)...(\$STAT\ i{+}1\ a_k)$$
$$(\$STAT\ i{+}1\ a_{k+1})\$Si)$$

Damit ist der Beweis erbracht.

__3.F3.__ Weil Axiom (c4) ein Axiomenschema ist, geben wir hier einen schematischen Beweis. Ein Induktionsbeweis wäre ohne große Schwierigkeiten möglich. (Wir sind im PROGN-Kontext - siehe Lemma (L3)).

$$(\text{PROGN}...(\$STAT\ i(\text{PROG1 } a_1...a_k))...)$$
$$= (\text{gemäß Axiom (c1)})$$
$$(\text{PROGN}...(\$STAT(\text{PROG1 } a_1...a_k))...)$$
$$= (\text{gemäß Axiom (c2)})$$
$$(\text{PROGN}...(\text{PROG1 } a_1...a_r)...)$$
$$= (\text{gemäß Axiom (c4)}$$
$$(\text{PROGN}...(\text{PROGN } a_1...a_r)...)$$
$$= (\text{gemäß Axiom (c2)})$$
$$(\text{PROGN}...(\$STAT(\text{PROGN } a_1...a_r))...)$$
$$= (\text{gemäß Axiom (c1)})$$
$$(\text{PROGN}...(\$STAT\ i(\text{PROGN } a_1...a_r))...)$$

__3.F4.__ Wir können den Beweis von (R3-F3) weitgehend benutzen. Wir haben nur $STAT mit $PSTAT und das 1. PROGN mit PROG(...) zu vertauschen. Die Anwendung von Axiom (c4) wird zur Anwendung des Axioms (d4). Die erste Äquivalenz im Beweis hat die Gestalt:

$$(\text{PROG}(...)...(\$PSTAT\ i\ j(\text{PROG1 } a_1...a_r))...)$$
$$=$$
$$(\text{PROG}(...)...(\$PSTAT(\text{PROG1 } a_1...a_r))...)$$

und sie gilt, weil sie durch zwei Anwendungen von Axiom (c1) aufgebaut werden kann.

<u>3.G1</u> Der Beweis basiert auf den Beweisen der Regeln (R3-H1)
und (R3-F1). Für r=2 haben wir direkt (R3-H1) wegen Axiom (f2).

    (SETQ \$RESULT(PROG2 $a_1$ $a_2$ $a_3$...$a_r$))

  = (gemäß Axiom (f1))

    (SETQ \$RESULT(PROGN $a_1$ (PROG1 $a_2$ $a_3$...$a_r$)))

  = (Unter Verwendung von Regel (R3-H1))

    (PROGN $a_1$ (SETQ \$RESULT(PROG1 $a_2$ $a_3$...$a_r$)))

  = (Unter Verwendung von Regel (R3-F1))

    (PROGN $a_1$ (PROGN(SETQ \$S1 $a_2$)(\$STAT 2 $a_2$)...

      (\$STAT 2 $a_r$)(SETQ \$RESULT \$S1)))

  = (gemäß Axiom (c2))

    (PROGN $a_1$ (SETQ \$S1 $a_2$)(\$STAT 2 $a_3$)...(\$STAT 2 $a_r$)

     (SETQ \$RESULT \$S1))

  = (gemäß Axiom (c2) und Axiom (c1))

    (PROGN(\$STAT 1 $a_1$)(SETQ \$S1 $a_2$)(\$STAT 2 $a_3$)...

      (\$STAT 2 $a_r$)(SETQ \$RESULT \$S1))


<u>3.G2.</u> Der Beweis fußt auf den Beweisen der Regeln (R3-H2)
und (R3-F2). Für r=2 ist es direkt (R3-H2) wegen Axiom (f2).

    (SETQ \$Si(PROG2 $a_1$ $a_2$ $a_3$...$a_r$))

  = (gemäß Axiom (f1))

    (SETQ \$Si(PROGN $a_1$ (PROG1 $a_2$ $a_3$...$a_r$)))

  = (Unter Verwendung von Regel (R3-H2))

    (PROGN $a_1$ (SETQ \$Si(PROG1 $a_2$ $a_3$...$a_r$)))

  = (Unter Verwendung von Regeln (R3-F2))

    (PROGN $a_1$ (PROGN(SETQ \$Si $a_2$)(\$STAT i+1 $a_3$)...

      (\$STAT i+1 $a_r$)\$Si))

  = (gemäß Axiom (c2))

    (PROGN $a_1$ (SETQ \$Si $a_2$)(\$STAT i+1 $a_3$)...

      (\$STAT i+1 $a_r$)\$Si)

  = (gemäß Axiom (c2) und Axiom (c1))

    (PROGN(\$STAT i $a_1$)(SETQ \$Si $a_2$)(\$STAT i+1 $a_3$)...

      (\$STAT i+1 $a_r$)\$Si)

**3.G3.** Der Beweis fußt auf den Beweisen der Regeln (R3-H3)
und (R3-F3). Für r=2 haben wir direkt (R3-H3) wegen Axiom
(f2).

    (PROGN...($STAT i(PROG2 $a_1$ $a_2$ $a_3$...$a_r$))...)

  = (gemäß Axiom (f2))

    (PROGN...($STAT i(PROGN $a_1$ (PROG1 $a_2$ $a_3$...$a_r$)))...)

  = (Unter Verwendung von Regel (R3-H3))

    (PROGN...(PROGN($STAT i $a_1$)($STAT i(PROG1 $a_2$ $a_3$...$a_r$)))...)

  = (Unter Verwendung der Regeln (R3-F3))

    (PROGN...(PROGN($STAT i $a_1$)($STAT i(PROGN $a_2$ $a_3$...$a_r$)))...)

  = (Regel  (R3-H3) rückwärts, Axiom (c2); oder: 3mal Axiom

    (c1), 4mal Axiom(c2))

    (PROGN...($STAT i(PROGN $a_1$ $a_2$ $a_3$...$a_r$))...)


**3.G4.** Der Beweis fußt auf den Beweisen der Regeln (R3-H4) und
(R3-F4). Für r=2 haben wir direkt (R3-H4) wegen Axiom (f2).

    (PROG(...)...($PSTAT i j(PROG2 $a_1$ $a_2$ $a_3$...$a_r$))...)

  = (gemäß Axiom (f1))

    (PROG(...)...($PSTAT i j(PROGN $a_1$ (PROG1 $a_2$ $a_3$...$a_r$)))...)

  = (Unter Verwendung von Regeln R3-H4))

    (PROG(...(...(PROGN($STAT i $a_1$)($PSTAT i j(PROG1 $a_2$ $a_3$...$a_r$)))...)

  = (gemäß Axiom (d2))

    (PROG(...)...($STAT i $a_1$)($PSTAT i j(PROG1 $a_2$ $a_3$...$a_r$))...)

  = (Unter Verwendung von Regeln(R3-F4))

    (PROG(...)...($STAT i $a_1$)($PSTAT i j(PROGN $a_2$ $a_3$...$a_r$))...)

  = (Regel (R3-H4) rückwärts, Axiom (c2); oder: 5mal Axiom (c1),

    3mal Axiom (d2), Axiom (c2))

    (PROG(...)...($PSTAT i j(PROGN $a_1$ $a_2$...$a_r$))...)

<u>3.H1.</u> Wir beweisen durch Induktion über die Zahl der Argumente
von PROGN. Sei r=2.

   (SETQ \$RESULT(PROGN a b))

  = (gemäß Axiom (c10))

   (PROGN a(SETQ \$RESULT b))

  = (gemäß Axiom (c2) und Axiom (c1))

   (PROGN(\$STAT 1 a)(SETQ \$RESULT b))

Wir nehmen nun die Gültigkeit an für $r \leq k$.
Wir zeigen sie für r=k+1:

   (SETQ \$RESULT(PROGN $a_1$ $a_2$...$a_k$ $a_{k+1}$))

  = (gemäß Axiom (c2))

   (SETQ \$RESULT(PROGN $a_1$ $a_2$...$a_{k-1}$(PROGN $a_k$ $a_{k+1}$)))

  = (Anwendung der Induktionsvoraussetzung)

   (PROGN(\$STAT 1 $a_1$)...(\$STAT 1 $a_{k-1}$)(SETQ \$RESULT

    (PROGN $a_k$ $a_{k+1}$)))

  = (Anwendung der Induktionsvoraussetzung)

   (PROGN(\$STAT 1 $a_1$)...(\$STAT 1 $a_{k-1}$)(PROGN(\$STAT 1 $a_k$)

    (SETQ \$RESULT $a_{k+1}$)))

  = (gemäß Axiom (c2))

   (PROGN(\$STAT 1 $a_1$)...(\$STAT 1 $a_k$)(SETQ \$RESULT $a_{k+1}$))

Damit ist der Beweis erbracht.


<u>3.H2.</u> Wir beweisen durch Induktion über die Zahl der Argumente
von PROGN. Sei r=2.

   (SETQ \$Si(PROGN a b))

  = (gemäß Axiom (c10))

   (PROGN a(SETQ \$Si b))

  = (gemäß Axiom (c2) und Axiom (c1))

   (PROGN(\$STAT i a)(SETQ \$Si b))

Wir nehmen nun die Gültigkeit an für $r \leq k$.

Wir zeigen sie für $r=k+1$:

    (SETQ \$Si (PROGN $a_1 \ldots a_{k-1}$ $a_k$ $a_{k+1}$))

    = (gemäß Axiom (c2))

    (SETQ \$Si(PROGN $a_1 \ldots a_{k-1}$ (PROGN $a_k$ $a_{k+1}$)))

    = (Anwendung der Induktionsvoraussetzung)

    (PROGN(\$STAT i $a_1$)...(\$STAT i $a_{k-1}$)(SETQ \$Si

      (PROGN $a_k$ $a_{k+1}$)))

    = (Anwendung der Induktionsvoraussetzung)

    (PROGN(\$STAT i $a_1$)...(\$STAT i $a_{k-1}$)(PROGN(\$STAT i $a_k$)

      (SETQ \$Si $a_{k+1}$)))

    = (gemäß Axiom (c2))

    (PROGN(\$STAT i $a_1$)...(\$STAT i $a_k$)(SETQ \$Si $a_{k+1}$))


Damit ist der Beweis erbracht.


<u>3.H3.</u> Wir beweisen durch Induktion über die Zahl der Argumente
von PROGN. Sei $r=2$.

    (PROGN...(\$STAT i(PROGN a b))...)

    = (gemäß Axiom (c1))

    (PROGN...(\$STAT(PROGN a b))...)

    = (gemäß Axiom (c2))

    (PROGN...(PROGN a b)...)

    ( =(gemäß Axiom (c2))

    (PROGN...(PROGN(\$STAT a)(\$STAT b))...)

    = (gemäß Axiom (c1))

    (PROGN...(PROGN(\$STAT i a)(\$STAT i b))...)

Wir nehmen nun die Gültigkeit an für $r \leq k$.
Wir zeigen sie für $r=k+1$:

   $(PROGN...(\$STAT\ i(PROGN\ a_1...a_{k-1}\ a_k\ a_{k+1}))...)$

   = (gemäß Axiom (c2))

   $(PROGN...(\$STAT\ i(PROGN\ a_1...a_{k-1}(PROGN\ a_k\ a_{k+1})))...)$

   = (Anwendung der Induktionsvoraussetzung)

   $(PROGN...(PROGN(\$STAT\ i\ a_1)...(\$STAT\ i\ a_{k-1})$
      $(\$STAT\ i(PROGN\ a_k\ a_{k+1})))) ...)$

   = (Anwendung der Induktionsvoraussetzung)

   $(PROGN...(PROGN(\$STAT\ i\ a_1)...(\$STAT\ i\ a_{k-1})$
      $(PROGN(\$STAT\ i\ a_k)(\$STAT\ i\ a_{k+1})))...)$

   = (gemäß Axiom (c2))

   $(PROGN...(PROGN(\$STAT\ i\ a_1)...(\$STAT\ i\ a_k)$
      $(\$STAT\ i\ a_{k+1}))...)$

Damit ist der Beweis erbracht.


__3.H4.__ Wir können den Beweis von (R3-H3) weitgehend verwenden.
Wir haben nur das äußere PROGN mit PROG(...) zu vertauschen
und das \$STAT auf Zeile 1 und 2, das 2. \$STAT auf Zeilen 4 und
5 im $r=2$-Teil sowie das auf Zeile 1 und 2 sowie das letzte
auf den Zeilen 3,4 und 5 des $r=k+1$-Teiles mit \$PSTAT.
Vor beide Äquivalenzfolgen haben wir eine zusätzliche ein-
zufügen: Im Falle des $r=2$ ist dies:

   $(PROG(...)...(\$PSTAT\ i\ j(PROGN\ a\ b))...)$

   = (gemäß Axiom (c1))

   $(PROG(...)...(\$PSTAT\ i(PROGN\ a\ b))...)$

   Im Falle $r=k+1$ ist es:

   $(PROG(...)...(\$PSTAT\ i\ j(PROGN\ a_1...a_{k-1}\ a_k\ a_{k+1}))...)$

   = (gemäß Axiom (c1))

   $(PROG(...)...(\$PSTAT\ i(PROGN\ a_1...a_{k-1}\ a_k\ a_{k+1}))...)$

Auch am Ende beider Äquivalenzfolgen muß eine zusätzliche
angefügt werden. Im Falle r=2 ist es:

    (PROG(...)...(PROGN($STAT i a)($PSTAT i b))...)

    = (gemäß Axiom (c1))

    (PROG(...)...(PROGN($STAT i a)($PSTAT i j b)...)

Und im Falle r=k+1:

    (PROG(...=...(PROGN($STAT i $a_1$)...($STAT i $a_k$)

     ($PSTAT i $a_{k+1}$))...)

    = (gemäß Axiom (c1))

    (PROG(...=...(PROGN($STAT i $a_1$)...($STAT i $a_k$)

     ($PSTAT i j $a_{k+1}$))...)


__3.I1.__ Wir geben einen schematischen Beweis. Die Induktion
steckt in den Lemmata.

    (SETQ $RESULT($PROG i(PROG(($var_1$ $form_1$)...

     ($var_k$ $form_k$)$var_{k+1}$...$var_r$)$st_1$...$st_s$)))

    = (gemäß Axiom (c2) und Axiom (a2))

    (SETQ $RESULT(PROG(($var_1$ $form_1$)...($var_k$ $form_k$)$var_{k+1}$...$var_r$)

     $st_1$...$st_s$))

    = (gemäß Axiom (b1))

    (PROGN(SETQ $S1(PROG(($var_1$ $form_1$)...($var_k$ $form_k$)

     $var_{k+1}$...$var_r$)$st_1$...$st_s$))(SETQ $RESULT $S1))

    = (Unter Verwendung von Lemma (L15))

    (PROGN(PROGN(SETQ $S1 $form_1$)...(SETQ $S_k$ $form_k$)

     (SETQ $S1(PROG($var_1$ $S1)...($var_k$ $Sk)$var_{k+1}$...$var_r$)

     $st_1$...$st_s$)))(SETQ $RESULT $S1))

    = (Unter Verwendung von Lemma  (L16) und Axiom (c2))

    (PROGN(SETQ $S1 $form_1$)...(SETQ $Sk $form_k$)($SETQ $S1

     (PROG(($var_1$ $S1)...($var_k$ $Sk)$var_{k+1}$...$var_r$)

     $st_1$...$st_s$(SETQ $S1 NIL)$PLi(RETURN $S1)))

     (SETQ $RESULT $S1))

    = (mittels s-mal Axiom (d2) und 2s-mal Axiom (c1))

    (PROGN(SETQ $S1 $form_1$)(SETQ $Sk $form_k$)($SETQ $S1(PROG

     (($var_1$ $S1)...($var_k$ $Sk)$var_{k+1}$...$var_r$)($PSTAT j 1 $st_1$)...

     ($PSTAT j 1 $st_s$)(SETQ $S1 NIL)$PLj(RETURN $S1)))

     (SETQ $RESULT $S1))

Dies ist das, was wir brauchen. Die Absicherung der Anwendbarkeitsbedingungen für Axiom (b1) erfolgt wie im Beweis
von (R3-A1).

$\underline{3.I2.}$ Der Beweis ähnelt dem von (R3-I1) sehr. Wir benötigen
Axiom (b1) nicht.

```
(SETQ $Si ($PROG j (PROG ((var₁ form₁) ... (var_k form_k)
   var_{k+1} ... var_r) st₁ ... st_s)))
```

= (gemäß Axiom (c1) und Axiom (a2))

```
(SETQ $Si (PROG ((var₁ form₁) ... (var_k form_k) var_{k+1} ... var_r)
   st₁ ... st_s))
```

= (Unter Verwendung von Lemma (L15))

```
(PROGN (SETQ $Si form₁) ... (SETQ $Si+k-1 form_k) (SETQ $Si (PROG
   ((var₁ $Si) ... (var_k $Si+k-1) var_{k+1} ... var_r) st₁ ... st_s)))
```

= (Unter Verwendung von Lemma (L16) und Axiom (c2))

```
(PROGN (SETQ $Si form₁) ... (SETQ $Si+k-1 form_k)
   (SETQ $Si (PROG ((var₁ $Si) ... (var_k $Si+k-1)

   var_{k+1} ... var_r) st₁ ... st_s (SETQ $Si NIL) $PLj (RETURN $Si)))))
```

= (mittels s-mal Axiom (d2) und 2s-mal Axiom (c1))

```
(PROGN (SETQ $Si form₁) ... (SETQ $Si+k-1 form_k)
   (SETQ $Si (PROG ((var₁ $Si) ... (var_k $Si+k-1) var_{k+1} ... var_r)
   ($PSTAT j i st₁) ... ($PSTAT j i st_s) (SETQ $Si NIL)
   $PLj (RETURN $Si)))))
```

**3.I3.** Der Beweis ähnelt sehr dem von (R3-I2). Wir sind im
PROGN-Kontext (siehe Lemma (L3)).

$\quad$ (PROGN...(\$STAT i(\$PROG j(PROG(((var$_1$ form$_1$)...

$\quad\quad$ (var$_k$ form$_k$)var$_{k+1}$... var$_r$)st$_1$...st$_s$)))...)

$\quad$ = (gemäß Axiom (c1) und Axiom (c2))

$\quad$ (PROGN...(\$PROG j(PROG((var$_1$ form$_1$)...(var$_k$ form$_k$)

$\quad\quad$ var$_{k+1}$...var$_r$)st$_1$...st$_s$))...)

$\quad$ = (gemäß Axiom (c1) und Axiom (c2))

$\quad$ (PROGN...(PROG((var$_1$ form$_1$)...(var$_k$ form$_k$)

$\quad\quad$ var$_{k+1}$...var$_r$)st$_1$...st$_s$)...)

$\quad$ = (Unter Verwendung von Lemma (L15))

$\quad$ (PROGN...(PROGN(SETQ \$Si form$_1$)...(SETQ \$Si+k-1 form$_k$)

$\quad\quad$ (PROG((var$_1$ \$Si)...(var$_k$ \$Si+k-1)var$_{k+1}$...var$_r$)

$\quad\quad$ st$_1$...st$_s$))...)

$\quad$ = (mittels s-mal Axiom (d2) und 2s-mal Axiom (c1))

$\quad$ (PROGN...(PROGN(SETQ \$Si form$_1$)...(SETQ \$Si+k-1 form$_k$)

$\quad\quad$ (PROG((var$_1$ \$Si)...(var$_k$ \$Si+k-1)var$_{k+1}$...var$_r$)

$\quad\quad$ (\$PSTAT j i st$_1$)...(\$\$PSTAT j i st$_r$)))...)


**3.I4.** Der Beweis ist einfach: Verwende statt \$PSTAT den Alias
\$STAT und unterdrücke die eine Zahl gemäß Axiom (c1).


**3.J1.** Wir beweisen durch Induktion über die Zahl der Formen im
Lambda-Körper. Sei s=1:

$\quad$ (SETQ \$RESULT((LAMBDA(var$_1$...var$_r$)form)a$_1$...a$_r$))

$\quad$ = (gemäß Axiom (d16))

$\quad$ (SETQ \$RESULT(PROG((var$_1$ a$_1$)...(var$_r$ a$_r$))(RETURN form)))

$\quad$ = (gemäß Axiom (b1))

$\quad$ (PROGN(SETQ \$S1(PROG((var$_1$ a$_1$))...(var$_r$ a$_r$))(RETURN form)))

$\quad\quad$ (SETQ \$RESULT \$S1))

$\quad$ = (Unter Verwendung von Lemma (L15))

---

```
(PROGN(PROGN(SETQ $S1 a₁)...(SETQ $Sr a_r)(SETQ $S1(PROG
   ((var₁ $S1)...(var_r $Sr))(RETURN form))))(SETQ $RESULT $S1))
```
= (gemäß Axiom (d13), Axiom (c1) und Axiom (c2))
```
(PROGN(PROGN(SETQ $S1 a₁)...(SETQ $Sr a_r)(PROG((var₁ $S1)...
   (var_r $Sr))(SETQ $S1 form)))(SETQ $RESULT $S1))
```
= (gemäß Axiom(c2))
```
(PROGN(SETQ $S1 a₁)...(SETQ $Sr a_r)(PROG((var_a $S1)...
   (var_r $Sr)(SETQ $S1 form))(SETQ $RESULT $S1))
```

Die Anwendungsbedingungen von Axiom (b1) werden abgesichert wie
im Beweis von (R3-A1).

Wir nehmen die Gültigkeit an für $s \leq k$.

Wir zeigen sie für s=k+1:
```
(SETQ $RESULT((LAMBDA(var_a...va_r)form₁ form₂)form₃ ...
   form_k form_{k+1})a₁...a_r))
```
= (gemäß Axiom (a8))
```
(SETQ $RESULT((LAMBDA(var₁...var_r)(PROGN form₁ form₂)form₃ ...
   form_k form_{k+1})a₁...a_r))
```
= (Anwendung der Induktionsvoraussetzung)
```
(PROGN(SETQ $S1 a₁)...(SETQ $Sr a_r)(PROG((var₁ $S1)...
   (var_r $Sr))($STAT 1(PROGN form₁ form₂))($STAT 1 form₃)...
   ($STAT 1 form_k)(SETQ $S1 form_{k+1}))(SETQ $RESULT $S1))
```
= (Unter Verwendung von Regel (R3-H3) und Axiom (c2))
```
(PROGN(SETQ $S1 a₁)...(SETQ $Sr a_r)(PROG((var₂ $S1)...
   (var_r $Sr))($STAT 1 form₁)($STAT 1 form₂)($STAT 1 form₃)...
   ($STAT 1 form_k)(SETQ $S1 form_{k+1}))(SETQ $RESULT $S1))
```

Damit ist der Beweis erbracht.

<u>3.J2.</u> Wir beweisen durch Induktion über die Zahl der Formen
im Lambda-Körper. Sei s=1:

    (SETQ $Si((LAMBDA(var$_1$...var$_r$)form)a$_1$...a$_r$))

    = (gemäß Axiom (d16))

    (SETQ $Si(PROG((var$_1$ a$_1$)...(var$_r$ a$_r$))(RETURN form)))

    = (Unter Verwendung von Lemma (L15))

    (PROGN(SETQ $Si a$_1$)...(SETQ $Si+r-1 a$_r$)(SETQ $Si

       (PROG((var$_1$ $S)...(var$_r$ $Si+r-1))(RETURN form))))

    = (Unter Verwendung von Lemma (L13) und Axiom (b2))

    (PROGN(SETQ $Si a$_1$)...(SETQ $Si+r-1 a$_r$)(PROG((var$_1$ $Si)...

      (var$_r$ $Si+r-1))(SETQ $Si form))$Si)

Wir nehmen an, die Korrektheit gelte für s$\leq$k und zeigen sie
nun für s=k+1:

    (SETQ $Si((LAMBDA(var$_1$...var$_r$)form$_1$ form$_2$ form$_2$...form$_k$

      form$_{k+1}$)a$_1$...a$_r$))

    = (gemäß Axiom (a7))

    (SETQ $Si((LAMBDA(var$_1$...var$_r$)(PROGN form$_1$ form$_2$)form$_3$...

      form$_k$ form$_{k+1}$)a$_1$...a$_r$))

    = (Anwendung der Induktionsvoraussetzung)

    (PROGN(SETQ $Si a)...(SETQ $Si+r-1 a$_r$)(PROG((var$_1$ $Si)

      ...(var$_r$ $Si+r-1))($STAT i(PROGN form$_1$ form$_2$))($STAT i form$_3$)

      ...($STAT i form$_k$)(SETQ $Si form$_{k+1}$)))

    = (Unter Verwendung von Regel (R3-H3) und Axiom (c2))

    (PROGN(SETQ $Si a$_1$)...(SETQ $Si+r-1 a$_r$)(PROG((var$_1$ $Si)...

      (var$_r$ $Si+r-1))($STAT i form$_1$)($STAT i form$_2$)($STAT i form$_3$)...

      ($STAT i form$_k$)(SETQ $Si form$_{k+1}$))$Si)

Damit ist der Beweis erbracht.

**3.J3.** Wir beweisen durch Induktion über die Zahl der Formen
im Lambda-Körper. Sei $s=1$.

$\quad$ (PROGN...($STAT i((LAMBDA(var$_1$...var$_r$)form)a$_1$...a$_r$))...)

$\quad$ = (gemäß Axiom (d16))

$\quad$ (PROGN...($STAT i(PROG((var$_2$ a$_1$))...(var$_r$ a$_r$))(RETURN form)))
$\quad\quad$ ...)

$\quad$ = (Unter Verwendung von Lemma (L15))

$\quad$ (PROGN...(PROGN(SETQ $Si a$_1$)...(SETQ $Si+r-1 a$_r$)(PROG
$\quad\quad$ ((var$_1$ $Si)...(var$_r$ $Si+r-1))(RETURN form)))...)

$\quad$ = (gemäß Axiom (d6))

$\quad$ (PROGN...(PROGN(SETQ $Si a$_1$)...(SETQ $Si+r-1 a$_r$)
$\quad\quad$ (PROG((var$_1$ $Si)...(var$_r$ $Si+r-1))form))...)

$\quad$ = (gemäß Axiom (c2) und Axiom (c1))

$\quad$ (PROGN...(PROGN(SETQ $Si a$_1$)...(SETQ $Si+r-1 a$_r$)(PROG((var$_1$ $Si)
$\quad\quad$ ...(var$_r$ $Si+r-1))($STAT i form)))...)

Wir nehmen an, die Korrektheit gelte für $s \leq k$ und zeigen sie
nun für $s=k+1$:

$\quad$ (PROGN...($STAT i ((LAMBDA(var$_1$...var$_r$)form$_1$...form$_{k-1}$
$\quad\quad$ form$_k$ form$_{k+1}$)a$_1$...a$_r$))...)

$\quad$ = (gemäß Axiom (a7))

$\quad$ (PROGN...($STAT i((LAMBDA(var$_1$...var$_r$)form$_1$...form$_{k-1}$
$\quad\quad$ (PROGN form$_k$ form $_{k+1}$))a$_1$...a$_r$))...)

$\quad$ = (Anwendung der Induktionsvoraussetzung)

$\quad$ (PROGN...(PROGN(SETQ $Si a$_1$)...(SETQ $Si+r-1 a$_r$)
$\quad\quad$ (PROG((var$_1$ $Si)...(var$_r$ $Si+r-1))($STAT i form$_1$)...
$\quad\quad$ ($STAT i form$_{k-1}$)($STAT i(PROGN form$_k$ form$_{k+1}$))))...)

$\quad$ = (gemäß Axiom (c2))

$\quad$ (PROGN...(PROGN(SETQ $Si a$_1$)...(SETQ $Si+r-1 a$_r$)(PROG
$\quad\quad$ ((var$_1$ $Si)...(var$_r$ $Si+r-1))($STAT i form$_1$)...
$\quad\quad$ ($STAT i form$_k$)($STAT i form$_{k+1}$)))...)

Damit ist der Beweis erbracht.

<u>3.J4.</u> Der Beweis ist ganz einfach: Statt $STAT wird ein anderer
Alias für PROGN benutzt. $PSTAT und die eine Zahl wird mittels
Axiom (c1) entfernt.


<u>3.K</u> Der Beweis ist einfach:  Beide Zahlen können wegen Axiom
(c1) unterdrückt werden und das äußere PROGN kann beseitigt
werden (Axiom (a2)).


<u>3.L.</u> Wir beweisen durch Induktion über die Tiefe der Ver-
schachtelung der RETURN-Formen in andere Formen.
Bei der Tiefe=0 tritt das RETURN als direkte PROG-
Statementform auf. Wenn die Form ($PSTAT...(RETURN...)) ge-
funden wird, muß vorher das umfassende PROG nach einer der
Regeln (R3-I) transformiert worden sein.
a) Wir nehmen an, es war Regel (R3-I1).
   Das Resultat hat das Muster:
   (PROGN(SETQ $S1 $form_1)...(SETQ $Sk $form_k)($SETQ $S1
       (PROG((var_1 $S1)...(var_k $Sk)var_{k+1}...var_r)
       ($PSTAT j 1 st_1)...($PSTAT j 1 st_s)(SETQ S1 NIL)
       $PLj(RETURN $S1)))(SETQ $RESULT $S1))

Nach Annahme gibt es einen Index l, so daß $st_1$ unser
(RETURN...) ist. Für den weiteren Beweis können wir das Muster
vereinfachen, weil die anderen Teile praktisch keine Rolle
spielen (um weniger zu schreiben):
   (PROG(...)($PSTAT j 1 st_1)...($PSTAT j 1(RETURN form))...
           ($PSTAT j 1 st_s)(SETQ $S1 NIL)$PLj(RETURN $S1))
   (gemäß Axiom (c1) und Axiom (d2))


Dies ist äquivalent mit:
   (PROG(...)($PSTAT j 1 st_1)...(RETURN form)...($PSTAT j 1 st_s)
     (SETQ $S1 NIL)$PLj(RETURN $S1))
   = (gemäß Axiom (d14))
   (PROG(...)($PSTAT j 1 st_1)...(PROGN(SETQ $S1 form)
     (GO $PLj))...($PSTAT j 1 st_s)(SETQ $S1 NIL)
     PLj(RETURN $S1))

Wir nehmen nun an, wir hätten die Korrektheit für alle
RETURN-Formen gezeigt, die in anderen Formen bis zu einer
Tiefe verschachtelt sind, die nicht größer als n ist, d.h.
alle Transformationen unterhalb dieses Niveaus laufen
konsistent ab.

Die RETURN-Form kann auftreten als

- letzte Effektform einer COND-Klausel
- letztes Argument eines PROGN (2. eines binären PROG2)
- letztes Argument einer AND-Spezialform (OR-...)

Die letzten beiden Formen werden in bedingte Ausdrücke trans-
formiert - daher fällt der letzte Fall mit dem ersten zusammen.
Eine Konkretisierung des 1. Falles ist ($PSTAT j 1(COND(...)...)).
Sie wird transformiert unter Verwendung von Regel (R3-C4):

    ($PSTAT j 1(COND...(...(RETURN form))...))

    =

    (COND...(...($PSTAT j 1(RETURN form)))...)

Dieses Teilresultat muß in n-1 Formen ähnlicher Art (entweder
COND oder PROGN) geschachtelt werden; die Spezialform auf
Niveau 1 ist eine direkte Statement-Form im PROG - nehmen wir
an sie habe Index m.

Die gesamte Situation wäre also zu schreiben:

    (PROG(...)($PSTAT j 1 $st_1)...(...(COND...(...
        ($PSTAT j 1(RETURN form)))...)...)...($PSTAT j 1 st_s)
        (SETQ $S1 NIL)$PLj
            (RETURN $S1))

Eine Konkretisierung des 2. Falles ist ($PSTAT j 1(PROGN...
(RETURN form))).

Sie ist transformiert unter Verwendung von Regel (R3-H4) in:
(PROGN...($PSTAT j 1(RETURN form))).

Die gleichen Bemerkungen bezüglich der Position wie im COND-
Falle gelten wieder. Somit können wir beide Fälle gemeinsam
behandeln, wenn wir notieren:

```
(PROG(...)($PSTAT j 1 st₁)...(.n-fach versch. ($PSTAT j 1
   (RETURN form))...)...($PSTAT j 1 stₛ)(SETQ $S1 NIL)
   $PLj (RETURN $S1))
```

Nun können wir genau den gleichen Schritten folgen, die wir
im Falle der Verschachtelungstiefe 1 vollführt haben, weil
das Axiom (d14) auf jede Verschachtelungstiefe anwendbar
ist. Man beachte, daß der Index j in das n+1. Verschachtelungs-
niveau aus dem n.ten Niveau vererbt wurde.

b) Wir nehmen an, es war die Regel (R3-I2).
   Das dabei entstehende Resultat hat das Muster:
   (PROGN(SETQ $Si form1)...(SETQ $Si+k-1 form_k)($SETQ $Si(PROG
      (var_1 $Si)...(var_k $si+k-1)var_{k+1}...var_r)($PSTAT j i st_1)
      ... ($PSTAT j i st_s)(SETQ $Si NIL)$PLj(RETURN $Si))))

Der Rest des Beweises für b folgt völlig dem für a) mit der
Ausnahme, daß überall die 1 durch das i zu ersetzen ist. Der
wesentliche Teil des Induktionsbeweises ist, daß beide Indizes,
i und j, vererbt werden.

c) Wir nehmen an, es war Regel (R3-I3) oder (R3-I4).
   Das bei ihnen entstandene Resultat hat das Muster:
   (PROGN(SETQ $Si form_1)...(SETQ $Si+k-1 form_k)
      (PROG((var_1 $Si)...(var_k $Si+k-1)var_{k+1}...var_r)
      ($PSTAT j i st_1)...($PSTAT j i st_s)$PLj))

Der Rest des Beweises ist direkt identisch mit b).

Hiermit sind alle Unterregeln der Transformationsregeln (R3)
bewiesen.

4. Für Transformationsregel (R4):

Die $SETQ-Spezialformen haben die folgende Gestalt:

$$(\$SETQ\ \$Si\,(PROG\,((var_1\ \$Si)\ldots(var_k\ \$Si+k-1)\,var_{k+1}\ldots var_r)$$
$$st_1*\ldots st_s*(SETQ\ \$Si\ NIL)\,\$PLj\,(RETURN\ \$Si))$$

Nach vollständiger Transformation gemäß (R3) ist in ihnen
nur ein RETURN enthalten - und dies ist die letzte Statement-
Form. (Beachte, daß $SETQ nur ein anderer Name für SETQ ist!)
Gemäß Axiom (d13) ist die obige Form äquivalent mit:

$$(PROGN\,(PROG\,((var_1\ \$Si)\ldots(var_k\ \$Si+k-1)\,var_{k+1}\ldots var_r)$$
$$st_1*\ldots st_s*(SETQ\ \$Si\ NIL)\,\$PLj\,(SETQ\ \$Si\ \$Si))\,\$Si)$$

Unter Verwendung von Axiom (a8) und Axiom (d1) haben wir:

$$(PROGN\,(PROG\,((var_1\ \$Si)\ldots(var_k\ \$Si+k-1)\,var_{k+1}\ldots var_r)$$
$$st_1*\ldots st_s*(SETQ\ \$Si\ NIL)\,\$PLj)\,\$Si)$$

Der Beweis kann vervollständigt werden, indem die letzte
Variable und das PROGN beseitigt werden, was möglich ist,
weil jede $SETQ-Spezialform als vorletztes Argument eines
PROGN auftritt. (Siehe Regeln (R-I1), (R3-I2)).


5. Für Transformationsregel (R5):

Die Regel wird eine einfache Anwendung der Axiome (c2)
(verallgemeinert durch Lemma (L2)), (d2) bzw. (e1), wenn
wir das folgende bewiesen haben:
Nach Anwendung der Transformationsregel (R3) ist jede PROGN-
Spezialform entweder (i) eine PROG-Statement-Form, oder (ii)
ein Argument eines  PROGN oder (iii) eine Effektform in einer
COND-Klausel.

<u>Beweis:</u> Zunächst kann es sein, daß das zur Debatte stehende
PROGN (es gibt nur endlich viele) eine Statementform des
äußeren PROG ist. In diesem Fall kann es als Resultat einer
der Transformationsregeln (R3-A1), (R3-A3), (R3-B1), (R3-B3),
(R2-F1), (R3-G1), (R3-H1), (R3-H3), (R3-I1), (R3-I3), (R3-J1),
(R3-J3) entstanden sein, und die Behauptung ist schon bewiesen.

Von jetzt an können wir ausschließen, daß eine der erwähnten
Regeln auf eine Statement-Form des äußeren PROG angewandt,
das PROGN erzeugte. Zu einer Erzeugung bleiben noch die folgenden möglichen Regeln (wir lassen der Bequemlichkeit halber
den Präfix R3 weg): A1, A2, A3, A4, B1, B2, B3, B4, F1, F2,
G1, G2, H1, H2, H3, H4, I1, I2, I3, J1, J2, J3, L.


Fall A1): Die Form vor der Regelanwendung war:
   (SETQ $RESULT(fn $a_1 \ldots a_n$))

Sie selbst konnte auftreten als Resultat der Anwendung der
Regeln B1, C1, D1, H1.
b1) Das konkrete Resultat war:
   (PROGN(SETQ $RESULT...)(SETQ...))
Das in Frage stehende PROGN tritt also auf als 1. Argument
eines anderen PROGN.
c1) Das konkrete Resultat war:
   (COND(...(SETQ $RESULT...))...(T...))
Das in Frage stehende PROGN tritt also auf als letzte Effekt-
form eines COND.
d1 und e1) Das konkrete Resultat war:
   (COND...(T(SETQ $RESULT...)))
Das in Frage stehende PROGN tritt also auf als letzte Effekt-
form eines COND.

h1) Das konkrete Resultat war:

    (PROGN...(SETQ $RESULT...))

Das in Frage stehende PROGN tritt also auf als letztes
Argument eines PROGN.


Fall A2): Die Form vor der Regelanwendung war:

    (SETQ $Si(fn $a_1...a_n$))       (für gewisse i)

Sie selbst konnte auftreten als Resultat der Anwendung
der Regeln A1, A2, A3, A4, B2, B3, B4, C1, C2, C3, C4,
D1, D2, D3, D4, E1, E2, E3, E4, F1, F2, G1, G2, H2, I1,
I2, I3, J1, J2, J3, L
a1, a2, a3, a4, b2, b3, b4, f1, f2, g1, g2, i1, i2, i3,
j1, j2, j3, 1) Das konkrete Resultat war:

    (PROGN...(SETQ $Si...)...)

Das in Frage stehende PROGN tritt also auf als Argument
(nicht letztes) eines PROGN.
c1, c2, c3, c4, e1, e2, e3, e4) Das konkrete Resultat
war:

    (COND(($FCOND 1(SETQ $Si...))...)...)

Das in Frage stehende PROGN tritt also auf als letztes
Argument eines PROGN.($FCOND genannt)
d1, d2, d3, d4) Das konkrete Resultat war:

    (COND((NOT($FCOND 1(SETQ $Si...)))...)...)

Das in Frage stehende PROGN tritt also auf als letztes
Argument eines  PROGN.($FCOND genannt).
c2, c3, c4) Das konkrete Resultat war:

    (COND(...(SETQ $Si...))...(T...))

Das in Frage stehende PROGN tritt also auf als letzte Effektform eines COND.

h2) Das konkrete Resultat war:

    (PROGN...(SETQ $Si...))

Das in Frage stehende PROGN tritt also auf als letztes Argument eines anderen PROGN.

j1, j2) das konkrete Resultat war:

    (PROGN...(PROG(...)...(SETQ $Si...))...)

Das in Frage stehende PROGN tritt also auf als Statement-
Form eines PROG.


Fall A3) Die Form der Regelanwendung war:

    ($STAT i(fn $a_1$...$a_n$))      (für gewisse i)

Sie selbst konnte auftreten als Resultat der Anwendung der
Regeln C1, C2, C3, C4, D3, E3, F1, F2, G1, G2, H1, H2, H3,
H4, J1, J2, J3.

c1, c2, c3, c4) Das konkrete Resultat war:

    (COND(...($STAT i...)...)...)

Das in Frage stehende PROGN tritt also auf als Effektform
(nicht letzte) eines COND.

c3) Das konkrete Resultat war:

    (COND(...($STAT j...))...)

Das in Frage stehende PROGN tritt also auf als letzte
Effektform eines COND.

d3, e3) Das konkrete Resultat war:

    (COND...(T($STAT i...)))

Das in Frage stehende PROGN tritt also auf als Effektform
eines COND.

f1,f2,g1,g2,h3) Das konkrete Resultat war:

   (PROGN...($STAT i...)...=

Das in Frage stehende PROGN tritt also auf als Argument eines PROGN.

h1, h2, h4) Das konkrete Resultat war:

   (PROGN...($STAT i...)...)

Das in Frage stehende PROGN tritt  also auf als Argument (nicht letztes) eines PROGN.

j1, j2, j3) Das konkrete Resultat war:

   (PROGN...(PROG(...)...($STAT i...)...))

Das in Frage stehende PROGN tritt also auf als Statement-Form eines PROG.


Fall A4) Die Form vor der Regelanwendung war:

   ($PSTAT i j(fn $a_1...a_n$))     (für gewisse i,j)

Sie selbst konnte auftreten als Resultat der Anwendung der Regeln C4, D4, H4, I1, I2, I3.

c4) Das konkrete Resultat war:

   (COND(...($PSTAT i j...))...)

Das in Frage stehende PROGN tritt also auf als Effekt-form eines COND.

d4) e4) Das konkrete Resultat war:

   (COND...(T($PSTAT i j ...)))

Das in Frage stehende PROGN tritt also auf als Effekt-form eines PROG.


Fall B1) Die Form vor der Regelanwendung war:

   (SETQ $RESULT(SETQ var form))

Dieser Fall entspricht dem Fall A1).

Fall B2) Die Form vor der Regelanwendung war:
    (SETQ $Si(SETQ var form))      (für gewisse i)
Dieser Fall entspricht dem Fall A2).


Fall B3) Die Form vor der Regelanwendung war:
    ($STAT i(SETQ var form))       (für gewisse  i)
Dieser Fall entspricht dem Fall A3).


Fall B4) Die Form vor der Regelanwendung war:
    ($PSTAT i j(SETQ var form))    (für gewisse i,j)
Dieser Fall entspricht dem Fall A4).


Fall F1) Die Form vor der Regelanwendung war:
    (SETQ $RESULT(PROG1 $a_1$ $a_2$...$a_r$))
Dieser Fall entspricht dem Fall A1).


Fall F2) Die Form vor der Regelanwendung war:
    (SETQ $Si(PROG1 $a_1$ $a_2$...$a_r$))  (für gewisse i)
Dieser Fall entspricht dem Fall A2).


Fall G1) Die Form vor der Regelanwendung war:
    (SETQ $RESULT(PROG2 $a_1$ $a_2$ $a_3$...$a_r$))
Dieser Fall entspricht dem Fall A1).


Fall G2) Die Form vor der Regelanwendung war:
    (SETQ $Si(PROG2 $a_1$ $a_2$ $a_3$...$a_r$))  (für gewisse i)
Dieser Fall entspricht dem Fall A2).


Fall H1) Die Form vor der Regelanwendung war:
    (SETQ $RESULT(PROGN $a_1$...$a_r$))
Dieser Fall entspricht dem Fall A1).

Fall H2) Die Form vor der Regelanwendung war:
   (SETQ $Si(PROGN $a_1...a_r$))        (für gewisse i)
Dieser Fall entspricht dem Fall A2).


Fall H3) Die Form vor der Regelanwendung war:
   ($STAT i(PROGN $a_1 ..a_r$))        (für gewisse i)
Dieser Fall entspricht dem Fall A3).


Fall H4) Die Form vor der Regelanwendung war:
   ($PSTAT i j(PROGN $a_1...a_r$))    (für gewisse i,j)
Dieser Fall entspricht dem Fall A4).


Fall I1) Die Form vor der Regelanwendung war:
   (SETQ $RESULT($PROG k(PROG(...)...)))  (für gewisse k)
Dieser Fall entspricht dem Fall A1).

Fall I2) Die Form vor der Regelanwendung war:
   (SETQ $Si($PROG k(PROG(...)...)))   (für gewisse i,k)
   Dieser Fall entspricht dem Fall A2).

Fall I3) Die Form vor der Regelanwendung war:
   ($STAT i($PROG k(PROG(...)...)))   (für gewisse i,k)
Dieser Fall entspricht dem Fall A3).


Fall J1) Die Form vor der Regelanwendung war:
   (SETQ $RESULT((LAMBDA(...)...)...))
Dieser Fall entspricht dem Fall A1).


Fall J2) Die Form vor der Regelanwendung war:
   (SETQ $Si((LAMBDA(...)...)...))   (für gewisse i)

Fall J3) Die Form vor der Regelanwendung war:

   ($STAT i((LAMBDA(...)...)...))  (für gewisse i)

Dieser Fall entspricht dem Fall A3).


Fall L) Die Form vor der Regelanwendung war:

   ($PSTAT i j(RETURN form))    (für gewisse i,j)

Dieser Fall entspricht dem Fall A4).


Q.E.D.


6. Für Transformationsregel (R6):

Die Äquivalenz

         form = (PROGN form)

ist gültig für jede Form, nicht nur für bedingte Ausdrücke
(Axiom (a2)).

Die Äquivalenz

         (PROGN form) =(PROGN number form)

ist gültig wegen Axiom (c1)). (Beachte: $COND ist ein anderer
Name für PROGN.)

Q.E.D.


7. Für Transformationsregeln (R7):

Wir beweisen jede Regel durch Induktion über die Zahl der
Klauseln. Die Induktion über die Zahl der Formen im Prädikaten-
teil ist im Lemma (L17) versteckt, die Induktion über die
Zahl der Effektformen wird nicht benötigt wegen Axiom (e1),
das ein Axiomenschema ist.
Zuerst beweisen wir, daß das COND, das gerade transformiert
wird, jeweils eine Statement-Form eines PROGs sein muß.

Um mit den äußersten CONDs zu beginnen (insgesamt gibt es
nur eine endliche Zahl) - sie sind Statement-Formen des
äußeren PROGs. Sie können durch Anwendung folgender Regeln
erzeugt worden sein:
(R3-C1),(R3-D1), (R3-E1), (R3-C3), (R3-D3), (R3-E3).
Unsere Behauptung ist für sie offenbar gültig.
Von jetzt an können wir ausschließen, daß eine der benannten
Regeln auf eine Statement-Form des äußeren PROG angewendet
wurde (als letztem Schritt). Ein COND nach Anwendung der
Transformationsregel (R3) muß erzeugt worden sein durch An-
wendung einer der Regeln (wir lassen den Präfix R3 weg):
C1, C2, C3, C4, D1, D2, D3, D4, E1, E2, E3, E4.


Fall C1) Die Form vor der Regelanwendung war:
    (SETQ $RESULT(COND...))
Sie selbst konnte auftreten als Resultat der Anwendung der
Regeln B1, C1, D1, E1, H1.
b1) Siehe den Beweis von (R5), Fall A1; b1)
Das in Frage stehende COND tritt also auf als letzte Effektform eines COND.
c1) Siehe den Beweis von (R5), Fall A1; b1)
Das in Frage stehende COND tritt also auf als letzte Effektform eines COND.
d1, e1) Siehe den Beweis von (R5), Fall A1; d1, e1)
Das in Frage stehende COND tritt also auf als letzte Effektform eines COND.
h1) Siehe den Beweis von (R5), Fall A1; h1)
Das in Frage stehende COND tritt also auf als letztes Argument
eines PROGN.

Fall C2) Die Form vor der Regelanwendung war:

   (SETQ $Si(COND...))                (für gewisse i)

Sie selbst konnte auftreten als Resultat der Anwendung
der Regeln A1, A2, A3, A4, B3, B3, B4, C1, C2, C3, C4,
D1, D2, D3, D4, E1, E2, E3, E4, F1, F2, G1, G2, H2, I1,
I2, I3, J1, J2, J3, L
a1, a2, a3, a4, b2, b3, b4, f1, f2, g1, g2, i1, i2, i3,
j1, j2, j3, l)
Siehe den Beweis von (R5), Fall A2; a1... usw.)
Das in Frage stehende COND tritt also auf als Argument
(nicht letztes) eines PROGN.
c1, c2, c3, c4, e1, e3, e4)
Siehe den Beweis von (R5), Fall A1, c1... usw.)
Das in Frage stehende COND tritt also auf als letztes
Argument eines PROGN. ($FCOND genannt).
d1, d2, d3, d4) Siehe den Beweis von (R5), Fall A2;
d1... usw.)
Das in Frage stehende COND tritt also auf als letztes
Argument eines PROGN.
c2, c3, c4) Siehe den Beweis von (R5), Fall A2; c2...usw.)
Das in Frage stehende COND tritt also auf als letzte
Effektform eines COND.
d2, d3, d4, e2, e3, e4) Siehe den Beweis von (R5), Fall A2;
d2...usw.)
Das in Frage stehende COND tritt also auf als letzte Effektform eines COND.
h2) Siehe den Beweis von (R5), Fall A2; h2)
Das in Frage stehende COND tritt also auf als letztes Argument eines PROGN.
j1, j2) Siehe den Beweis von (R5), Fall A2; j1, j2)
Das in Frage stehende COND tritt also auf als Statement-
Form eines PROG.

---

Fall C3) Die Form vor der Regelanwendung war:

   ($STAT i(COND...))               (für gewisse i)

Sie selbst konnte auftreten als Resultat der Anwendung
der Regeln C1, C2, C3, C4, D3, E3, F1, F2, G1, G2, H1, H2,
H3, H4, J1, J2, J3.

c1, c2, c3, c4) Siehe den Beweis von (R5), Fall A3; c1... usw.)
Das in Frage stehende COND tritt also auf als (nicht letzte)
Effektform eines COND.

c3) Siehe den Beweis von (R5),Fall A3;c3)
Das in Frage stehende COND tritt also auf als letzte Effektform eines COND.

d3, e3) Siehe den Beweis von (R5), Fall d3, e3)
Das in Frage stehende COND tritt also auf als letzte Effektform
eines COND.

f1, f2, g1, g2, h3) Siehe den Beweis von (R5), Fall f1... usw.)
Das in Frage stehende COND tritt also auf als Argument eines
PROGN.

h1, h2, h4) Siehe den Beweis von (R5), Fall A3; h1... usw.
Das in Frage stehende COND tritt also auf als Argument
(nicht letztes) eines PROGN.

j1, j2, j3) Siehe den Beweis von (R5), Fall A3; j1... usw.)
Das in Frage stehende COND tritt also auf als Statement-Form
eines PROG.

Fall C4) Die Form vor der Regelanwendung war:

   ($PSTAT i j(COND...))          (für gewisse i,j)

Sie selbst konnte auftreten als Resultat der Anwendung der
Regeln C4, D4, E4, H4, I1, I2, I3.

c4) Siehe den Beweis von (R5), Fall A4; c4)
Das in Frage stehende COND tritt also auf als letzte Effektform eines COND.

d4, e4) Siehe den Beweis von (R5), Fall A4; d4, e4)
Das in Frage stehende COND tritt also auf als letzte Effektform eines COND.
i1, i2, i3) Siehe den Beweis von (R5), Fall A4; i1... usw.)
Das in Frage stehende COND tritt also auf als Statement-Form
eines PROG.


Fall D1) Die Form vor der Regelanwendung war:
    (SETQ $RESULT(AND...))
Dieser Fall entspricht dem Fall C1).


Fall D2) Die Form vor der Regelanwendung war:
    (SETQ $Si(AND...))             (für gewisse i)


Fall D3) Die Form vor der Regelanwendung war:
    ($STAT i(AND...))             (für gewisse i)
Dieser Fall entspricht dem Fall C3).


Fall D4) Die Form vor der Regelanwendung war:
    ($PSTAT i j(AND...))          (für gewisse i,j)
Dieser Fall entspricht dem Fall C4).


Fall E1) Die Form vor der Regelanwendung war:
    (SETQ $RESULT(OR...))
Dieser Fall entspricht dem Fall C1).


Fall E2) Die Form vor der Regelanwendung war:
    (SETQ $Si(OR...))             (für gewisse i)
Dieser Fall entspricht dem Fall C2).


Fall E3) Die Form vor der Regelanwendung war:
    ($STAT i(OR...))             (für gewisse i)
Dieser Fall entspricht dem Fall C3).

Fall E4) Die Form vor der Regelanwendung war:

    ($PSTAT i j(OR...))                    (für gewisse i, j)

Dieser Fall entspricht dem Fall C4).


Weil nun aber alle PROGN's beseitigt worden sind (und deren
Argumente dabei zu Statement-Formen von PROGs oder zu Effektformen von bedingten Ausdrücken geworden sind (oder Argumente
von $FCOND)) muß jede COND-Spezialform nach Ausführung von Regel
(R5) entweder Statement-Form, Effektform oder $FCOND-Argument
sein. Wenn wir (wegen der Transformationsreihenfolge) die
Positionen innerhalb von COND's ausschließen, bleibt nur die
Statement-Form-Möglichkeit übrig. Die Regel (R7) führt selbst
keine neuen Kompositionen ein.

Deshalb: Wir befinden uns im PROG-Kontext.


Jeder der folgenden vier Beweise beginnt mit einem bedingten
Ausdruck, dessen Bedingungen die Form

    ($FCOND 1 j $form_1...form_k$ $Sj)

bzw.

    (NULL($FCOND 1 j $form_1...form_k$ $Sj))

haben. Aus Bequemlichkeit werden wir das j überall weglassen.
(Dies ist unproblematisch wegen Axiom (c1).)

In der Transformationsregel tauchen eigentlich Bedingungen

    ($FCOND 1 j $form_1...form_k$)

bzw.

    (NULL($FCOND 1 j $form_1...form_k$))

auf.

Der Übergang (bzw. die stellvertretende Verwendung) ist deshalb
möglich, weil alle bedingten Ausdrücke erzeugt worden sind durch
eine der Regeln C1-C4, D1-D4, E1-E4.

In allen diesen Fällen traten als Bedingungen nach der
Transformation

    ($FCOND 1 j(SETQ $Sj form))

bzw.

    (NULL($FCOND 1 j(SETQ $Sj form))

auf. Die darin vorkommenden Formen

    (SETQ $Sj form)

führten durch ihre Transformation zu den Folgen

    $form_1 \ldots form_k$

Gemäß Axiom (b2) gilt die Äquivalenz

    (SETQ $Si form) =(PROGN(SETQ $Si form)$Si)

und von dieser ausgehend müßte die gleiche Folge von Formen
entstehen. Deshalb können wir davon ausgehen, daß $form_k$=$Sj
bzw. das $Sj ohne Veränderung der Semantik als letztes Argu-
ment des PROGNs (alias $FCOND) eingeführt werden kann.


7.1 Sei r=1:

    $(\$COND\ i(COND((\$FCOND\ 1\ form_1 \ldots form_k\ \$Sj)e_1 \ldots e_{1n})$
      $(T\ e_1 \ldots e_s)))$
    = (Umbenennen der PROGN-Aliase)
    $(PROGN\ i(COND((PROGN\ 1\ form_1 \ldots form_k\ \$Sj)e_{11} \ldots e_{1n})$
      $(T\ e_1 \ldots e_s)))$
    = (gemäß Axiom (c1))
    $(PROGN(COND((PROGN\ 1\ form_1 \ldots form_k\ \$Sj)e_{11} \ldots e_{1n})$
      $(T\ e_1 \ldots e_s)))$
    = (gemäß Axiom (d2) - wir sind im PROG-Kontext!)
    $(COND((PROGN\ 1\ form_1 \ldots form_k\ \$Sj)e_{11} \ldots e_{1n})$
      $(T\ e_1 \ldots e_s))$
    = (gemäß Axiom (c1))
    $(COND((PROGN\ form_1 \ldots form_k\ \$Sj)e_{11} \ldots e_{1n})$
      $(T\ e_1 \ldots e_s))$
    = (gemäß Axiom (c2))

```
(COND((PROGN(PROGN form_1...form_k $Sj)e_11...e_1n)
   (T e_1...e_s))
```
$= $ (gemäß Axiom (e4))
```
(PROGN(PROGN form_1...form_k)(COND($Sj)e_11...e_1n)
   (T e_1...e_s)))
```
$= $ (gemäß Axiom (d2))
```
(PROGN form_1...form_k)(COND($Sj)e_11...e_1n)
   (T e_1...e_s))
```
$= $ (gemäß Axiom (d2)
```
form_1...form_k(COND($Sj e_11...e_1n)(T e_1...e_s))
```
$= $ (gemäß Axiom (e1))
```
form_1...form_k(COND($Sj (PROGN e_11...e_1n))(T e_1...e_s))
```
$= $ (gemäß Axiom (e1))
```
form_1...form_k(COND($Sj (PROGN e_11...e_1n))
   (T(PROGN e_1...e_s)))
```
$= $ (gemäß Axiom (d12))
```
form_1...form_k(COND($Sj (PROGN e_11...e_1n)(GO $Ci)))
   (COND(T(PROGN e_1...e_s)))$Ci
```
$= $ (gemäß Axiom (e1))
```
form_1...form_k(COND($Sj (PROGN(PROGN e_11...e_1n)
   (GO $Ci))))(COND(T(PROGN e_1...e_s)))$Ci
```
$= $ (gemäß Axiom (c2))
```
form_1...form_k(COND($Sj (PROGN e_11...e_1n(GO $Ci))))
   (COND(T(PROGN e_1...e_s)))$Ci
```
$= $ (gemäß Axiom (e3))
```
form_1...form_k(COND((NOT $Sj)NIL)(T(PROGN e_11...e_1n
   (GO $Ci))))(COND(T(PROGN e_1...e_s)))$Ci
```
$= $ (gemäß Axiom (a3))
```
form_1...form_k(COND((NOT $Sj)NIL(GO $CiL1)))
   (PROGN e_11...e_1n(GO $Ci)) $CiL1(COND(T(PROGN e_1...e_s)))$Ci
```
$= $ (gemäß Axiom (d2))
```
form_1...form_k(COND((NOT $Sj)NIL(GO $CiL1)))e_11...e_1n
   (GO $Ci)$CiL1(COND(T(PROGN e_1...e_s)))$Ci
```
$= $ (gemäß Axiom (a3))

---

$form_1 \ldots form_k (COND((NOT \$Sj)NIL(GO \$CiL1)))e_{11} \ldots e_{1n}$
$(GO \$Ci)\$CiL1(PROGN\ e_1 \ldots e_s)\$Ci$

$= (gemäß\ Axiom\ (d2))$

$form_1 \ldots form_k (COND((NOT \$Sj)NIL(GO \$CiL1)))e_{11} \ldots e_{1n}$
$(GO \$Ci)\$CiL1\ e_1 \ldots e_s\ \$Ci$

$= (gemäß\ Axiom\ (e1))$

$form_1 \ldots form_k (COND((NOT \$Sj)(PROGN\ NIL(GO \$CiL1))))$
$e_{11} \ldots e_{1n}(GO \$Ci)\$CiL1\ e_1 \ldots e_s\ \$Ci$

$= (gemäß\ Axiom\ (c1))$

$form_1 \ldots form_k (COND((NOT \$Sj)(PROGN(GO \$CiL1))))$
$e_{11} \ldots e_{1n}(GO \$Ci)\ \$CiL1\ e_1 \ldots e_s\ \$Ci$

$= (gemäß\ Axiom\ (a2))$

$form_1 \ldots form_k (COND((NOT \$Sj)(GO \$CiL1)))e_{11} \ldots e_{1n}$
$(GO \$Ci)\ CiL1\ e_1 \ldots e_s\ \$Ci$

$= (gemäß\ Axiom\ (d7))$

$form_1 \ldots form_k (OR \$Sj(GO \$CiL1))e_{11} \ldots e_{1n}(GO \$Ci)$
$\$CiL1\ e_1 \ldots e_s\ \$Ci$

Wir nehmen an, die Korrektheit gelte für $r \leq m$. Wir beweisen
sie nun für $r=m+1$:

$(\$COND\ i(COND(((\$FCOND\ 1\ form_{11} \ldots form_{1k_1}\ \$Sj)e_{11} \ldots e_{1n_1})$

$\quad\quad\quad\quad ((\$FCOND\ 2\ form_{21} \ldots form_{2k_2}\ \$Sj)e_{21} \ldots e_{2n_2}) \ldots$

$\quad\quad\quad\quad ((\$FCOND\ m\ form_{m1} \ldots form_{mk_m}\ \$Sj)e_{m1} \ldots e_{mn_m})$

$\quad\quad\quad\quad ((\$FCOND\ m+1\ form_{m+11} \ldots form_{m+1k_{m+1}}\ \$Sj)$

$\quad\quad\quad\quad\quad e_{m+11} \ldots e_{m+1n_{m+1}})$
$\quad\quad\quad\quad (T\ e_1 \ldots e_s)))$

$= (gemäß\ Axiom\ (e2))$

$(\$COND\ i(COND(((\$FCOND\ 1\ form_{11} \ldots form_{1k_1}\ \$Sj)e_{11} \ldots e_{1n_1})$

$\quad\quad\quad\quad (T(COND(((\$FCOND\ 2\ form_{21} \ldots form_{2k_2}\ \$Sj)e_{21} \ldots e_{2n_2})$

$\quad\quad\quad \ldots ((\$FCOND\ m\ form_{m1} \ldots form_{mk_m}\ \$Sj)e_{m1} \ldots e_{mn_m})$

$\quad\quad\quad\quad ((\$FCOND\ m+1\ form_{m+11} \ldots form_{m+1k_{m+1}}\ \$Sj)$

$\quad\quad\quad\quad\quad e_{m+11} \ldots form_{m+1n_{m+1}})$
$\quad\quad\quad\quad (T\ e_1 \ldots e_s)))))$

$= (Anwendung\ der\ Induktionsvoraussetzung)$

$$\text{form}_{11}\ldots\text{form}_{1k_1}\ (\text{OR } \$Sj(\text{GO } \$CiL1))e_{11}\ldots e_{1n_1}\ (\text{GO } \$Ci)\$CiL1$$
$$(\text{COND}((\$FCOND\ 2\ \text{form}_{21}\ldots\text{form}_{2k_2}\ \$Sj)e_{21}\ldots e_{2n_2})$$
$$\ldots$$
$$((\$FCOND\ m\ \text{form}_{m1}\ldots\text{form}_{mk_m}\ \$Sj)e_{m1}\ldots e_{mn})$$
$$((\$FCOND\ m+1\ \text{form}_{m+11}\ldots\text{form}_{m+1k_{m+1}}\ \$Sj)e_{m+11}\ldots$$
$$e_{m+1n_{m+1}})$$
$$(T\ e_1\ldots e_s))\ \$Ci$$

= (gemäß Axiom (d2) und Axiom (c1))

$$\text{form}_{11}\ldots\text{form}_{1k_1}\ (\text{OR } \$Sj(\text{GO } \$CiL1))e_{11}\ldots e_{1n_1}$$
$$(\text{GO } \$Ci)\$CiL1$$
$$(\$COND\ i(\text{COND}((\$FCOND\ 2\ \text{form}_{21}\ldots\text{form}_{2k_2}\ \$Sj)e_{21}\ldots e_{2n_2})$$
$$\ldots$$
$$((\$FCOND\ m+1\ \text{form}_{m+11}\ldots\text{form}_{m+1k_{m+1}})e_{m+11}\ldots e_{m+1n_{m+1}})$$
$$(T\ e_1\ldots e_s)))\$Ci$$

= (Umbenennen der Marken: gemäß Axiom (d9) und (d10).
Neue Nummern: 2m-mal (c1))

$$\text{form}_{11}\ldots\text{form}_{1k_1}\ (\text{OR } \$Sj\ (\text{GO } \$CiL0))e_{11}\ldots e_{1n_1}\ (\text{GO } \$Ci)\$CiL0$$
$$(\$COND\ i(\text{COND}((\$FCOND\ 1\ \text{form}_{21}\ldots\text{form}_{2k_2}\ \$Sj)\ e_{21}\ldots e_{2n_2})$$
$$\ldots$$
$$((\$FCOND\ m\ \text{form}_{m+11}\ldots\text{form}_{m+1k_{m+1}})$$
$$e_{m+11}\ldots e_{m+1n_{m+1}})$$
$$(T\ e_1\ldots e_s)))\$Ci$$

= (Anwendung der Induktionsvoraussetzung)

$$\text{form}_{11}\ldots\text{form}_{1k_1}\ (\text{OR }\$Sj\,(\text{GO }\$CiL0))e_{11}\ldots e_{1n_1}\ (\text{GO }\$Ci)\$CiL0$$

$$\text{form}_{21}\ldots\text{form}_{2k_2}\ (\text{OR }\$Sj\,(\text{GO }\$CiL1))e_{21}\ldots e_{2n_2}\ (\text{GO }\$Ci)\$CiL1$$

$$\ldots$$

$$\text{form}_{m+11}\ldots\text{form}_{m+1k_{m+1}}\ (\text{OR }\$Si\,(\text{GO }\$CiLm))e_{m+11}\ldots e_{m+1n_{m+1}}$$

Der Rest ist Aufräumungsarbeit: Beseitige die letzte Marke (Axiome (d9), (d10)) und benenne m+1 Marken um (und ändere die entsprechenden GOs) (wieder Axiome (d9)(d10). Damit ist der Beweis erbracht.

7.2 Sei r=1:      (vergleiche mit 7.1!)

   ($COND i(COND(($FCOND 1 form$_1$...form$_k$ $Sj))(T e$_1$...e$_s$)))

   = (Umbenennen der PROGN-Aliase. Beseitige Zahlen mit Axiom (c1))
   (PROGN(COND((PROGN 1 form$_1$...form$_k$ $Sj))(T e$_1$...e$_s$)))

   = (Beseitige PROGN (Axiom (a2)), beseitige Zahlen (Axiom (c1)))
   (COND((PROGN form$_1$...form$_k$ $Sj))(T e$_1$...e$_s$))

   = (Führe PROGN ein (Axiom (c2)). Beseitige PROGN in Be-
     dingung (Axiom (e4)))
   (PROGN(PROGN form$_1$...form$_k$)(COND ($Sj)(T e$_1$...e$_s$)))
   = (Beseitige PROGN (Axiome (c2) und (d2))
   form$_1$...form$_k$(COND ($Sj)(T e$_1$...e$_s$))
   = (Führe PROGN ein (Axiom (e1)))
   form$_1$...form$_k$(COND ($Sj)(T(PROGN e$_1$...e$_s$)))
   = (Zerlege COND (Axiom (d12)))
   form$_1$...form$_k$(COND ($Sj(GO $Ci)))(COND(T(PROGN e$_1$...e$_s$)))$Ci
   = (Beseitige COND (Axiom (a3)))
   form$_1$...form$_k$(COND($Sj(GO $Ci)))(PROGN e$_1$...e$_s$)$Ci
   = (COND-nach-AND-Übergang (Axiom (e5)))
   form$_1$...form$_k$(AND $Sj(GO $Ci))(PROGN e$_1$...e$_s$)$Ci
   = (PROGN-Beseitigung (Axiom (d2)))

$$\text{form}_1 \ldots \text{form}_k (\text{AND } \$Sj (\text{GO } \$Ci)) (\text{PROGN } e_1 \ldots e_s) \$Ci$$

Wir nehmen an, die Korrektheit sei gültig für $r \overset{<}{=} m$. Wir beweisen sie für $r = m+1$.

$$(\$COND \; i (COND ((\$FCOND \; 1 \; \text{form}_{11} \ldots \text{form}_{1k_1}))$$
$$(( \$FCOND \; 2 \; \text{form}_{21} \ldots \text{form}_{2k_2}))$$
$$\ldots$$
$$(( \$FCOND \; m+1 \; \text{form}_{m+11} \ldots \text{form}_{m+1k_{m+1}}))$$
$$(T \; e_1 \ldots e_s)))$$

= (COND-Komposition (Axiom (e2)); Induktionsvoraussetzung)

$$\text{form}_{11} \ldots \text{form}_{1k_1} (\text{AND } \$Sj (\text{GO } \$Ci)) (COND$$
$$(( \$FCOND \; 2 \; \text{form}_{21} \ldots \text{form}_{2k_2}))$$
$$\ldots$$
$$(( \$FCOND \; m+1 \; \text{form}_{m+11} \ldots \text{form}_{m+1k_{m+1}}))$$
$$(T \; e_1 \ldots e_s))) \$Ci$$

= (PROGN-Einführung (Axiom (a2)), Nummern-Einführung (Axiom (c1))).

$$\text{form}_{11} \ldots \text{form}_{1k_1} (\text{AND } \$Sj (\text{GO } \$Ci)) (\$COND \; i (COND$$
$$(( \$FCOND \; 2 \; \text{form}_{21} \ldots \text{form}_{2k_2} \; \$Sj))$$
$$\ldots$$
$$(( \$FCOND \; m+1 \; \text{form}_{m+11} \ldots \text{form}_{m+1k_{m+1}}))$$
$$(T \; e_1 \ldots e_s))) \$Ci$$

= (Neue Klausel - Nummern: 2m-mal Axiom (c1))

$$\text{form}_{11} \ldots \text{form}_{1k_1} (\text{AND } \$Sj (\text{GO } \$Ci)) (\$COND \; i (COND$$
$$(( \$FCOND \; 1 \; \text{form}_{21} \ldots \text{form}_{2k_2} \; \$Sj))$$
$$\ldots$$
$$(( \$FCOND \; m \; \text{form}_{m+11} \ldots \text{form}_{m+1k_{m+1}}))$$
$$(T \; e_1 \ldots e_s))) \$Ci$$

= (Anwendung der Induktionsvoraussetzung)

$form_{11}\ldots form_{1k_1}$ (AND \$Sj(GO \$Ci))

$form_{21}\ldots form_{2k_2}$ (AND \$Sj(GO \$Ci))...

$form_{m+11}\ldots form_{m+1k}$ (AND \$Sj(GO \$Ci)$e_1\ldots e_s$ \$Ci \$Ci

Beseitige die letzte Marke (Axiome (d9), (d10)) und wir
haben das Ergebnis.
Damit ist der Beweis erbracht.


## 7.3 Sei r=1:

(\$COND i(COND((NOT(\$FCOND 1 $form_1\ldots form_k$ \$Sj)a)(T $e_1\ldots e_s$)))
= (Umbenennen, Nummernbeseitigung (c1), PROGN-Beseitigung
  (a2))
(COND((NOT(PROGN 1 $form_1\ldots form_k$ \$Sj))a)(T $e_1\ldots e_s$))
= (Nummernbeseitigung (c1), PROGN-Einführung (c2))
(COND((NOT(PROGN(PROGN $form_1\ldots form_k$)\$Sj))a)(T $e_1\ldots e_s$))
= (gemäß Axiom (c9))
(COND((PROGN(PROGN $form_1\ldots form_k$)(NOT \$Sj))a)(T $e_1\ldots e_s$))
= (PROGN-Beseitigung aus Bedingung (e4), PROGN-Beseitigung
  (d2))
$form_1\ldots form_k$(COND((NOT \$Sj)a)(T $e_1\ldots e_s$))
= (PROGN-Einführung (e1), Klauselinversion (e3))
$form_1\ldots form_k$(COND(\$Sj(PROGN $e_1\ldots e_s$))(T a))
= (gemäß Axiom (d12))
$form_1\ldots form_k$(COND(\$Sj(PROGN $e_1\ldots e_s$)(GO \$CiL1)))
  (COND(T a))\$CiL1
= (PROGN-Einführung (e1), COND-Beseitigung (a3))
$form_1\ldots form_k$(COND(\$Sj(PROGN(PROGN $e_1\ldots e_s$)(GO \$CiL1))))
  a \$CiL1
= (PROGN-Beseitigung (c2), Klauselinversion (e3))
$form_1\ldots form_k$(COND((NOT \$Sj)NIL)(T(PROGN $e_1\ldots e_s$
  (GO \$CiL1))))a \$CiL1
= (gemäß Axiom (d12))

$\text{form}_1 \ldots \text{form}_k (\text{COND}((\text{NOT } \$Sj)\text{NIL}(\text{GO } \$Ci)))(\text{PROGN } e_1 \ldots e_s$
$(\text{GO } \$CiL1))\$Ci \ a \ \$CiL1$

$= (\text{PROGN-Einführung (e1), Konstanten-Beseitigung (c1),}$
$\text{PROGN-Beseitigung (a2)})$

$\text{form}_1 \ldots \text{form}_k (\text{COND}((\text{NOT } \$Sj)(\text{GO } \$Ci)))(\text{PROGN } e_1 \ldots e_s (\text{GO } \$CiL1))$
$\$Ci \ a \ \$CiL1$

$= (\text{PROGN-Beseitigung (d2), COND - nach OR-Übergang (d7)})$

$\text{form}_1 \ldots \text{form}_k (\text{OR } \$Sj(\text{GO } \$Ci))e_1 \ldots e_s(\text{GO } \$CiL1)\$Ci \ a \ \$CiL1$

Wir nehmen an, die Korrektheit sei gültig für $r \leq m$. Wir beweisen
sie für $r=m+1$:

$(\$\text{COND } i(\text{COND}((\text{NOT}(\$\text{FCOND } 1 \ \text{form}_{11} \ldots \text{form}_{1k_1} \ \$Sj)a)$
$\quad\quad\quad\quad\quad ((\text{NOT}(\$\text{FCOND } 2 \ \text{form}_{21} \ldots \text{form}_{2k_2} \ \$Sj)a)$
$\quad\quad\quad\quad\quad \ldots$
$\quad\quad\quad\quad\quad ((\text{NOT}(\$\text{FCOND } m+1 \ \text{form}_{m+11} \ldots \text{form}_{m+1k_{m+1}} \ \$Sj))a)$
$\quad\quad\quad\quad\quad (\text{T } e_1 \ldots e_s)))$

$= (\text{COND-Komposition (e2), Induktionsvoraussetzung})$

$\text{form}_{11} \ldots \text{form}_{1k_1} (\text{OR } \$Sj(\text{GO } \$Ci))(\text{COND}$

$\quad\quad\quad\quad\quad ((\text{NOT}(\$\text{FCOND } 2 \ \text{form}_{21} \ldots \text{form}_{2k_2} \ \$Sj ))a)$
$\quad\quad\quad\quad\quad \ldots$
$\quad\quad\quad\quad\quad ((\text{NOT}(\$\text{FCOND } m+1 \ \text{form}_{m+11} \ldots \text{form}_{m+1k_{m+1}} \ \$Sj ))a)$
$\quad\quad\quad\quad\quad (\text{T } e_1 \ldots e_s)) \ (\text{GO } \$CiL1)\$Ci \ a \ \$CiL1$

$= (\text{PROGN-Einführung (a2), Nummerneinführung (c1)})$

$\text{form}_{11} \ldots \text{form}_{1k_1} (\text{OR } \$Sj(\text{GO } \$Ci))(\$\text{COND } i(\text{COND}$

$\quad\quad\quad\quad\quad ((\text{NOT}(\$\text{FCOND } 2 \ \text{form}_{21} \ldots \text{form}_{2k_2} \ \$Sj))a)$
$\quad\quad\quad\quad\quad \ldots$
$\quad\quad\quad\quad\quad ((\text{NOT}(\$\text{FCOND } m+1 \ \text{form}_{m+11} \ldots \text{form}_{m+1k_{m+1}} \ \$Sj))a)$
$\quad\quad\quad\quad\quad (\text{T } e_1 \ldots e_s)))(\text{GO } \$CiL1)\$Ci \ a \ \$CiL1$

$= (\text{Neue Klausel-Nummern: 2m-mal Axiom (c1). Umbenennung}$
$\text{der Marke (d9), (d10)}).$

$$\text{form}_{11}\ldots\text{form}_{1k_1}\ (\text{OR }\$Sj\ (\text{GO }\$Ci))\ (\$COND\ i\ (COND$$
$$((\text{NOT}(\$FCOND\ 1\ \text{form}_{21}\ldots\text{form}_{2k_2}\ \$Sj))a)$$
$$\ldots$$
$$((\text{NOT}(\$FCOND\ m\ \text{form}_{m+11}\ldots\text{form}_{m+1k_{m+1}}\ \$Sj))a)$$
$$(T\ e_1\ldots e_s)))\ (\text{Go }\$CiL0)\$CiL0\ \$CiL\ a\ \$CiL0$$

= (Anwendung der Induktionsvoraussetzung)

$$\text{form}_{11}\ldots\text{form}_{1k_1}\ (\text{OR }\$Sj\ (\text{GO }\$Ci))$$
$$\text{form}_{21}\ldots\text{form}_{2k_2}\ (\text{OR }\$Sj\ (\text{GO }\$Ci))\ \ldots$$
$$\text{form}_{m+11}\ldots\text{form}_{m+1k_{m+1}}\ (\text{OR }\$Sj\ (\text{GO }\$Ci))e_1\ldots e_s\ (\text{GO }\$CiL1)$$
$$\$Ci\ a\ \$CiL1\ (\text{GO }\$CiL0)\$CiL\ a\ \$CiLo$$

Um aufzuräumen, muß zuerst das zweite a durch ein GO nach $Ci
ersetzt werden (Axiom (d20)), dann das erste GO nach $Ci neu-
gerichtet werden (Axiom (d19)), dann die nun redundante Marke
$CiL beseitigt werden, dann das zunächst eingeführte GO wieder
entfernt werden (Axiom (d17)) und schließlich das nun leere
GO entfernt werden (Axiom (d18)).
Damit ist der Beweis erbracht.


7.4 Sei r=1:    (Vergleiche den Beweis von 7.3!)

$$(\$COND\ i\ (COND((\text{NOT}(\$FCOND\ 1\ \text{form}_1\ldots\text{form}_k\ \$Sj)))(T\ e_1\ldots e_s)))$$

= (Umbenennen, Nummernbeseitigung (c1), PROGN-Beseitigung
   (a2), Nummernbeseitigung (c1))

$$(COND((\text{NOT}(\text{PROGN form}_1\ldots\text{form}_k\ \$Sj)))(T\ e_1\ldots e_s))$$

= (PROGN-Einführung (c2), Vertauschen von PROGN und
   NOT (c9))

$$(COND((\text{PROGN}(\text{PROGN form}_1\ldots\text{form}_k)(\text{NOT }\$Sj)))(T\ e_1\ldots e_s))$$

= (PROGN-Beseitigung aus Bedingung (e4), PROGN-Beseitigung
   (c2), (d2))

$$\text{form}_1\ldots\text{form}_k\ (COND((\text{NOT }\$Sj))(T\ e_1\ldots e_s))$$

= (PROGN-Einführung (e1), COND-Zerlegung (d12))

$$\text{form}_1 \ldots \text{form}_k (\text{COND}((\text{NOT } \$Sj)(\text{GO } \$Ci)))(\text{COND}(T(\text{PROGN}$$
$$e_1 \ldots e_s)))\$Ci$$

= (COND-Beseitigung (a3), PROGN-Beseitigung (d2))

$$\text{form}_1 \ldots \text{form}_k (\text{COND}((\text{NOT } \$Sj)(\text{GO } \$Ci)))e_1 \ldots e_s \ \$Ci$$

= (COND-nach-OR-Übergang (d7))

$$\text{form}_1 \ldots \text{form}_k (\text{OR } \$Sj(\text{GO } \$Ci))e_1 \ldots e_s \ \$Ci$$

Wir nehmen nun an, die Korrektheit gelte für $r \leq m$. Wir beweisen sie nun für $r=m+1$.

$$(\$COND \ i(\text{COND}((\text{NOT}(\$FCOND \ 1 \ \text{form}_{11} \ldots \text{form}_{1k_1} \ \$Si))$$
$$((\text{NOT}(\$FCOND \ 2 \ \text{form}_{21} \ldots \text{form}_{2k_2} \ \$Si))$$
$$(T \ e_1 \ldots e_s)))$$

= (COND-Komposition (Axiom (e2)), Anwendung der Induktionsvoraussetzung)

$$\text{form}_{11} \ldots \text{form}_{1k_1} (\text{OR } \$Sj(\text{GO } \$Ci))(\text{COND}$$
$$((\text{NOT}(\$FCOND \ 2 \ \text{form}_{21} \ldots \text{form}_{2k_2})))$$
$$\ldots$$
$$((\text{NOT}(\$FCOND \ m+1 \ \text{form}_{m+11} \ldots \text{form}_{m+1k_{m+1}})))$$
$$(T \ e_1 \ldots e_s))$$

= (PROGN-Einführung (a2), Nummerneinführung (c1))

$$\text{form}_{11} \ldots \text{form}_{1k_1} (\text{OR } \$Sj(\text{GO } \$Ci))(\$COND \ i(\text{COND}$$
$$((\text{NOT}(\$FCOND \ 2 \ \text{form}_{21} \ldots \text{form}_{2k_2})))$$
$$\ldots$$
$$((\text{NOT}(\$FCOND \ m+1 \ \text{form}_{m+11} \ldots \text{form}_{m+1k_{m+1}})))$$
$$(T \ e_1 \ldots e_s)))$$

= (Neue Klauselnummern 2m-mal (c1))

$$\text{form}_{11} \ldots \text{form}_{1k_1} \ (\text{OR } \$Sj\,(\text{GO } \$Ci))\,(\$COND \ i\,(COND$$
$$((NOT\,(\$FCOND \ 1 \ \text{form}_{21} \ldots \text{form}_{2k_2})))$$
$$\ldots$$
$$((NOT\,(\$FCOND \ m \ \text{form}_{m+11} \ldots \text{form}_{m+1k_{m+1}})))$$
$$(T \ e_1 \ldots e_s)))$$

= (Anwendung der Induktionsvoraussetzung)

$$\text{form}_{11} \ldots \text{form}_{1k_1} \ (\text{OR } \$Sj\,(\text{GO } \$Ci))$$
$$\text{form}_{21} \ldots \text{form}_{2k_2} \ (\text{OR } \$Sj\,(\text{GO } \$Ci)) \ldots$$
$$\text{form}_{m+11} \ldots \text{form}_{m+1k_{m+1}} \ (\text{OR } \$Sj\,(\text{GO } \$Ci))e_1 \ldots e_s \ \$Ci \ \$Ci$$

Es ist noch die letzte (weil doppelte) Marke zu beseitigen
(Axiome (d9), (d10)). Der spezielle Fall, daß in jeder Klausel
nur eine Effektform, eine $-Variable, steht, ist im Beweis
für (R7-3) enthalten. Zum Schluß können wir dann die Form a
(d.h. die Variable) unterdrücken, weil sie keine Seiteneffekte
auslöst (Axiom (d1)).
Damit ist der Beweis erbracht.
Q.E.D.


## Beweise für die Lemmata

(L1) Lemma: Für alle n, $(\text{LAMBDA}(\ldots)\text{form}_1 \ldots \text{form}_n)$
$$=$$
$$(\text{LAMBDA}(\ldots)(\text{PROGN } \text{form}_1 \ldots \text{form}_n))$$
Beweis: Mittels Induktion über n. Sei n=1:

    (LAMBDA (...) (PROGN form))

Wir nehmen nun an, daß die Behauptung nur $n \leq k$ gültig ist und zeigen sie für $n = k+1$:

$$(\text{LAMBDA}(\dots)\,form_1 \dots form_k \; form_{k+1})$$

= (gemäß Axiom (a7))

$$(\text{LAMBDA}(\dots)\,form_1 \dots form_{k-1}(\text{PROGN } form_k \; form_{k+1}))$$

= (Anwendung der Induktionsvoraussetzung)

$$(\text{LAMBDA}(\dots)(\text{PROGN } form_1 \dots form_{k-1}(\text{PROGN } form_k \; form_{k+1})))$$

= (gemäß Axiom (c2))

$$(\text{LAMBDA}(\dots)(\text{PROGN } form_1 \dots form_{k-1} \; form_k \; form_{k+1}))$$

Q.E.D.


(L2) Lemma:  Für alle n, $(\text{PROGN } form_1 \dots form_{n-1} \; form_n)$

$$=$$

$$(\text{PROGN}(\text{PROGN } form_1 \dots form_{n-1})\,form_n)$$

Beweis: Mittels Induktion über n. Sei $n=2$:


$$(\text{PROGN } form_1 \; form_2)$$

= (gemäß Axiom (a2))

$$(\text{PROGN}(\text{PROGN } form_1)\,form_2)$$

Wir nehmen nun an, daß die Behauptung für $n \leq k$ gilt und beweisen sie für $n = k+1$:

$$(\text{PROGN } form_1 \; form_2 \; form_3 \dots form_k \; form_{k+1})$$

= (gemäß Axiom (c2))

$$(\text{PROGN}(\text{PROGN } form_1 \; form_2)\,form_3 \dots form_k \; form_{k1+})$$

= (Anwendung der Induktionsvoraussetzung)

$$(\text{PROGN}(\text{PROGN}(\text{PROGN } form_1 \; form_2)\,form_3 \dots form_k)\,form_{k+1})$$

= (gemäß Axiom (c2))

$$(\text{PROGN}(\text{PROGN } form_1 \; form_2 \dots form_k)\,form_{k+1})$$

Q.E.D.

(L3) Lemma: Die PROGN-Form ($STAT i form) (für gewisse i) ist
während der Ausführung der Transformationsregel (R3) entweder ein Argument eines PROGN, eine Effektform eines bedingten Ausdrucks oder eine Statement-Form.
Beweis:
Zunächst kann es sein, daß das $STAT, das wir betrachten,
durch Regel (R2) eingeführt wurde. In diesem Falle handelt
es sich um eine Statement-Form des äußeren PROG, und die
Behauptung ist bewiesen. Wenn nicht auf diese Art erzeugt,
kann die zur Debatte stehende Form nur als Resultat einer
der Regeln (wir lassen den Präfix R3 weg) C1, C2, C3, C4,
D3, E3, F1, F2, F3, G1, G2, G3, H1, H2, H3, H4, I4, J1,
J2, J3, J4 sein. (Vergleiche die Beweistechnik mit dem
Beweis von Regel (R5) und dem Anfang des Beweises von
(R7)!)
Es kann sein, daß unser $STAT (zu jeder konkreten Zeit
gibt es nur endlich viele von ihnen) eine Statement-Form
des äußeren PROG ist, aber erzeugt wurde durch Regeln von
(R3). Dies könnte sich ereignen bei der Anwendung der
Regeln F3, G3, J4.
Wir wissen in diesem Falle, daß unsere Behauptung be-
wiesen ist und schließen für das folgende aus, daß eine
der erwähnten Regeln auf eine Statement-Form des äußersten
PROG angewandt wurde.

Fall C1) Die Form nach der Regelanwendung ist:

$$(\text{COND}((\$\text{FCOND } 1(\text{SETQ } \$\text{S1 } p_1))(\$\text{STAT } 1 \ e_{11})\ldots(\$\text{STAT } 1 \ e_{1n_1-1})$$
$$(\text{SETQ } \$\text{RESULT } e_{1n_1}))$$
$$\ldots$$
$$(\text{T}(\text{SETQ } \$\text{RESULT NIL})))$$

Das in Frage stehende $STAT tritt also auf als Effektform
eines COND.

Fall C2) Die Form nach der Regelanwendung ist:

$$(COND((\$FCOND\ 1(SETQ\ \$Si\ p_1))(\$STAT\ i\ e_{11})\ldots$$
$$(\$STAT\ i\ e_{1n_1-1})(SETQ\ \$Si\ e_{1n_1}))$$
$$\ldots$$
$$(T(SETQ\ \$Si\ NIL)))$$

Das in Frage stehende $STAT tritt also auf als Effekt-
form eines COND.

Fall C3) Die Form nach der Regelanwendung ist:

$$(COND((\$FCOND\ 1(SETQ\ \$Si\ p_1))(\$STAT\ i\ e_{11})\ldots(\$STAT\ i\ e_{1n_1}))$$
$$\ldots$$
$$((\$FCOND\ r(SETQ\ \$Si\ p_r))(\$STAT\ i\ e_{r1})\ldots(\$STAT\ i\ e_{rn})))$$

Das in Frage stehende $STAT tritt also auf als Effekt-
form eines COND.

Fall C4) Die Form nach der Regelanwendung ist:

$$(COND((\$FCOND\ 1(SETQ\ \$Si\ p_1))(\$STAT\ i\ e_{11})\ldots(\$STAT\ i\ e_{1n_1-1})$$
$$(\$PSTAT\ j\ i\ e_{1n_1}))$$
$$\ldots$$
$$((\$FCOND\ r(SETQ\ \$Si\ p_r))(\$STAT\ i\ e_{r1})\ldots(\$STAT\ i\ e_{rn_r-1})$$
$$(\$PSTAT\ j\ i\ e_{rn})))$$

Das in Frage stehende $STAT tritt also auf als Effektform
eines COND.

Fall D3) Die Form nach der Regelanwendung ist:

$$(COND((NOT(\$FCOND\ 1(SETQ\ \$Si\ a_1)))))\ldots(T(\$STAT\ i\ a_r)))$$

Das in Frage stehende $STAT tritt also auf als Effektform
eines COND.

Fall E3) Die Form nach der Regelanwendung ist:

$$(COND((\$FCOND\ 1(SETQ\ \$Si\ a_1)))...)T(\$STAT\ i\ a_r)))$$

Das in Frage stehende $STAT tritt also auf als Effekt-
form eines COND.

Fall F1) Die Form nach der Regelanwendung ist:

$$(PROGN(SETQ\ \$S1\ a_1)(\$STAT\ 2\ a_2)...(\$STAT\ 2\ a_r)(SETQ\ \$RESULT...))$$

Das in Frage stehende $STAT tritt also auf als Argument eines
PROGN.

Fall F2) Die Form nach der Regelanwendung ist:

$$(PROGN(SETQ\ \$Si\ a_1)(\$STAT\ i{+}1\ a_2)...(\$STATi{+}1\ a_r))$$

Das in Frage stehende $STAT tritt also auf als Argument
eines PROGN.

Fall F3) Die Form vor der Regelanwendung war:

$$(\$STAT\ i(PROG1\ a_1\ a_2...a_r))$$

Sie selbst konnte auftreten als Resultat der Anwendung
der Regeln C1, C2, C3, C4, D3, Ed, F1, G1, H1, H2, H3,
H4, J1, J2, J3.
Alle diese Fälle werden von den entsprechenden Teilen dieses
Beweises abgedeckt. Dies ist kein rekursives Argument,
weil der Fall F3) selbst nicht vorkommt (und problematische
Regeln).

Fall G1) Die Form nach der Regelanwendung ist:

$$(PROGN(\$STAT\ 1\ a_1)(SETQ\ \$S1\ a_2)(\$STAT\ 2\ a_3)...$$
$$(\$STAT\ 2\ a_r)(SETQ\ \$RESULT\ \$S1))$$

Das in Frage stehende $STAT tritt also auf als Argument
eines PROGN.

Fall G2) Die Form nach der Regelanwendung ist:

$(PROGN (\$STAT\ i\ a_1)(SETQ\ \$Si\ a_2)(\$STAT\ i+1\ a_3)...(\$STAT\ i+1\ a_r))$

Das in Frage stehende \$STAT tritt also auf als Argument eines PROGN.

Fall G3) Die Form vor der Regelanwendung war:

$(\$STAT\ i(PROG2\ a_1\ a_2\ a_3...a_r))$

Siehe Fall F3), 3. Zeile usw.

Fall H1) Die Form nach der Regelanwendung ist:

$(PROGN (\$STAT\ 1\ a_1)...(\$STAT\ 1\ a_{r-1})(SETQ\ \$RESULT\ a_r))$

Das in Frage stehende \$STAT tritt also auf als Argument eines PROGN.

Fall H2) Die Form nach der Regelanwendung ist:

$(PROGN (\$STAT\ i\ a_1)...(\$STAT\ i\ a_{r-1})(SETQ\ \$Si\ a_r))$

Das in Frage stehende \$STAT tritt also auf als Argument eines PROGN.

Fall H3) Die Form nach der Regelanwendung ist:

$(PROGN (\$STAT\ i\ a1)...(\$STAT\ i\ a_r))$

Das in Frage stehende \$STAT tritt also auf als Argument eines PROGN.

Fall H4) Die Form nach der Regelanwendung ist:

$(PROGN (\$STAT\ i\ a_1)...(\$STAT\ i\ a_{r-1})(\$PSTAT\ j\ i\ a_r))$

Das in Frage stehende \$STAT tritt also auf als Argument eines PROGN.

Fall I4) Die Form vor der Regelanwendung war:
$\quad$ ($PSTAT i j(PROG(...) ...))
$\quad$ Siehe Lemma (L4).


Fall J1) Die Form nach der Regelanwendung ist:
$\quad$ (PROGN(SETQ \$S1...)...(PROG(..)(\$STAT 1 $form_1$)...
$\quad\quad$ (\$STAT 1 $form_{s-1}$)(SETQ \$S1 $form_s$))...)

Das in Frage stehende \$STAT tritt also auf als Statement-
Form eines PROG.


Fall J2) Die Form nach der Regelanwendung ist:
$\quad$ (PROGN(SETQ \$Si...)...(PROG(...)(\$STAT i $form_1$)...
$\quad\quad$ (\$STAT i $form_{s-1}$)(SETQ \$Si $form_s$)))

Das in Frage stehende \$STAT tritt also auf als Statement-
form eines PROG.


Fall J3) Die Form nach der Regelanwendung ist:
$\quad$ (PROGN(SETQ \$Si...)...(PROG(...)\$STAT i $form_1$)...
$\quad\quad$ (\$STAT i $form_s$)))

Das in Frage stehende \$STAT tritt also auf als Statement-
Form eines PROG.


Fall J4) Die Form vor der Regelanwendung war:
$\quad$ (\$PSTAT i j((LAMBDA(...)...)...))
$\quad$ Siehe Lemma (L4).


Q.E.D.

(L4) Lemma: Die PROGN-Form ($PSTAT i j form) (für gewisse
i,j), die während der Anwendung von Regel (R3) erzeugt
wird, ist entweder selbst direkt eine Statementform
eines PROG oder tritt auf als letzte Effektform eines
bedingten Ausdruckts bzw. als letztes Argument eines
PROGN, die wiederum entweder selbst Statementformen
sind oder in vergleichbaren Positionen stehen.
Beweis:
Zu keiner Zeit kann ein solches $PSTAT Statement-Form
des äußersten PROG sein. Es muß also durch eine der
folgenden Regeln erzeugt worden sein (wir lassen den
Präfix R3 weg): C4, D4, E4, H4, I1, I2, I3.

Wir beweisen über die Anzahl der Regelanwendungen.
Nur im Falle der Regeln I1, I2 und I3 kann die in
Frage stehende Form durch eine Regelanwendung erzeugt
werden.

Fall I1) Die Form vor der Regelanwendung war:
$$(\text{PROGN}(\text{SETQ } \$S1...)...(\$\text{SETQ } \$S1(\text{PROG}(...)(\$\text{PSTAT } i\ 1\ st_1)$$
$$...(\$\text{PSTAT } i\ 1\ st_s)(\text{SETQ } \$S1\ \text{NIL})...))...)$$

Das in Frage stehende $PSTAT tritt also auf als Statement-
Form eines PROG.

Fall I2) Das konkrete Resultat war:
$$(\text{PROGN}(\text{SETQ } \$Si...)...(\$\text{SETQ } \$Si(\text{PROG}(...)(\$\text{PSTAT } j\ i\ st_1)$$
$$...(\$\text{PSTAT } j\ i\ st_s)(\text{SETQ } \$Si\ \text{NIL})...))\$Si)$$

Das in Frage stehende $PSTAT tritt also auf als Statement-
Form eines PROG.

Fall I3) Die Form vor der Regelanwendung war:
$$(\text{PROGN}(\text{SETQ } \$Si...)...(\text{PROG}(...)(\$\text{PSTAT } j\ i\ st_1)$$
$$...(\$\text{PSTAT } j\ i\ st_s)))$$

Das in Frage stehende $PSTAT tritt also auf als Argument
eines PROGN.

Wir nehmen nun an, wir haben die Behauptung für k Regelanwendungen bewiesen und zeigen ihre Gültigkeit für k+1:

Fall C4) Die Form vor der Regelanwendung war:
   ($PSTAT i j(COND ...))
   Sie ist durch höchstens k Regelanwendungen erzeugt wor-
   den und steht deshalb in einer PROG-Umgebung. Das
   konkrete Resultat ist:
   (COND(($FCOND 1...)($STAT i $e_{11}$)...($STAT i $e_{1n_1-1}$)
      ($PSTAT j i $e_{1n_1}$))
   ...
   (($FCOND r...)($STAT i $e_{r1}$)...($STAT i $e_{rn_r-1}$)
      ($PSTAT j i $e_{rn}$)))

   Das in Frage stehende $PSTAT tritt also auf als letzte
   Effektform eines COND, das selbst in einer PROG-Umgebung
   steht.

Fall D4) Die Form vor der Regelanwendung war:
   ($PSTAT i j(AND...))
   Sie ist durch höchstens k Regelanwendungen erzeugt worden,
   und steht deshalb in einer PROG-Umgebung.
   Das konkrete Resultat ist:
   (COND...(T($PSTAT i j $a_r$)))
   Das in Frage stehende $PSTAT tritt also auf als letzte
   Effektform eines COND, das selbst in einer PROG-Umgebungs-
   position ist.

Fall E4) Die Form vor der Regelanwendung war:

($PSTAT i j(OR...))

sie ist durch höchstens k Regelanwendungen erzeugt
worden und steht deshalb in einer PROG-Umgebung.

Das konkrete Resultat ist:

(COND...(T($PSTAT i j $a_r$)))

Das in Frage stehende $PSTAT tritt also auf als letzte
Effektform eines COND, das selbst in einer PROG-Umgebungs-
position steht.


Fall H4) Die Form vor der Regelanwendung war:

($PSTAT i j(PROGN...))

Sie ist durch höchstens k Regelanwendungen erzeugt worden
und steht deshalb in einer PROG-Umgebung.

Das konkrete Resultat ist:

(PROGN($STAT j $a_1$)...($STAT j $a_{r-1}$)($PSTAT i j $a_r$))

Das in Frage stehende $PSTAT tritt also auf als letztes
Argument eines PROGN, das selbst in einer PROG-Umgebungs-
position steht.

Q.E.D.

(L5) Lemma: Eine Form (SETQ $Si form), die durch eine Regel
      von (R3) eingeführt wurde, inferiert niemals (selbst
      oder über später erzeugte Formen) mit der Verwendung
      von Variablen $Sk (oder $RESULT). Das gleiche gilt für
      Formen (SETQ $RESULT form) (k<i).
      In anderen Worten:
      Ausgehend von einem (SETQ $Si form) werden niemals
      Zuweisungen (SETQ $Sk...) mit k<i erzeugt.
Beweis:
Wir beweisen durch Induktion über die Zahl der Regelanwendungen, erweitern jedoch die Behauptung um den Zusatz
daß auch keine Formen wie ($STAT k...).($PSTAT m k...)
und (SETQ $RESULT...) erzeugt werden aus der im Lemma be-
zeichneten Anfangsform.
Wir beginnen mit einer Regelanwendung:
Zuweisungen werden expandiert in Regeln mit der letzten
Ziffer "2" in ihrem Namen:
a2) Die erzeugten Zuweisungen sind bezogen auf die Variab-
    len $Sj mit $i \overset{<}{=} j$. Sonst gibt es keine weitertransformier-
    baren Formen.
b2) Die erzeugte Zuweisung ist (SETQ $Si...).
c2) Die erzeugten Zuweisungen sind alle (SETQ $Si...),
    die erzeugten $STAT-Formen sind alle ($STAT i...).
d2) Wie unter c2).
f2) Die erzeugte Zuweisung ist (SETQ $Si...), die erzeugten
    $STAT-Formen sind alle ($STAT i+1...).
g2) Die erzeugte Zuweisung ist (SETQ $Si...), eine der
    erzeugten $STAT-Formen ist ($STAT i...), die anderen
    sind: ($STAT i+1...).
h2) Die erzeugte Zuweisung ist (SETQ $Si...), die erzeugten
    $STAT-Formen sind alle ($STAT i....).
i2) Die erzeugten Zuweisungen sind bezogen auf die Variablen
    $Sj mit $i \overset{<}{=} j$. Die erzeugten $STAT-Formen sind alle:
    ($PSTAT r i...).

j2) Die erzeugten Zuweisungen sind bezogen auf Variable
$Sj mit i$\leq$j. Die erzeugten $STAT-Formen sind alle:
($STAT i...).

Wir nehmen nun die Gültigkeit des Lemmas für k Regelanwendungen an und beweisen sie für k+1 Regelanwendungen:
Formen, die als Objekte von Regelanwendungen auftreten,
sind:
(SETQ $RESULT form)
(SETQ $Sm form)
($STAT m form)
($PSTAT n m form)
Wir brauchen uns nicht mit der 1. Art zu beschäftigen,
weil unsere Induktionsvoraussetzung besagt, daß solche
Formen nicht generiert werden. Wenn eine Form der 2. Art
durch die k.te  Regelanwendung generiert wurde, dann kann
m größer oder gleich i sein. Wir folgen nun der Argumentation im Falle einer Regelanwendung, um zu  schließen, daß
die erzeugten Formen (nach der k+1.ten Regelanwendung)
sein können:
(SETQ $Sl...)
($STAT m...)
($STAT m+1...)
($PSTAT r m...)
mit i$\leq$m$\leq$l und gewissem r.
Für ($STAT m form) benutzen wir Lemma (L6) um zu schließen,
daß auch die k+1.te Regelanwendung keine Zuweisung (SETQ $Sk...)
noch Formen ($STAT k...)($PSTAT r k...) erzeugt. Für den
Fall ($PSTAT n m form) benutzen wir ähnlich Lemma (L7).
Dabei besteht die Gefahr eines zirkelhaften Arguments nicht,
weil in beiden Fällen nur der Schritt einer (der k+1.)
Regelanwendung zur Debatte steht.
Die Teilaussage bezüglich (SETQ $RESULT...) wird als Lemma
(L19) bewiesen.

(L6) Lemma: Eine Form ($STAT i form), die durch eine Regel
     (R3) eingeführt wurde, interferiert niemals (durch aus
     ihr  erzeugte Zuweisungen (SETQ $Sj...) mit der Verwendung
     von Variablen $Sk (oder $RESULT).(k<i).
     Mit anderen Worten:
     Ausgehend von einem ($STAT i form) werden niemals Zu-
     weisungen (SETQ $Sk...) mit k<i erzeugt.

Beweis:
Wir beweisen durch Induktion über die Zahl der Regelanwendungen, erweitern jedoch die Behauptung um den Zusatz,
daß auch keine Formen wie ($STAT k...),($PSTAT m k...)
und (SETQ $RESULT...) erzeugt werden aus der im Lemma be-
zeichneten Anfangsform.
Wir beginnen mit einer Regelanwendung: Die interessierenden
Formen werden expandiert mit Regeln, deren Namen mit "3"
endet.

a3) Die erzeugten Zuweisungen sind bezogen auf Variablen $Sj
    mit $i \leq j$. Sonst gibt es keine weitertranformierbaren
    Formen.

b3) Die erzeugten Zuweisungen sind bezogen auf $Si. Die
    erzeugten $STAT-Formen sind alle: ($STAT i...).

d3) und e3) wie in f3)

f3) Es wird keine Zuweisung erzeugt. Die erzeugten $STAT-
    Formen sind alle der Form: ($STAT i...)

g3) und h3) wie  in f3)

i3) Die erzeugten Zuweisungen sind alle bezogen auf Variablen
    $Sj mit $i \leq j$. Die erzeugten $PSTAT-Formen sind alle:
    ($PSTAT r i...).

j3) Die erzeugten Zuweisungen sind alle bezogen auf Variablen
    $Sj mit $i \leq j$. Die erzeugten $STAT-Formen sind alle:
    ($STAT i...).

Wir nehmen nun die Gültigkeit des Lemmas für k Regelanwendungen an und beweisen sie für k+1 Regelanwendungen:
Formen, die als Objekte von Regelanwendungen auftreten
sind:
(SETQ $RESULT form)
(SETQ $Sm form)
($STAT m form)
($PSTAT n m form)
Wir müssen uns nicht um die 1. Art kümmern, weil unsere
Induktionsvoraussetzung besagt, daß solche Formen nicht
generiert werden. Wenn eine Form der 3. Art erzeugt wird
durch die k. Regelanwendung, dann kann m größer oder
gleich i sein. Wir folgen nun der Argumentation im Falle
für eine Regelanwendung, um zu schließen, daß die resultierenden erzeugten Formen (nach der k+1. Regelanwendung)
sein können:
(SETQ $Sl...)
($STAT m...)
($PSTAT r m...)
mit $i \leq l$ und gewissem r.
Für (SETQ $Sm...) benutzen wir Lemma (L5) um zu sichern,
daß auch nach der k+1. Regelanwendung weder Zuweisungen
(SETQ $Sk...) noch Formen ($STAT k...) bzw. ($PSTAT r k...)
erzeugt werden können.
Für den Fall ($PSTAT n m...) benutzen wir Lemma (L7).
Es besteht keine Gefahr eines zirkulären Schlusses, weil
wir in beiden Fällen nur einen Schritt betrachten müssen
(den k+1.).


Q.E.D.

(L7) Lemma: Eine Form ($PSTAT j i form), die durch eine
     Regel von (R3) eingeführt wurde, interferiert niemals
     (durch aus ihr erzeugte Zuweisungen (SETQ $Sl...) mit
     der Verwendung von Variablen $Sk (bzw. $RESULT) (k<i).
     In anderen Worten:
     Ausgehend von einem ($PSTAT j i form) werden niemals
     Zuweisungen (SETQ $Sk...)(k<i) erzeugt.
Beweis:
Wir beweisen durch Induktion über die Zahl der Regelanwendungen, erweitern jedoch die Behauptung um den Zusatz,
daß auch keine Formen wie ($STAT k...),($PSTAT m k...)
und (SETQ $RESULT...) erzeugt werden aus der im Lemma be-
zeichneten Anfangsform.
Wir beginnen mit einer Regelanwendung:
Die interessierenden Formen werden expandiert mit Regeln,
deren Namen mit "4" endet:
a4) Die erzeugten Zuweisungen sind bezogen auf Variablen
    $Sl mit $i \overset{<}{=} 1$. Sonst gibt es keine weitertransformier-
    baren Formen.
b4) Die erzeugte Zuweisung ist (SETQ $Si...).
c4) Die erzeugten Zuweisungen sind bezogen auf die Variable
    $Si. Die erzeugten $STAT-Formen sind alle: ($STAT i...),
    die erzeugten $PSTAT-Formen sind alle ($PSTAT j i...).
d4) und e4) Die erzeugten Zuweisungen sind bezogen auf
    die Variable $Si. Die erzeugte $PSTAT-Form ist:
    ($PSTAT j i...).
f4) Die erzeugte Form ist: ($STAT i form).
g4) Wie in f4)
h4) Die erzeugten $STAT-Formen sind: ($STAT i...), die er-
    zeugte $PSTAT-Form ist: ($PSTAT j i...).
i4) Wie in f4)
j4) Wie in f4)
k)  Es gibt keine Form, die weiter transformierbar wäre.
l)  Die erzeugte Zuweisung ist: (SETQ $Si...).

Wir nehmen nun die Gültigkeit des Lemmas für k Regelanwendungen an und beweisen sie für k+1 Regelanwendungen:
Formen, die als Objekte von Regelanwendungen auftreten,
sind:
(SETQ $RESULT form)
(SETQ $Sm form)
($STAT m form)
($PSTAT n m form)
Wir brauchen uns um die erste Art nicht zu kümmern, weil
unsere Induktionsvoraussetzung besagt, daß solche Formen
nicht erzeugt werden nach k Regelanwendungen.
Wenn eine Form der 4. Art durch die k-te Regelanwendung erzeugt wurde, dann kann m größer oder gleich i sein. Wir
argumentieren nun genau im Falle einer Regelanwendung, um
zu schließen, daß die resultierenden erzeugten Formen nach
der k+1. Regelanwendung sein können:
(SETQ $Sl...)
($STAT m...)
($PSTAT n m...)
mit $i \leq m \leq 1$.
Für (SETQ $Sm...) berufen wir uns auf Lemma (L5) um zu
schließen, daß auch nach der k+1. Regelanwendung keine Zuweisung (SETQ $Sk...) noch die Formen ($STAT k...),($PSTAT
r k...) resultieren können. Für den Fall ($STAT m...) be-
rufen wir uns auf Lemma (L6). Die Gefahr eines wechsel-
seitigen Zirkels besteht nicht, weil wir nur den 1. Induk-
tionsschritt brauchen für eine (die k+1te) Regelanwendung.


Q.E.D.


(L8) Lemma: Es gibt keine Situation während der Anwendung von
     Regel (R3), in der es eine Form (SETQ $Si form) gibt mit
     der Eigenschaft, daß form eine Spezialform ist und $Si
     in ihr vorkommt.

Beweis:

Zunächst zeigen wir, daß nach vollständiger Anwendung
von Regeln aus (R3) solche Form überhaupt nicht existieren
kann: Es gibt folgende Spezialformentypen: SETQ, COND,
AND, OR, PROG1, PROG2, PROGN,PROG. Jede, die davon in
einer Zuweisung als form auftritt, würde einen Anwendungs-
fall für eine Regel von (R3) dargestellt haben und wäre
durch die entsprechende Regel beseitigt worden.
Andererseits sind derartige Zuweisungen auch nicht im ursprünglichen Programm enthalten - weil per definitonem
keine $-Variablen auftreten können.
Auch die Regeln (R1) und (R2) führen keine Variablen der
Form $Si ein - so können sie nur erzeugt werden als Resultat
von Regeln aus (R3).
Es gibt nun keine Transformationsregel, die eine derartige
Zuweisung mit einer Spezialform als 2. Argument explizit
erzeugt. Wohl kann die Spezialform als Bestandteil des
ursprünglichen Programms in eine solche Position gestellt
werden.
Nun können $-Variablen nur durch explizite Erzeugung eines
Programmteils durch eine Transformationsregel irgendwo
auftauchen. Es gibt jedoch keine Regel, die ein ver-
schachteltes Resultat erzeugt (zwei Anwendungsfälle inein-
ander).
Deshalb kann im 2. Argument einer Zuweisung keine $-Variable
auftauchen, bevor die Zuweisung insgesamt transformiert
worden ist. Da dann jedoch die Zuweisung so nicht mehr
existiert, ist in der Tat keine Situation denkbar, in der
eine derartige Zuweisung existieren könnte.

Q.E.D.

---

Bemerkung: Das Resultat der Regeln (R3-I1) und R3-I2) hätte
eine derartige verschachtelte Anwendungssituation sein können,
wenn wir nicht das Alias für SETQ eingeführt hätten.
Für Kombinationen gibt es Resultate der Form: (SETQ \$Si
(fn \$Si...\$Si+n-1)), aber dies sind keine Anwendungsfälle.

(L9) Lemma: Für alle n, $(SETQ \ var (COND (p \ e_1 \ldots e_{n-1} \ e_n)))$

$$= (COND (p \ e_1 \ldots e_{n-1} (SETQ \ var \ e_n)$$
$$(T (SETQ \ var \ NIL)))$$

$$= (COND ((SETQ \ var \ p) e_1 \ldots e_{n-1} (SETQ \ var \ e_n)))$$

Beweis: Mittels Induktion über n.

Sei n=1:

Dies ist identisch mit Axiom (e10).

Wir nehmen nun die Gültigkeit der Behauptung für $n \leq k$ und
beweisen sie für n=k+1:

$(SETQ \ var (COND (p \ e_1 \ldots e_{k-1} \ e_k \ e_{k+1})))$

= (gemäß Axiom (e1))

$(SETQ \ var (COND (p \ e_1 \ldots e_{k-1} (PROGN \ e_k \ e_{k+1}))))$

= (Anwendung der Induktionsvoraussetzung)

$(COND (p \ e_1 \ldots e_{k-1} (SETQ \ var (PROGN \ e_k \ e_{k+1}))) (T (SETQ \ var \ NIL)))$

bzw.

$(COND ((SETQ \ var \ p) e_1 \ldots e_{k-1} (SETQ \ var (PROGN \ e_k \ e_{k+1}))))$

= (gemäß Axiom (c10) bekommen wir:

$(COND (p \ e_1 \ldots e_{k-1} (PROGN \ e_k (SETQ \ var \ e_{k+1}))) (T (SETQ \ var \ NIL)))$

bzw.

$(COND ((SETQ \ var \ p) e_1 \ldots e_{k-1} (PROGN \ e_k (SETQ \ var \ e_{k+1}))))$

Wir benutzen erneut Axiom ·(e1) und gelangen zu dem Ergebnis.


Q.E.D.


Bemerkung: Die Bedingung der 2. Äquivalenz dieses Lemmas ist:
var muß strikt lokal sein und darf nicht innerhalb eines der
$e_i$ $(1 \leq i \leq n)$ verwendet werden.

(L10) Lemma: Für alle m, $\text{(SETQ var(COND}(p_1\ e_{11}\cdots e_{1n_1-1}\ e_{1n_1})$
$$(p_2\ e_{21}\cdots e_{2n_2-1}\ e_{2n_2})$$
$$\cdots$$
$$(p_m\ e_{m1}\cdots e_{mn_m-1}\ e_{mn_m})))$$
$$=$$
$$\text{(COND}(p_1\ e_{11}\cdots e_{1n_1-1}\text{(SETQ var }e_{1n_1}))$$
$$(p_2\ e_{21}\cdots e_{2n_2-1}\text{(SETQ var }e_{2n_2}))$$
$$\cdots$$
$$(p_m\ e_{m1}\cdots e_{mn_m-1}\text{(SETQ var }e_{mn_m}))$$
$$\text{(T(SETQ var NIL)))}$$

Beweis: Mittels Induktion über m.

Sei m=1.

Dies ist identisch mit Lemma (L9).

Wir nehmen nun die Gültigkeit der Behauptung für $m\overset{\le}{=}k$ an und beweisen sie für n=k+1:

$$\text{(SETQ var(COND}(p_1\ e_{11}\cdots e_{1n_1-1}\ e_{1n_1})$$
$$(p_2\ e_{21}\cdots e_{2n_2-1}\ e_{2n_2})$$
$$\cdots$$
$$(p_{m+1}\ e_{m+11}\cdots e_{m+1n_{m+1}-1}\ e_{m+1n_{m+1}})))$$

= (gemäß Axiom (e2))

$$\text{(SETQ var(COND}(p_1\ e_{11}\cdots e_{1n_1-1}\ e_{1n_1})$$
$$\text{(T(COND}(p_2\ e_{21}\cdots e_{2n_2-1}\ e_{2n_2})$$
$$\cdots$$
$$(p_{m+1}\ e_{m+11}\cdots e_{m+1n_{m+1}-1}\ e_{m+1n_{m+1}})))))$$

= (Anwendung der Induktionsvoraussetzung)

$$
\begin{aligned}
&(\mathrm{COND}(p_1\ e_{11}\cdots e_{1n_1-1}\ (\mathrm{SETQ\ var}\ e_{1n_1}))\\
&\quad (\mathrm{T}(\mathrm{SETQ\ var}(\mathrm{COND}(p_2\ e_{21}\cdots e_{2n_2-1}\ e_{2n_2})\\
&\quad \ldots\\
&\qquad\qquad\qquad (p_{m+1}\ e_{m+1}\cdots e_{m+1_{m+1}-1}\ e_{m+1n_{m+1}}))))\\
&\quad (\mathrm{T}(\mathrm{SETQ\ var\ NIL})))
\end{aligned}
$$

= (gemäß Axiom (e9))

$$
\begin{aligned}
&(\mathrm{COND}(p_1\ e_{11}\cdots e_{1n_1-1}\ (\mathrm{SETQ\ var}\ e_{1n_1}))\\
&\qquad (\mathrm{T}(\mathrm{SETQ\ var}(\mathrm{COND}(p_2\ e_{21}\cdots e_{2n_2-1}\ e_{2n_2})\\
&\qquad \ldots\\
&\qquad\qquad\qquad (p_{m+1}\ e_{m+11}\cdots e_{m+1n_{m+1}-1}\ e_{m+1n_{m+1}}))))
\end{aligned}
$$

= (Anwendung der Induktionsvoraussetzung)

$$
\begin{aligned}
&(\mathrm{COND}(p_1\ e_{11}\cdots e_{1n_1-1}\ (\mathrm{SETQ\ var}\ e_{1n_1}))\\
&\quad (\mathrm{T}(\mathrm{COND}(p_2\ e_{21}\cdots e_{2n_2-1}\ (\mathrm{SETQ\ var}\ e_{2n_2}))\\
&\quad \ldots\\
&\qquad (p_{m+1}\ e_{m+11}\cdots e_{m+1n_{m+1}-1}\ (\mathrm{SETQ\ var}\ e_{m+1n_{m+1}}))\\
&\qquad (\mathrm{T}(\mathrm{SETQ\ var\ NIL})))))
\end{aligned}
$$

= (gemäß Axiom (e2) und (e 9 ))

$$
\begin{aligned}
&\mathrm{COND}(p_1\ e_{11}\cdots e_{1n_1-1}\ (\mathrm{SETQ\ var}\ e_{1n_1}))\\
&\quad (p_2\ e_{21}\cdots e_{2n_2-1}\ (\mathrm{SETQ\ var}\ e_{2n_2}))\\
&\quad \ldots\\
&\quad (p_{m+1}\ e_{m+11}\cdots e_{m+1n_{m+1}-1}\ (\mathrm{SETQ\ var}\ e_{m+1n_{m+1}}))
\end{aligned}
$$

Q.E.D.

(L11) Lemma: Für alle n,

$$(\text{COND}(p_1 \; e_{11} \cdots e_{1n_1})$$
$$\cdots$$
$$(p_n \; e_{n1} \cdots e_{nn_n}))$$
$$=$$
$$(\text{COND}(p_1 \; e_{11} \cdots e_{1n_1})$$
$$\cdots$$
$$(p_n \; e_{n1} \cdots e_{2_{n_2}})$$
$$(\text{T NIL}))$$

Beweis: Mittels Induktion über n.

Sei n=1:

$$(\text{COND}(p_1 \; e_{11} \cdots e_{1n_1}))$$

= (gemäß Axiom (e1))

$$(\text{COND}(p_1 \; (\text{PROGN} \; e_{11} \cdots e_{1n_1})))$$

= (gemäß Axiom (e8))

$$(\text{COND}(p_1 \; (\text{PROGN} \; e_{11} \cdots e_{1n}))(\text{T NIL}))$$

Wir nehmen nun die Gültigkeit der Behauptung für $n \leq k$ an und beweisen sie für n=k+1:

$$(\text{COND}(p_1 \; e_{1}1 \cdots e_{1n_1})$$
$$(p_2 \; e_{21} \cdots e_{2n_2})$$
$$\cdots$$
$$(p_{k+1} \; e_{k+11} \cdots e_{k+1n_{k+1}}))$$

= (gemäß Axiom (e2))

$$(\text{COND}(p_1 \; e_{11} \cdots e_{1n_1})$$
$$(\text{T}(\text{COND}(p_2 \; e_{21} \cdots e_{2n_2}) \cdots$$
$$(p_{k+1} \; e_{k+11} \cdots e_{k+1n_{k+1}}))))$$

= (Anwendung der Induktionsvoraussetzung)

$$(\text{COND}(p_1 \; e_{11} \cdots e_{1n_1})$$
$$(\text{T}(\text{COND}(p_2 \; e_{21} \cdots e_{en_e}) \cdots$$
$$(p_{k+1} \; e_{k+11} \cdots e_{k+1n_{k+1}})$$
$$(\text{T NIL}))))$$

= gemäß Axiom (e2))

$$
\begin{aligned}
&(\text{COND}\,(p_1 \ e_{11}\cdots e_{1n_1}) \\
&\qquad (p_2 \ e_{21}\cdots e_{2n_2})\cdots \\
&\qquad (p_{k+1} \ e_{k+11}\cdots e_{k+1n_{k+1}}) \\
&\qquad (\text{T NIL}))
\end{aligned}
$$

Q.E.D.


(L12) Lemma: Für alle n, $(\text{AND } a_1 \ a_2\cdots a_n) = (\text{AND } a_1 (\text{AND } a_2\cdots a_n))$

Beweis:

$(\text{AND } a_1 \ a_2\cdots a_n)$

= (gemäß Axiom (e6))

$(\text{COND}\,((\text{NOT } a_1)\text{NIL})((\text{NOT } a_2)\text{NIL})\cdots(\text{T } a_n))$

= (gemäß Axiom (e2))

$(\text{COND}\,((\text{NOT } a_1)\text{NIL})(\text{T}(\text{COND}\,((\text{NOT } a_2)\text{NIL})\cdots(\text{T } a_n))))$

= (gemäß Axiom (e6))

$(\text{AND } a_1 (\text{COND}\,((\text{NOT } a_2)\text{NIL})\cdots(\text{ T } a_n)))$

= (gemäß Axiom (e6))

$(\text{AND } a_1 (\text{AND } a_2\cdots a_n))$

Q.E.D.


(L13) Lemma: Für alle n, $(\text{OR } a_1 \ a_2\cdots a_n) = (\text{OR } a_1 (\text{OR } a_2\cdots a_n))$

Beweis:

$(\text{OR } a_1 \ a_2\cdots a_n)$

= (gemäß Axiom (e7))

$(\text{COND}\,(a_1)(a_2)\cdots(\text{T } a_n))$

= (gemäß Axiom (e2))

$(\text{COND}\,(a_1)(\text{T}(\text{COND}\,(a_2)\cdots(\text{T } a_n))))$

= (gemäß Axiom (e7))

$(\text{OR } a_1 (\text{COND}\,(a_2)\cdots(\text{T } a_n)))$

= (gemäß Axiom (e7))

$(\text{OR } a_1 (\text{OR } a_2\cdots a_n))$

Q.E.D.

(L14) Lemma: Für alle n, $(SETQ\ var(PROG1\ a_1\ a_2...a_n)))$

$$=$$

$$(SETQ\ var(PROG1\ a_1(PROGN\ a_2...a_n)))$$

Beweis: Mittels Induktion über n.

Sei n=2:

$(SETQ\ var(PROG1\ a_1\ a_2))$

= (gemäß Axiom (a2))

$(SETQ\ var(PROG1\ a_1(PROGN\ a_2)))$

Wir nehmen nun die Gültigkeit der Behauptung für $n\overset{\leq}{=}k$ an

und beweisen sie für n=k+1:

$(SETQ\ var(PROG1\ a_1\ a_2...a_k\ a_{k+1}))$

= (gemäß Axiom (f3))

$(PROGN(SETQ\ var\ a_1)a_2...a_{k-1}\ a_k\ a_{k+1}\ var)$

= (gemäß Axiom (c2))

$(PROGN(SETQ\ var\ a_1)a_2...a_{k-1}(PROGN\ a_k\ a_{k+1})var)$

= (gemäß Axiom (f3))

$(SETQ\ var(PROG1\ a_1\ a_2...a_{k-1}(PROGN\ a_k\ a_{k+1})))$

= (Anwendung der Induktionsvoraussetzung)

$(SETQ\ var(PROG1\ a_1(PROGN\ a_2...a_{k-1}(PROGN\ a_k\ a_{k+1}))))$

= (gemäß Axiom (c2))

$(SETQ\ var(PROG1\ a_1(PROGN\ a_2...a_{k-1}\ a_k\ a_{k+1})))$


Q.E.D.


(L15) Lemma: Für alle n, $(PROG((var_1\ form_1)...(var_n\ form_n)$

$$var_{n+1}...var_m)\ st_1...st_s)$$

$$=$$

$$(PROGN(SETQ\ nvar_1\ form_1)...$$

$$(SETQ\ nvar_n\ form_n)$$

$$(PROG((var_1\ nvar_1)...(var_n\ nvar_n)$$

$$var_{n+1}...var_m)st_1...st_s))$$

166

Die $\text{nvar}_i$ $(1 \leq i \leq n)$ sind paarweise unterschiedliche lokale Variablen, die nicht unter den $\text{var}_k$ $(1 \leq k \leq m)$ vorkommen und überhaupt sonst nirgends im ganzen PROG vorkommen.

Beweis: Mittels Induktion über n.

Sei n=1:

$(\text{PROG}((\text{var}_1 \ \text{form})\text{var}_2 \ldots \text{var}_m)\text{st}_1 \ldots \text{st}_s)$

= (gemäß Axiom (d15))

$(\text{PROGN}(\text{SETQ nvar form})(\text{PROG}((\text{var}_i \ \text{nvar})\text{var}_2 \ldots \text{var}_m)$
$\quad \text{st}_1 \ldots \text{st}_s))$

Wir nehmen nun die Gültigkeit der Behauptung für n=k an und beweisen sie für n=k+1:

$(\text{PROG}((\text{var}_1 \ \text{form}_1) \ldots)\text{var}_k \ \text{form}_k)(\text{var}_{k+1} \ \text{form}_{k+1})$
$\quad \text{var}_{k+2} \ldots \text{var}_m)\text{st}_1 \ldots \text{st}_s)$

= (gemäß Axiom (d15))

$(\text{PROGN}(\text{SETQ nvar}_1 \ \text{form}_1)(\text{PROG}((\text{var}_1 \ \text{nvar}_1)(\text{var}_2 \ \text{form}_2) \ldots$
$\quad (\text{var}_k \ \text{form}_k)(\text{var}_{k+1} \ \text{form}_{k+1})\text{var}_{k+2} \ldots \text{var}_m)\text{st}_1 \ldots \text{st}_s))$

= (gemäß Axiom (d15))

$(\text{PROGN}(\text{SETQ nvar}_1 \ \text{form}_1)(\text{PROGN}(\text{SETQ nvar}_2 \ \text{form}_s)(\text{PROG}($
$\quad (\text{var}_1 \ \text{nvar}_1)(\text{var}_2 \ \text{nvar}_2)(\text{var}_3 \ \text{form}_3) \ldots (\text{var}_k \ \text{form}_k)$
$\quad (\text{var}_{k+1} \ \text{form}_{k+1})\text{var}_{k+2} \ldots \text{var}_m)\text{st}_1 \ldots \text{st}_s)))$

= (gemäß Axiom (c2))

$(\text{PROGN}(\text{SETQ nvar}_1 \ \text{form}_1)(\text{SETQ nvar}_2 \ \text{form}_2)(\text{PROG}((\text{var}_1 \ \text{nvar}_1)$
$\quad (\text{var}_2 \ \text{nvar}_2)(\text{var}_3 \ \text{form}_3) \ldots (\text{var}_k \ \text{form}_k)$
$\quad (\text{var}_{k+1} \ \text{form}_{k+1})\text{var}_{k+2} \ldots \text{var}_m)\text{st}_1 \ldots \text{st}_s))$

= $\ldots$ (k-2-mal Axiome (d15) und (c2))

$$(\text{PROGN}\,(\text{SETQ}\;nvar_1\;form_1)\ldots(\text{SETQ}\;nvar_k\;form_k)$$
$$(\text{SETQ}\;nvar_{k+1}\;form_{k+1})\,(\text{PROG}\,((var_1\;nvar_1)\ldots$$
$$(var_k\;nvar_k)\,(var_{k+1}\;nvar_{k+1})\,var_{k+2}\ldots$$
$$\ldots var_m)\,st_1\ldots st_s))$$

Q.E.D.

Bemerkung:

Der Beweis sieht nicht sehr elegant aus, aber leider gibt es
keinen anderen Weg (wegen der parallelen nicht sequentiellen
Ausführung der Bindung). Uns fehlt auch ein Axiom wie:

$$(\text{PROG}\,((var_1\;form_1)\,(var_2\;form_2)\ldots(var_k\;form_k)\,var_{k+1}\ldots$$
$$var_m)\,st_1\ldots st_s)$$
$$=$$
$$(\text{PROG}\,((var_1\;form_1))\,(\text{RETURN}\,(\text{PROG}\,((var_2\;form_2)\ldots(var_k\;form_k)$$
$$var_{k+1}\ldots var_m)\,st_1\ldots st_s)))$$

Natürlich gibt es Bedingungen, unter welchen diese Äquivalenz
besteht, aber diese sind sehr restriktiv.


(L16) Lemma: $(\text{SETQ}\;var\,(\text{PROG}\,(\ldots)\,st_1\ldots st_s))$

$$=$$

$\quad$ $(\text{SETQ}\;var\,(\text{PROG}\,(\ldots)\,st_1\ldots st_s\,(\text{SETQ}\;var\;\text{NIL})$
$\quad\quad$ $label\,(\text{RETURN}\;var)))$

$\quad$ unter der Bedingung, daß var nicht irgendwo im
$\quad$ PROG vorkommt und label verschieden ist von allen
$\quad$ anderen Marken in dem PROG.

$\quad$ Beweis:

$\quad$ $(\text{PROG}\,(\ldots)\,st_1\ldots st_s)$

$\quad$ = (gemäß Axiom (d11)

$\quad$ $(\text{PROG}\,(\ldots)\,st_1\ldots st_s\,(\text{RETURN}\;\text{NIL}))$

$\quad$ = (gemäß Axiom (d9))

$\quad$ $(\text{PROG}\,(\ldots)\,st_1\ldots st_s\,(\text{RETURN}\;\text{NIL})\,label)$

$\quad$ = (gemäß Axiom (d14))

```
(PROG(...)st₁...stₛ(PROGN(SETQ var NIL)(GO label))
                        (SETQ var NIL)label(RETURN var)))
```

= (gemäß Axiom d2))

```
(PROG(...)st₁...stₛ(SETQ var NIL)(GO label)
                     (SETQ var NIL)label(RETUNR var))
```

= (gemäß Axiom (d17))

```
(PROG(...)st₁...stₛ(SETQ var NIL)(GO label)
                                 label(RETURN var))
```

= (gemäß Axiom (d18))

```
(PROG(...)st₁...stₛ(SETQ var NIL)label(RETURN var))
```

Die Anwendbarkeitsbedingung für Axiom (d14) ist gesichert durch die Vorbedingung des Lemmas selbst (dies
betrifft den Teil, daß die Variable nicht durch das PROG
gebunden sein darf) und durch das umfassende SETQ (dies
betrifft den Teil, daß keine "Verwendung" zerstört
werden dürfe).


Q.E.D.


(L17) Lemma: Für alle n, $(\mathrm{COND}((\mathrm{PROGN}\ a_1...a_n)e_1)(T\ e_2))$
                        $=$
                  $(\mathrm{PROGN}\ a_1...a_{n-1}(\mathrm{COND}(a_n\ e_1)(T\ e_2)))$

Beweis:

$(\mathrm{COND}((\mathrm{PROGN}\ a_1...a_{n-1}\ a_n)e_1)(T\ e_2))$

= (Unter Verwendung von Lemma (L2))

$(\mathrm{COND}((\mathrm{PROGN}(\mathrm{PROGN}\ a_1...a_{n-1})a_n)e_1(T\ e_2))$

= (gemäß Axiom (e4))

$(\mathrm{PROGN}(\mathrm{PROGN}\ a_1...a_{n-1})(\mathrm{COND}(a_n\ e_1)(T\ e_2)))$

= (gemäß Axiom (c2))

$(\mathrm{PROGN}\ a_1...a_{n-1}(\mathrm{COND}(a_n\ e_1)(T\ e_2)))$


Q.E.D.

(L18) Lemma: Für alle $i,k,n_2$ ($1 \leq i \leq k \leq n_2$)

$$(COND(p_1\ e_{11} \cdots e_{1n_1})(T\ e_{21} \cdots e_{2i-1}\ e_{2i} \cdots e_{2k}\ e_{2k+1} \cdots e_{2n_2}))$$

$$=$$

$$(COND(p_1\ e_{11} \cdots e_{1n_1})(T\ e_{21} \cdots e_{21-1}(PROGN\ e_{2i} \cdots e_{2k})e_{2n+1} \cdots e_{2n_2}))$$

Beweis:

$$(COND(p_1\ e_{11} \cdots e_{1n_1})$$
$$(T\ e_{21} \cdots e_{2i-1}\ e_{2i} \cdots e_{2k}\ e_{2k+1} \cdots e_{2n_2}))$$

= (gemäß Axiom (e2))

$$(COND(p_1\ e_{11} \cdots e_{1n_1})$$
$$(T(COND(T\ e_{21} \cdots e_{2i-1}\ e_{2i} \cdots e_{2k}\ e_{2k+1} \cdots e_{2n_2}))))$$

= (gemäß Axiom (e8))

$$(COND(p_1\ e_{11} \cdots e_{1n_1})$$
$$(T(COND(T\ e_{21} \cdots e_{2i-1}\ e_{2i} \cdots e_{2k}\ e_{2k+1} \cdots e_{2n_2})$$
$$(T\ NIL))))$$

= (gemäß Axiom (e1))

$$(COND(p_1\ e_{11} \cdots e_{1n_1})$$
$$(T(COND(T\ e_{21} \cdots e_{2i-1}(PROGN\ e_{2i} \cdots e_{2k})e_{2k+1} \cdots e_{2n_2})$$
$$(T\ NIL))))$$

= (gemäß Axiom (e2))

$$(COND(p_1\ e_{11} \cdots e_{1n_1})$$
$$(T\ e_{21} \cdots e_{2i-1}(PROGN\ e_{2i} \cdots e_{2k})e_{2k+1} \cdots e_{2n_2})$$
$$(T\ NIL))$$

= (gemäß Axiom (e9))

$$(COND(p_1\ e_{11} \cdots e_{1n_1})$$
$$(T\ e_{21} \cdots e_{2i-1}(PROGN\ e_{2i} \cdots e_{2k})e_{2k+1} \cdots e_{2n_2}))$$

Q.E.D.

# 3. FORTRAN-COMPILATION DURCH SEMANTIKERHALTENDE PROGRAMM-TRANSFORMATION

FORTRAN als Beispiel. In diesem Kapitel stellen wir alle
Hilfsmittel zusammen, um die FORTRAN-Compilation mittels
dekomponierender Programmtransformationen zu beschreiben,
wir geben die Transformationsregeln und beweisen ihre
Korrektheit.

## 3.1  Das verwendete FORTRAN

Wir verwenden das volle FORTRAN77 für diese Darstellung /26 /.
Man könnte zwar die Prinzipien bereits darstellen, wenn man
nur Integer und Integer-Arrays zulassen würde. Die anderen
numerischen Datentypen bringen eigentlich nichts Neues und
wir haben nur die getypten Resourcen zu parametrisieren,
um die für den jeweiligen Typ passende anzugeben. Dies genügt
für die normalen numerischen Datentypen vollauf. Man mag
nicht glücklich damit sein, daß damit praktisch Hardware für
komplexe Zahlen vorausgesetzt wird - siehe dazu 3.2.
Die Zeichenketten wurden mitbehandelt, weil es schien, daß
diese eine echte Herausforderung an die Dekompositionsthese
stellten.  In der Tat werden viele Transformationsregeln
dafür benötigt. Ob damit wirklich Neues dargestellt werden
konnte, muß der Leser beurteilen. Jedenfalls wollten wir
dem Vorwurf begegnen, uns nur mit Spielsprachen zu beschäftigen.
Die verwendete FORTRAN-Beschreibung enthält nur noch wenige
Unklarheiten. Definitiv wird gesagt, daß ein arithmetischer
Ausdruck ausgewertet werden kann, unter Auswertung eines
"mathematisch äquivalenten Ausdrucks" obwohl dabei "unterschiedliche Rechenergebnisse" produziert werden können
(§ 6.6.4). Mit "mathematisch äquivalent" meint man vermutich
eine Wertgleichheit, wenn die Gleitkommazahlen als ideale
reelle Zahlen interpretiert werden.

Die Auswirkungen von Seiteneffekten werden generell ausgeschlossen. Sie können ja nur durch Funktionsaufrufe in arithmetischen Ausdrücken verursacht werden. Dazu heißt es (§ 6.6):
Die Ausführung einer Funktionsreferenz in einem Statement
darf den Wert keines anderen Elements in dem Statement ändern,
in dem die Funktionsreferenz auftritt. Als einzige Ausnahme
wird ein Seiteneffekt von dem logischen Ausdruck in einem
logischen IF-Statement auf den hinteren Teilstatement zugelassen.
Die Reihenfolge von Operandenauswertungen sind weitgehend
frei. Sie wird beeinflußt lediglich von Klammern und Argument-
Funktionsaufruf-Reihenfolgen. Es ist nicht einmal erforderlich,
daß alle Operanden ausgerechnet werden, wenn der Wert auch
anders bestimmt werden kann.
Nicht hinreichend beantwortet erscheint die Frage, ob die
DO-Variable in einem  der drei Ausdrücke zur Steuerung des
Zyklusses auftreten darf. Klar ist, daß diese drei Ausdrücke
ausgewertet werden, bevor der erste Zyklusdurchlauf begonnen
wird. Wir haben der Einfachheit halber angenommen, daß die
Variable nicht auftreten darf. Es wäre jedoch auch eine andere
Festlegung möglich.


## 3.2  Abstrakte FORTRAN-Maschinen

Da es noch keine Rechner gibt, die verschachtelte Ausdrücke
berechnen können (de Remers Baum-Computer), benötigen wir
solche, die die Grundoperationen von FORTRAN realisieren
können.

Auf die Datentypen bezogen:

a) Für die numerischen Daten:

Addition zweier Zahlen.

Subtraktion zweier Zahlen.

Multiplikation zweier Zahlen.

Division zweier Zahlen.

Vergleiche zweier Zahlen $(=, \neq, \leq, <, >, \geq)$.

b) Für die Zeichenketten:

Transport einer Zeichenkette an einen bestimmten Platz (d.h. in einer anderen Zeichenkette) mit vorgegebener Länge unter liefern eines Ersatzzeichens, wenn die wirkliche Länge nicht ausreicht.

Vergleich zweier Zeichenketten mit vorgegebener Länge unter Verglich der längeren Kette mit einer Ersatzkette (zeichenweise mit einem Ersatzzeichenfeld), falls die Zeichenketten unterschiedliche Länge haben.

Auf den Speicher bezogen:

a) Es muß Möglichkeiten geben, Zahlen abzuspeichern und zu adressieren (für alle Typen).

b) Es muß Möglichkeiten geben, Zeichenketten samt ihrer Länge abzuspeichern und zu adressieren.

c) Für Felder muß die Möglichkeit der Adressrechnung mit Indexregister gegeben sein. (Umständlicher wäre die Benutzung der indirekten Adressierung allein.)

Auf die Programmkontrolle bezogen:

a)  Es muß unbedingte Sprünge geben.

b)  Es muß bedingte Sprünge geben, die nach einem Vergleich
    auf das Vergleichsresultat ansprechen. Mindestens er-
    forderlich ist ein bedingter Sprung, der auf Gleichheit
    (oder, als Alternative, auf Ungleichheit) reagiert und
    ein bedingter Sprung, der eine der Größer-Kleiner-Resul-
    tate berücksichtigt. Zusammen mit dem unbedingten Sprung
    wäre jedes andere Vergleichsresultat abfragbar.

c)  Es muß indirekte Sprünge geben, d.h. solche, deren Sprung-
    ziel entweder im Speicher oder in einem Indexregister
    steht.

d)  Es muß Sprünge mit Aufbewahrung der Rücksprungadresse
    geben.

e) Es muß indirekte Adressierung geben (ohne sie ist die
    Call-by-Reference Parameter-Übergabe von FORTRAN nicht
    zu realisieren).


Obwohl die Datenoperation nur einen kleinen Teil des Bestandes
an Operationen ausmachen, die eine Maschine charakterisieren,
geht man doch gewöhnlich allein von ihnen aus. Je nach der
Art der Resourcen, die zur Verfügung stehen - und sich in
den Befehlsformen niederschlagen - unterscheidet man
    Ein-Adress-Maschinen,
    Zwei-Adress-Maschinen,
    Drei-Adress-Maschinen.


Ein-Adress-Maschinen haben gewöhnlich Akkumulatoren für die
numerischen und Zeichenkettenoperationen. Dies ist durchweg
eine sehr begrenzte Anzahl. Im Extremfall ist ein Akkumulator
allein vorhanden, der für die verschiedensten Datentypen
brauchbar ist. Im Befehlscode ist der jeweilige Akkumulator
direkt verschlüsselt, während der Operand (die "eine Adresse")
sich auf den Speicher bezieht.

Zwei-Adress-Maschinen sind in zwei Varianten denkbar.
Entweder wir haben wieder eine begrenzte Zahl von Akkumulatoren, die im Befehl direkt verschlüsselt werden, so daß beide
Adressen für Operanden frei sind, die sich im Speicher befinden können (oder natürlich auch im Akkumulator selbst.)
Oder wir haben eine größere Menge von Akkumulatoren (dann auch
"allgemeine Register" genannt), die nicht im Befehlscode verschlüsselt werden können und deshalb als ein Operand anzugeben
sind. Der zweite Operand bezieht sich entweder auf ein
anderes allgemeines Register oder auf den Speicher. Vergleichs-
operationen könnten in Zwei-Adress-Maschinen ohne die Inanspruch-
nahem von allgemeinen Registern direkt für zwei Operanden im
Speicher vorhanden sein. Das gleiche gilt für Transportoperationen (nicht nur für die Zeichentransporte).
Auch Drei-Adress-Maschinen sind in zwei grundsätzlichen Varianten denkbar. Entweder wir haben überhaupt keine Akkumulatoren
und Register und die Operanden der Instruktionen können im
Speicher stehen (einer davon ist der, in den das Resultat
der Operation gespeichert wird). Oder wir haben wieder eine
größere Menge von allgemeinen Registern, die auch als Operanden
auftreten können. Dabei kann es erforderlich sein, daß mindestens ein (oder zwei) allgemeine Register an jeder Operation be-
teiligt sind. Wenn diese letzte Einschränkung nicht so scharf
gilt, dann ist die zweite Variante nur ein wenig von der ersten
verschieden: Die Register sind lediglich schneller verfügbare
Operanden. Man hat noch weitere Klassen von Operanden dazwischen
geschoben, um mehr Differenzierungsmöglichkeiten bei der Zu-
griffszeit zu haben.
Völlig unabhängig von dieser Klassifizierung erscheint die
Frage der Adressierung von Operanden, die sich im Speicher
befinden. Wir haben schon festgestellt, daß keine FORTRAN-
Maschine ohne indirekte Adressierung auskommt. Wenn damit
auch die Zugriffe zu Feldern realisiert werden müssen, so benötigen wir entweder Adresskonstanten für die Feldanfangsadresse,

um die Adressrechnung bis zum Ende durchzuführen, oder,
im allgemeinen weniger aufwendig, ein oder mehrere Indexregister. Indexregister ersparen uns Additionsschritte in
der Addressrechnung, sie machen diese implizit. Dadurch kann
ein Operand einen Feldanfang adressieren und das Indexregister
enthält die relative Feldadresse. (Die Abspeicherung von
Feldern ist im FORTRAN-Standard recht genau festgelegt.)
Wir wollen auf die abstrakten FORTRAN-Maschinen im allgemeinen nicht weiter eingehen. Auch die formale Beschreibung
interessiert uns nicht so sehr. Für die maschinenabhängige
Code-Erzeugung ist das natürlich ein zentraler Punkt. Die
Ansätze zur automatischen Erzeugung von Code-Generatoren
müssen hier großen Aufwand treiben (siehe / 30 /). Wir glauben,
daß eine allgemeine Beschreibung des Typs der Maschine vor-
geschaltet werden sollte.

Wir wollen von einer Ein-Adress-Maschine für die numerischen
Operationen ausgehen. Es sei ein Akkumulator vorhanden, der
alle vier numerischen Daten verknüpfen könne. Dies ist vielleicht für komplexe Zahlen reichlich ungewöhnlich. Zu realistischeren Ergebnissen könnte man kommen, wenn man von vorne-
herein annimmt, daß komplexe Zahlen durch jeweils zwei Operationen dieses Akkumulators behandelt werden. Es wird sich
zeigen, daß dies immer noch möglich ist, weil alle Operationen,
in die komplexe Zahlen verwickelt sind, erkennbar sind und
als Makro-Operationen interpretiert werden können, die nach
der ersten Stufe der maschinenunabhängigen Compilierung expandiert werden können. Wir nehmen ferner an, daß wir über
ein Indexregister verfügen.

Bei den Zeichenketten nehmen wir Zwei-Adress-Befehle für
Transport und Vergleich an. Wir lassen offen, wie die Zeichenketten realisiert sind und nehmen die Existenz einer primitiven Operation an, die uns die Länge der jeweiligen Zeichenkette liefert. (Dies mag wirklich ein Zugriff auf eine ab-
gespeicherte Längenbeschreibung sein oder eine Operation, die
zur Übersetzungszeit ausführbar ist, und im erzeugten Code
nur mit Konstanten umgeht.)
Für die Notation der Instruktionen benutzen wir FORTRAN-
Syntax. Bei den numerischen Operationen bringen wir den jeweiligen Datentyp als Präfix bei den Operanden zum Ausdruck.
Gewöhnlich müssen alle Operanden vom gleichen Typ sein.
(Wir verwenden die Präfixe I, R, D, C.)


1. Laden des Akkumulators:

    (L1) xACi = const

    (L2) xACi = variable

    (L3) xACi = ar(IR)

        Als Variable in (L2) können neben Nutzer-definierten
        auftreten: ICIND, ICi, xTi, ISPi.


2. Abspeichern des Akkumulators:

    (S1) variable = xACi

    (S2) ar(IR    = xACi

        Als Variable in (S1) können neben Nutzer-definierten
        auftreten: ICi, xTi, xMVARi, ISPi. Alle Felder sind
        eindimensional.


3. Arithmetische Operationen:

    (O1-op) xACi = xACi op const

    (O2-op) xACi = xACi op variable

    (O)     xACi = -xACi

        Als Variable in (O2) können neben Nutzer-definierten
        auftreten: xTi, xMVARi (op=+,-,*,').

4. Konvertierung des Datentyps:

    (K-xy) xACi = KONVxy(yACj)


Verglichen mit den Standardfunktionen gilt:

KONVRI = FLOAT, KONVDI = DFLOAT, KONVCI = CMPLX(FLOAT(i,0),

KONVIR = INT,    KONVDR = DBLE,    KONVCR = CMPLX(r,0),

KONVID = INDINT,KONVDR = SNGL,    KONVCD = CMPLX(SNGL(r),0),

KONVIC = INT(REAL(i)),KONVRC=REAL,KONVDC = DBLE(REAL(c)).


5. Funktions- und Unterprogrammaufrufe:

    (F1) xTi = EXPTxy(xTi,yTi+1)

    (F2) xKi = xfun (epar$_1$,...,epar$_n$)

    (F3) CALL subr (epar$_1$,...,epar$_n$,*11,...,*ln)

        Der Typ y muß entweder mit x identisch sein oder
        darf I (für INTEGER) sein.
        Als Parameter epar$_i$ einer Funktion dürfen auf-
        treten: Konstante, Variable jeder Art, indizierte
        Variable mit einem Index, der in einer Variablen
        steht (als Variable notiert ist).


6. Zeichenkettentransport:

    (T1) cvariable$_1$(IT1:IT2) = cvariable$_2$(IT3:IT4)

    (T2) cvariable (IT1:IT2) = carr(IR)(IT4:IT5)

    (T3) carr (IR)(IT2:IT3) = cvariable(IT4:IT5)

    (T4) carr(IR)(IT2:IT3) = CS(ISP1:IT4)

    (T5) CS(ISPi:IT6) = cvariable(ITi+1:ITi2)

    (T6) CS(ISPi:ITi) = carr(IR)(ITi+2:ITi3)

        Die Variablen sind Nutzer-definiert. Die Zeichen-
        felder sind immer eindimensional. Es sind durchweg
        explizit Längenangaben zu machen. Diese stehen in
        den entsprechenden Integervariablen ITi bzw. ISPi.
        CS ist eine vom Nutzer unabhängige Zeichenketten-
        variable, deren Länge variabel ist (aber zu passen-
        der Zeit festgesetzt wird). Sie wird als Keller
        für Zeichenketten benutzt. Der Kellerzeiger ist ISP.
        Nach jeder derartigen Operation enthält ICIND den
        Index für das nächste Zeichen der Teilkette auf der
        linken Seite.

7. Transport logischer Konstanten:

    (TL1) lvariable = .FALSE.

    (TL2) lvariable = .TRUE.

    (TL3) larr(IR)  = .FALSE.

    (TL4) larr(IR = .TRUE.

         Die Variablen sind Nutzer-definiert. Die logischen
         Felder sind immer eindimensional.


8. Unbedingte Sprungoperationen:

    (S1) GOTO label

    (S2) GOTO (label$_1$,...,label$_n$),IAC1

    (S3) GOTO ivariable(label$_1$,...,label$_n$)
         label muß Marke eines Befehls sein. Bei (S2) muß
         im Akkumulator eine Integerzahl zwischen 0 und n
         stehen. Zu dem Befehl mit dem entsprechenden Label
         wird gesprungen. Bei (S3) muß vorher in ivariable
         eine Befehlsadresse geladen worden sein - mit (A2).
         Zu dem entsprechenden Befehl wird gesprungen.


9. Bedingte Sprungoperationen:

    (B1) IF (xACi relop 0) GOTO label

    (B2) IF xACi label$_1$, label$_2$, label$_3$

    (B3) IF (lvariable) GOTO label

    (B4) IF (.NOT. lvariable) GOTO label

    (B5) IF (lfn(epar$_1$,...,epar$_n$)) GOTO label

    (B6) IF (.NOT. lfn(epar$_1$,...,epar$_n$)) GOTO label

    (B7) IF (CS(ITi:ITi+1) relop CS(ITi+2:ITi+3)) GOTO label
         relop darf sein: .EQ., .NE., .GT., .GE., .LE., .LT.
         label sind Sprungmarken, cvariable Zeichenkettenvari-
         able, carr Zeichenkettenfelder, bezüglich CS siehe
         die Bemerkungen zu den Zeichenkettentransportbefehlen.
         Bei der Verzweigungsoperation (B1) wird nach Prüfen
         des Akkumulators gesprungen, wenn der Vergleich
         positiv ausgeht.

In (B2) findet dasselbe statt. Nur erfolgt die Aufteilung in drei Teile: Zu $label_1$ wird gesprungen, wenn der Akkumulator kleiner ist als 0, zu $label_2$, wenn er gleich 0 ist und zu $label_3$, wenn er größer ist als 0.

(B7) ist ein Zeichenkettenvergleich.

10. Adresslade- und Transportoperationen:

    (a1) IR = ITi

    (A2) ivariable = IR

    (A3) ASSIGN label TO IR

    In (A1) wird das Indexregister vom Speicher geladen (mit einer Adresse), in (A2) wird das Indexregister abgespeichert (d.h. eine Adresse), in (A3) wird eine Statementadresse geladen.

11. Sonstige Instruktionen:

    (I1)   END-Statement

    (I2)   PAUSE-Statement

    (I3)   RETURN-Statement

    (I4)   STOP-Statement

    (I5)   CLOSE-Statement

    (I6)   INQUIRE-Statement

    (I7)   OPEN-Statement

    (I8)   PRINT-Statement

    (I9)   READ-Statement

    (I10) WRITE-Statement

    (I11) BACKSPACE-Statement

    (I12) ENDFILE-Statement

    (I13) REWIND-Statement

Diese Instruktionen entsprechen recht genau ihren
Vorbildern in FORTRAN. Wir werden daher keine ins
einzelne gehende Beschreibung vornehmen. Keine dieser
Instruktionen darf jedoch Ausdrücke enthalten. Wenn
in FORTRAN allgemeine arithemtische Ausdrücke auftauchen dürfen (dies gilt für (I3), und alle ab (I5)),
so dürfen in der FORTRAN-Maschinensprache an den entsprechenden Stellen nur Konstanten oder Variable
stehen. Wenn in FORTRAN Zeichenkettenausdrücke stehen
dürfen (dies gilt für alle Instruktionen (I5)-(I10)),
so dürfen in der FORTRAN-Maschinensprache an den entsprechenden Stellen nur Zeichenkettenkonstante oder
Zeichenkettenvariable (auch CS) stehen, die jeweils
konstante Grenzen haben bzw. solche, die in Integervariablen stehen.


12. Steueroperationen der Assemblersprache

    (C1)   BLOCK DATA-Statement

    (C2)   COMMON-Statement

    (C3)   DATA-Statement

    (C4)   DIMENSION-Statement

    (C5)   ENTRY-Statement

    (C6)   EQUIVALENCE-Statement

    (C7)   EXTERNAL-Statement

    (C8)   FUNCTION-Statement

    (C9)   IMPLICIT-Statement

    (C10)  INTRINSIC-Statement

    (C11)  PARAMETER-Statement

    (C12)  PROGRAM-Statement

    (C13)  SAVE-Statement

    (C14)  SUBROUTINE-Statement

    (C15)  TYPE-Statement

Soweit diese Statements nur Namen und Konstanten enthalten dürfen, ergeben sich kaum Änderungen zu FORTRAN. In den Fällen (C2)-(C4), (C8), (C9), (C15) sind an den Stellen, wo FORTRAN allgemeine arithmetische Ausdrücke (als Indizes oder Längenbestimmungen) zuläßt, dürfen jetzt nur Ausdrücke stehen, die zur Übersetzungszeit auswertbar sind. Dies ist die einzige Einschränkung, die sich vielleicht auf die zugelassenen FORTRAN-Programme bezieht, die in diese Assemblersprache für die FORTRAN-Maschine übersetzt werden. Beachte, daß die Operationen (C8) und (C14) dem Assembler die Erzeugung indirekter Adressierungen für alle Parameter vorschreiben.

### Zur Notation

Ähnlich wie für die LISP-Maschine, so stellen wir eher eine Assemblersprache für die abstrakte Einadress-Maschine vor. Die Instruktionen enthalten noch syntaktische Variable für die in einem konkreten Programm bestimmte Zeichenketten einzusetzen wären:

Für "const" sind konkrete Direktkonstanten der Typen Integer, Real, Double oder Complex einzusetzen.

Für "variable", "cvariable", "lvariable", "ivariable" sind konkrete Namen von Speicherplätzen einzusetzen, in den Größen numerischer Art (in den 4 Typen),bzw. Zeichenketten, bzw. Größen logischer Art, bzw. Adressen abgelegt werden können.

Für "label" bzw. indizierte Auftreten von "label" sind Folgen von Ziffern einzusetzen, die als Sprungmarken dienen. (Wie üblich ist zu fordern, daß eine Sprungmarke in einem Programmabschnitt eindeutig definiert ist.)

Für "relop" können gesetzt werden: .EQ., .NE., .GE., .GT., .LE., .LT. .

Für "op" können gesetzt werden: +,-,*,/ .

Für "xfun" sind Namen einzusetzen, die Programmteile (Funktionen) bezeichnen, die Werte beliebiger Art zurückgeben
(arithmetische, logische, Zeichenketten).
Für "arr", "larr" bzw. "carr" sind Namen für Blöcke von
Speicherbereichen einzusetzen (je nach dem Typ der abgelager-
ten Größen arithmetische, logische bzw. Zeichenketten), die
mit Hilfe des Indexregisters adressiert werden sollen.
Für "lfn" sind Namen anzusetzen, die Programmteile (Funktionen)
bezeichnen, die logische Werte zurückgeben.
Für "subr" sind Namen beliebiger Programmteile einzusetzen,
die nach ihrem Aufruf zurückkehren (beispielsweise indem Rück-
kehradressen gespeichert und als Rücksprungziel benutzt werden).
Für "epar" mit Index sind Konstante, Variablennamen, Namen für
Speicherblöcke oder Namen von Programmabschnitten (Funktionen
oder Prozeduren) einzusetzen. Dies gilt für derartige Namen,
die Plätze bezeichnen, in denen Größen beliebiger Art abgelegt
werden können.


## 3.3  Die Transformationsregeln


Wir geben nun zwei Gruppen von Transformationsregeln an, die
genügen, um FORTRAN-Programme in äquivalente dekomponierte
Programme zu überführen. Diese Programme können auf einer
konkreten Version der angegebenen allgemeinen abstrakten
FORTRAN-Maschine laufen.
Die Regelgruppen zerfallen in Untergruppen, die auf Statement-
arten bezogen sind. Dabei wird angenommen, daß zunächst die
Regeln der ersten Stufe (so wollen wir die erste Gruppe bezeichnen) angewendet werden. Diese Regeln können, im Unterschied zu denen der 2. Stufe, auf die originalen Statements
angewendet werden. Es gibt eine Reihe von Transformationsregeln, die Statements produzieren, die nur von den Regeln

2. Stufe weitertransformiert werden, dann gibt es solche,
die Statements produzieren, die erneut von Regeln 1. Stufe
transformiert werden müssen. Es gibt auch Mischformen. Wir
werden an jeder Regel vermerken, wie weiter behandelt wird.

Es gibt eine einfache Grundlage, auf der entschieden werden
kann, ob ein Statement von einer Regel 1. Stufe oder von
einer Regel 2. Stufe transformiert wird: Enthält das Statement auch nur einen Identifikator, der zur Bezeichnung von
Resourcen der abstrakten Maschine verwendet wird, dann muß
er von Regeln 2. Stufe behandelt werden. Ein Statement,
für das es keine Regel 1. Stufe gibt, muß von Regeln 2. Stufe
behandelt werden.

Die Regelanwendung wird - mit Ausnahme des DO-Statements -
immer ganz isoliert auf ein Statement vorgenommen. Das Regel-
muster (über dem Strich) wird auf den Statement gepaßt.
Gelingt dies, so wird das Statement durch die Folge der unter
dem Strich stehenden Statements ersetzt. Dabei werden bei
der Passung belegte syntaktische Variablen unter dem Strich
durch die entsprechenden Statementteile ersetzt.

Für jeden Statement gibt es höchstens eine Regel, mit der er
transformiert werden kann. Nach jeder individuellen Regelanwendung ist das Programm in eine semantisch äquivalente Form
verändert worden.

Die Notation ähnelt sehr der für die abstrakte Maschine. Allerdings ist nun zu beachten, daß die syntaktischen Variablen
nicht in konkreten Programmen durch konkrete Zeichenketten
zu ersetzen sind, sondern vielmehr als Mustervariablen aufzufassen sind, deren Namen die Art der Programmteile (die als
Zeichenketten aufgefaßt werden können) angibt, die beim Muster-
vergleich solch einer Mustervariablen zugeordnet werden können.

Das bedeutet, daß durch die Namen der Mustervariablen Bedingungen an die Statements gestellt werden, wenn ein solches
auf ein Muster passen soll. Diese Bedingungen betreffen die
syntaktische Struktur von Statementteilen und gewisse Kontextbedingungen (z.B. Typen von Variablen).
Für "var", "lvar", bzw. "cvar" (letztere auch indiziert)
dürfen Identifier stehen, die arithmetisch, logisch oder
vom Zeichenkettentyp sind.
Für "arr", "larr" bzw. "carr" (letztere auch indiziert) dürfen
Feldnamen stehen, die arithmetische, logische bzw. Zeichen-
kettenfelder bezeichnen.
Für "op" dürfen arithmetische Operationszeichen wie "+", "-",
"*" bzw. "/" stehen, für "mulop" nur "*" oder "/", für "relop"
".EQ.", ".NE.", ".LE.", ".LT.", ".GT." oder ".GE.", und für
"logop" entweder nichts (leere Zeichenkette) oder ".NOT." .
Für "label" (auch indiziert) stehen Folgen von Ziffern, die
als FORTRAN-Sprungmarken verwendet werden, für "labelk" oder
"labeli+1" oder ähnliche syntaktische Variable sehen FORTRAN-
Sprungmarken, in deren Ziffernfolgen nach einem bestimmten
Standardunterscheidungsanfang die Ziffern auftreten, die konkret
der Zahl k,i bzw. i+1 entsprechen. Für "s" (indiziert" dürfen
ebenfalls Sprungmarken stehen - es sind solche - die aus dem
Quellprogramm stammen.
Für "fn", "cfn" oder "cfun" bzw. "lfn" können Namen von Funktionen (ob Statementfunktionen oder eigentliche Funktionen) stehen,
die zum Werte arithmetische, Zeichenketten oder logische Größen
haben.
Für "primary", "factor" bzw. "term" können solche arithmetische
Ausdrücke stehen, die durch die entsprechenden Nichtterminal-
bezeichnungen in der syntaktischen Beschreibung /26 , § 6.1/
angesprochen werden.

Für "expr" (auch indiziert) können beliebige arithmetische
Ausdrücke der Syntaxklasse  "arithmetical_expression" stehen.
Für "lexpr" (auch indiziert) können beliebige logische Aus-
drücke der Syntaxklasse "logical_expression" stehen.
Für "cexpr" (auch indiziert) können beliebige Zeichenketten-
ausdrücke (Syntaxklasse "character_expression") stehen.
"xexpr" umfaßt alle "expr" und "cexpr", "axpr" alle "expr"
und "cexpr" (bei letzterem sind allerdings Konstanten und
Variablen bzw. Teilzeichenketten mit konstanten oder Grenzen
in Integervariablen ausgenommen).
Für "stat" können beliebige Statements stehen (keine GOTO's).
Für "epar" (auch indiziert) können Konstante, Variable, Sub-
routinennamen oder Funktionsnamen sowie Feldreferenzen (ein-
dimensional, mit dem Index in einer Integervariablen oder als
Konstante) stehen, jeweils für alle Typen (arithmetisch,
logisch, Zeichenketten).
Mit "st(...)" bezeichnen wir allgemeine Statements (keine
Zuweisungen, IF-Statements, GOTO-Statements, CONTINUE-Statements) in denen Unterausdrücke auftauchen können. Diese Unterausdrücke werden entweder als "axpr" oder "parm" bezeichnet.
Für "parm" können alle "axpr" stehen sowie alle "epar".
"Mit "sti(i,...)" bezeichnen wir die gleiche Klasse von Statements, die durch mindestens einen Transformationsschritt ge-
laufen sind und in sich generierte Zeichenketten für arithmetische Zwischenvariablen (xTj), logische Zwischenvariablen
(LTk) oder Sprungmarken der Form "labeln" enthalten, so daß
der höchste vorkommende Index (aus den j,k,m) gleich i ist.

Wenn in einer Transformationsregel unter dem Strich Bezeichnungen für Sprungmarken auftreten, die über dem Strich nicht
vorhanden waren, bedeutet das, daß die Sprungmarken neu
generiert werden. In vielen Fällen ist die konkrete Form
nicht weiter wichtig. Bei den Regeln (R2-LI4), (R2-LI7),
(R2-LIF2)-(R2-LIF8) und (R2-STL) ist jedoch erforderlich,
daß eine ganz bestimmte Ziffernfolge am Ende der Sprungmarkenbezeichnung steht.

Es muß zunächst eingeräumt werden, daß das Generieren solcher
Sprungmarken keinesfalls selbstverständlich ist. Theoretisch
kann es leicht FORTRAN-Programme geben, die alle möglichen
100.000 Sprungmarken wirklich enthalten. Wir wollen annehmen,
daß die Transformationsregeln in einem leicht erweiterten
FORTRAN verwendet werden, wo Sprungmarken beliebig lang werden
dürfen. Weiterhin sei n die natürliche Zahl, die der im
Quellprogramm stehenden größten Sprungmarke entspricht. (Das
Maximum aller Zahlen, die den im Quellprogramm stehenden
Marken entsprechen.) n könne durch k Dezimalziffern geschrieben werden. Dann können wir vereinbaren, daß die beim Transformationsprozeß generierten Marken alle mit k Neunen beginnen. Dabei werde der Markenerzeugungsprozeß so vereinbart,
daß keine neuen Einsen in die Sprungmarkenbezeichnung aufgenommen werden, wenn es sich um eine der Regeln handelt, die
von den oben benannten Regeln verschieden ist. Nur ganz zum
Schluß, die letzten Ziffern seien immer zwei Einsen.
Bei den benannten Regeln laufe der Sprungmarkenerzeugungspro-
zeß dagegen so ab, daß das gesamte Anfangsstück bis zur ersten
Eins unverändert bleibt und dahinter die Ziffern geschrieben
werden, die den spezifizierten Additionen entsprechen.

Da wir wünschen, daß jedes Zwischenstadium ein korrektes
FORTRAN-Programm bleibt, nehmen wir an, daß für jedes auf-
tretende Feld die assoziierte Felddeklaration gemäß Axiom
(c1) eingefügt wurde. Die Präfixe der Identifikatoren für
Resourcen der abstrakten Maschine wurden so gewählt, daß sie
im Normalfall korrekte Typen erhalten. Sollte dies wegen
einer IMPLICIT-Vereinbarung geändert sein (oder aus anderen
Gründen), dann nehmen wir die Hinzufügung der erforderlichen
Typdeklaration an.
Wir nehmen weiter an, daß jede Felddeklaration von Zuweisungen
zu Variablen begleitet ist, die seine Grenzen beschreiben:
Zur Deklaration

    type array(d11 :d21,...,d1n:d2n)

wobei die dij arithmetische Ausdrücke sind, gehören die Zuweisungen:

    D11arr = d11
    D21arr = d21
    ...
    D1narr = d1n
    D2narr = d2n
    D1arr = D21arr - D11arr + 1
    ...
    Dn-1arr = D1n-1arr - D2n-1arr + 1

Die Namen wurden wieder so gebildet wie bei LISP: Die Zeichenketten wie n und n-1 tauchen nicht selbst im wirklichen Namen
auf, der aus dem Präfix und dem ursprünglichen Feldnamen besteht, sondern die ihnen entsprechenden Ziffern, die sich aus
der Dimension des Feldes ergeben. Sollte es Schwierigkeiten
mit der Eindeutigkeit der Namen geben (weil das Feld mehr als
10 Dimensionen hat), so nehmen wir irgendeine systematische
Umbenennung vor.

Das zu einem beliebigen Feld arr per Axiom (c1) assozierte
Feld wird durchweg mit arr* bezeichnet.


<u>Die Transformationsregeln 1. Stufe:</u>
AA-Regeln für arithmetische Zuweisungen
(R1-AA1)

$$\frac{\text{var = expr}}{\text{xACi = expr}} \qquad \text{(Der Typ von var ist x = I,R,D,C.)}$$

var  = xAC1

Das erste Resultatstatement ist mit Regeln der Stufe 2 weiter-
zutransformieren. Das zweite Statement hat seine Endform.


(R1-AA2)

$$\frac{\text{arr}(\text{expr}_1,\ldots,\text{expr}_n) = \text{expr}}{\text{IAC1} = 1+(\text{expr}_1-\text{D11arr})+\ldots+(\text{expr}_n-\text{D1narr})*\text{Dn-1arr}}$$

$$*\ldots* \text{ D1arr}$$

IT1 = IAC1

xAC2 = expr

IR = IT1

arr*(IR) = xAC2

Das 1. und 3. Resultatstatement ist mit Regeln der Stufe 2
weiter zu transformieren. Die anderen Statements sind in der
Endform.


LA-Regeln für logische Zuweisungen
(R1-LA1)

$$\frac{\text{lvar = lexpr}}{\text{IF(lexpr)GOTO label}_1}$$

lvar = .FALSE.

GOTO label$_2$

label$_1$ lvar = .TRUE.

label$_2$ CONTINUE        (lexpr ist keine logische Konstante!)

Das 1. Statement ist entweder gemäß Stufe 1 oder gemäß Stufe 2
weiter zu transformieren. Die anderen Statements sind in der
Endform.

(R1-LA2)

$$\frac{\mathrm{larr}(\mathrm{expr}_1,\ldots,\mathrm{expr}_n)=\mathrm{lexpr}}{}$$

$$\mathrm{IAC1}\ =\ 1+(\mathrm{expr}_1-\mathrm{D11larr})+\ldots+(\mathrm{expr}_n-\mathrm{D1nlarr})*$$
$$\mathrm{Dn-1larr}*\ldots*\mathrm{D1larr}$$

```
        ITO =  IAC1
        IF(lexpr)GOTO label₁
        IR=ITO
        larr*(IR )=.FALSE.
        GOTO label₂
label₁  IR=ITO
        larr*(IR) = .TRUE.
label₂  CONTINUE
```

Das 3. Statement ist entweder gemäß Stufe 1 oder gemäß Stufe 2
weiter zu transformieren. Das 1. Statement ist gemäß Stufe 2
weiter zu transformieren. Die anderen Statements sind in der
Endform.

CA-Regeln für Zeichenkettenzuweisungen
(R1-CA1)

$$\frac{\mathrm{cvar}(\mathrm{expr}_1:\mathrm{expr}_2)\ =\ \mathrm{cexpr}}{}$$

```
IAC1 = expr₁
IT1 =  IAC1
IAC2 = expr₂
IT2 = IAC2
cvar(IT1:IT2)=cexpr
```

Das 1., 3. und 5. Statement sind gemäß Stufe 2 weiter zu transformieren. Die anderen Statements sind in der Endform.

(R1-CA2)

$$\frac{\mathrm{carr}(\mathrm{expr}_1,\ldots,\mathrm{expr}_n)(\mathrm{expr}_{n+1}:\mathrm{expr}_{n+2})=\mathrm{cexpr}}{}$$

$$\mathrm{IAC1} = 1+(\mathrm{expr}_1-\mathrm{D11carr})+\ldots+(\mathrm{expr}_n-\mathrm{D1ncarr})*$$
$$*\mathrm{D1carr}*\ldots*\mathrm{Dn\text{-}1carr}$$

$$\mathrm{IT1} = \mathrm{IAC1}$$

$$\mathrm{IAC2} = \mathrm{expr}_{n+1}$$

$$\mathrm{IT2} = \mathrm{IAC2}$$

$$\mathrm{IAC3} = \mathrm{expr}_{n+2}$$

$$\mathrm{IT3} = \mathrm{IAC3}$$

$$\mathrm{carr}*(\mathrm{IT1})(\mathrm{IT2}:\mathrm{IT3})=\mathrm{expr}$$

Das 1., 3., 5. und 7. Statement sind gemäß Stufe 2 weiter
zu transformieren. Die anderen Statements sind in der Endform.

CG-Regeln für computed GOTO

(R1-CG)

$$\frac{\mathrm{GOTO}\ (s_1,\ldots,s_n)\mathrm{expr}}{}$$

$$\mathrm{IAC1} = \mathrm{expr}$$

$$\mathrm{GOTO}\ (s_1,\ldots,s_n)\mathrm{IAC1}$$

Das 1. Statement ist gemäß Stufe 2 weiter zu transformieren,
das 2. ist in der Endform.

DO-Regel für DO

(R1-DO)

```
        DO label,var=expr_1,expr_2,expr_3
        st_1
        ...
label   st_n
        ________________________________
        xAC1 = expr_1
        var = xAC1
        xAC1 = expr_3
        xMVARi = xAC1
        xAC1 = expr_2
        xAC1 = xAC1-var
        xAC1 = xAC1+xMVARi
        IAC1 = xAC1/xMVARi
        IF(IAC1 .GE. 0) GOTO label_1
        IAC1 = 0
label_1 ICi = IAC1
label_2 IF (IAC1 .EQ. 0) GOTO label_3
        st_1
        ...
label   st_n
        xAC1 = var
        xAC1 = xAC1  + xMVARi
        var = xAC1
        IAC1 = ICi
        IAC1 = IAC1 - 1
        GOTO label_1
label_3 CONTINUE
```

Das 1., 3. und 5. Statement sind gemäß Stufe 2 weiter zu
transformieren. Die Statements $st_1 \ldots st_n$ sind gemäß Stufe 1
weiter zu transformieren. Alle übrigen Statements sind im
Endzustand.

AI-Regel für arithmetisches IF

(R1-AI)

$$\frac{\text{IF expr } s_1, s_2, s_3}{\begin{array}{l} \text{xAC1 = expr} \\ \text{IF xAC1 } s_1, s_2, s_3 \end{array}}$$

(Der Typ von expr ist x = I,R,D,D.)

Das erste Statement ist gemäß Stufe 2 weiter zu transformieren.
Das zweite ist im Endzustand.


LI-Regeln für logisches IF

(R1-LI)

$$\frac{\text{IF (lexpr) stat}}{\begin{array}{l} \text{IF (.NOT. lexpr) GOTO label} \\ \text{stat} \\ \text{label CONTINUE} \end{array}}$$

(stat sei kein GOTO statement. Beachte, daß label = label1.)
Das 2. Statement ist gemäß Stufe 1 weiter zu transformieren.
Das letzte wird nach Stufe 2 beseitigt.


ST-Regeln für übrige Statements

Wir notieren mit $st(axpr_1, \ldots, axpr_n)$ ein sonstiges Statement,
in dem keine Variable der Form xTi(x=I,R,D,C), der Form LTi,
der Form IR, CS, ISPi vorkommt. Die Ausdrücke $axpr_i$ seien:
Array-element-namen von beliebigen Feldern, Substrings mit
nicht-konstanten Indexausdrücken, arithmetische, logische
oder Zeichenketten-Ausdrücke.

(R1-STA1)

$$\frac{\text{st}(\text{arr}(\text{expr}_1 \ldots, \text{expr}_m), \text{axpr}_2, \ldots, \text{axpr}_n)}{}$$

IAC1 = 1+(expr$_1$-D11arr)+...+(expr$_m$-Dm1arr)*
          *D1arr*...*Dm-1arr

IT1 = IAC1

st(arr*(IT1),axpr$_2$,...,axpr$_n$)

Das 1. und 3. Statement sind gemäß Stufe 2 weiter zu transformieren. Das 2. ist in der Endform.


(R1-STA2)

$$\frac{\text{st}(\text{expr}, \text{axpr}_2, \ldots, \text{axpr}_n)}{}$$

xAC1 = expr

xT1 = xAC1

st(xT1,axpr$_2$,...,axpr$_n$)

Das 1. und 3. Statement sind gemäß Stufe 2 weiter zu transformieren. Das 2. ist in der Endform.


(R1-STL)

$$\frac{\text{st}(\text{lexpr}, \text{axpr}_2, \ldots, \text{axpr}_n)}{}$$

IF(lexpr ) GOTO label$_1$

LT1 = .FALSE.

GOT label$_2$

label$_1$   LT1 = .FALSE.

label$_2$   st(LT1,axpr$_2$,...,axpr$_n$)

Das 1. Statement ist gemäß Stufe 1 weiter zu transformieren.
Das 5. Statement ist gemäß Stufe 2 weiter zu transformieren.
Die übrigen sind in der Endform.

(R1-STC1)

$$\frac{\text{st}(\text{cvar}(\text{expr}_1:\text{expr}_2),\text{axpr}_2,\ldots,\text{axpr}_n)}{}$$

IAC1 = $\text{expr}_1$

IT1 = IAC1

IAC2 = $\text{expr}_2$

IT2 = IAC2

st(cvar(IT1:IT2),$\text{axpr}_2$,...,$\text{axpr}_n$)

Das 1., 3. und 5. Statement sind gemäß Stufe 2 weiter zu transformieren. Die beiden anderen sind in der Endform.

(R1-STC2)

$$\frac{\text{st}(\text{carr}(\text{expr}_1,\ldots,\text{expr}_m)(\text{expr}_{m+1}:\text{expr}_{m+2}),\text{axpr}_2,\ldots,\text{axpr}_n)}{}$$

IAC1 = 1+($\text{expr}_1$-D11carr)+...+($\text{expr}_m$-Dm1carr)*
        *D1carr*...*Dm-1carr

IT1 =IAC1

IAC = $\text{expr}_{m+1}$

IT2 = IAC2

IAC3 = $\text{expr}_{m+2}$

IT3 = IAC3

st(carr*(IT1)(IT2:IT3),$\text{axpr}_2$,...,$\text{axpr}_n$)

Das 1., 3., 5. und 7. Statement sind gemäß Stufe 2 weiter zu transformieren. Die drei anderen Statements sind in der Endform.

(R1-STC3)

$$st(cfun(parm_1,\dots,parm_m),axpr_2,\dots,axpr_n)$$

IAC1 = ISP1

ISP2 = IAC1

$CS(ISP2:) = cfun(parm_1,\dots,parm_m)$

IAC1 = ICIND

IAC1 = IAC1-1

IT1 = IAC1

$st(CS(ISP1:IT1),axpr_2,\dots,axpr_n)$

Das 3. und das letzte Statement sind gemäß Stufe 2 weiter
zu transformieren. Die übrigen sind in der Endform.


(R1-STC4)

$$st(cexpr_1//cexpr_2,axpr_2,\dots,axpr_n)$$

IAC1 = ISP1

ISP2 = IAC1

$CS(ISP2:) = cexpr_1//cexpr_2$

IAC1=ICIND

IAC1=IAC1-1

IT1 = IAC1

$st(CS(ISP1:IT1),axpr_2,\dots,axpr_n)$

Das 3. und das letzte Statement sind gemäß Stufe 2 weiter
zu transformieren. Die übrigen sind in der Endform.

Die Transformationsregeln 2. Stufe:

AA-Regeln für arithmetische Zuweisungen

(R2-AA1)

$$\frac{xACi = expr}{yACi = expr}$$
$$xACi = KONVyx(yACi)$$

(Der Typ von expr ist y = I,R,D,C. Es sei x ≠ y.)

Das erste Statement ist gemäß Stufe 2 weiter zu transformieren.
Das zweite ist in der Endform.


(R2-AA2)

$$\frac{xACi = (expr)}{xACi = expr}$$

Das Statement ist gemäß Stufe 2 weiter zu tranformieren.


(R2-AA3)

$$\frac{xACi = +term}{xACi = term}$$

Das Statement ist gemäß Stufe 2 weiter zu transformieren.


(R2-AA4)

$$\frac{xACi = - term}{xACi = term}$$
$$xACi = - xACi$$

Das Statement ist gemäß Stufe 2 weiter zu transformieren.


(R2-AA5)

$$\frac{xACi = arr(expr_1,...,expr_n)}{IACi = 1+(expr_1-D11arr)+...+(expr_n-Dn1arr)*Dn-1arr*}$$
$$Dn-2arr...D1arr$$
$$ITi = IACi$$
$$IR = ITi$$
$$xACi = arr*(IR)$$

Das 1. Statement ist gemäß Stufe 2 weiter zu tranformieren.
Die drei anderen Statements sind in der Endform.

(R2-AA6)

$$\frac{xACi = fn(epar_1, \ldots, epar_{i-1}, arr(expr_1, \ldots, expr_m), parm_{i+1}, \ldots, parm_n)}{}$$

$$IACi = 1 + (expr_1 - D11arr) + \ldots + (expr_m - Dm1arr) *$$
$$*D1arr * \ldots * Dm-1arr$$

$$ITi = IACi$$

$$xACi+1 = fn(epar_1, \ldots, epar_{i-1}, arr*(ITi), parm_{i+1}, \ldots, parm_n)$$

$$xACi = xACi+1$$

Das 1. und 3. Statement sind gemäß Stufe 2 weiter zu tranformieren. Die übrigen sind in der Endform.


(R2-AA7)

$$\frac{xACi = fn(epar_1, \ldots, epar_{i-1}, expr, parm_{i+1}, \ldots, parm_n)}{}$$

$$yACi = expr \qquad ( \text{y ist der Typ des i. formalen Parameters}$$
$$yTi = yACi \qquad \text{der Funktion fn.})$$

$$xACi+1 = fn(epar_1, \ldots, epar_{i-1}, yTi, parm_{i+1}, \ldots, parm_n)$$

$$cACi = xACi+1$$

Das 1. und das letzte Statement sind gemäß Stufe 2 weiter zu transformieren. Das 2. Statement ist in der Endform.


(R2-AA8)

$$\frac{xACi = fn(epar_1, \ldots, epar_{i-1}, lexpr, parm_{i+1}, \ldots, parm_n)}{}$$

$$IF \ (lexpr) \ GOTO \ labeli$$
$$LTi = .FALSE.$$
$$GOTO \ label$$
$$labeli \ LTi = .TRUE.$$
$$label \ xACi+1 = fn(epar_1, \ldots, epar_{i-1}, LTi, parm_{i+1}, \ldots, parm_n)$$
$$xACi = xACi+1$$

Das 1. Statement ist gemäß Stufe 2 weiter zu transformieren. Das letzte Statement ist gemäß Stufe 2 weiter zu transformieren. Die übrigen sind in der Endform.

(R2-AA9)

$$x\text{ACi} = \text{fn}(\text{epar}_1, \ldots, \text{epar}_{i-1}, \text{cvar}(\text{expr}_1 : \text{expr}_2), \text{parm}_{i+1}, \ldots, \text{parm}_n)$$

$$\text{IACi} = \text{expr}_1$$
$$\text{ITi} = \text{IACi}$$
$$\text{IACi+1} = \text{expr}_2$$
$$\text{ITi+1} = \text{IACi+1}$$
$$x\text{ACi+2} = \text{fn}(\text{epar}_1, \ldots, \text{epar}_{i-1}, \text{cvar}(\text{ITi} : \text{ITi+1}), \text{parm}_{i+1}, \ldots, \text{parm}_n)$$
$$x\text{ACi} = x\text{ACi+1}$$

Das 1., 3. und 5. Statement ist gemäß Stufe 2 weiter zu transformieren. Die übrigen Statements sind in der Endform.


(R2-AA10)

$$x\text{ACI} = \text{fn}(\text{epar}_1, \ldots, \text{epar}_{i-1}, \text{carr}(\text{expr}_1, \ldots, \text{expr}_m) (\text{expr}_{m+1} : \text{expr}_{m+2}), \text{parm}_{i+1}, \ldots, \text{parm}_n)$$

$$\text{IACi} = 1 + (\text{expr}_1 - \text{D11carr}) + \ldots + (\text{expr}_m - \text{Dm1carr}) *$$
$$*\text{D1carr} * \ldots * \text{Dm-1carr}$$
$$\text{ITi} = \text{IACi}$$
$$\text{IACi+1} = \text{expr}_{m+1}$$
$$\text{ITi+1} = \text{IACi+1}$$
$$\text{IACi+2} = \text{expr}_{m+2}$$
$$\text{ITi+2} = \text{IACi+2}$$
$$x\text{ACi+3} = \text{fn}(\text{epar}_1, \ldots, \text{epar}_{i-1}, \text{carr} * (\text{ITi}) (\text{ITi+1} : \text{ITi+2}), \text{parm}_{i+1}, \ldots, \text{parm}_n)$$
$$\text{cACi} = x\text{ACi+3}$$

Das 1., 3., 5. und 7. Statement ist gemäß Stufe 2 weiter zu transformieren. Die übrigen Statements sind in der Endform.

(R2-AA11)

$$xACi=fn(epar_1,\ldots,epar_{i-1},cfn(parm_{n+1},\ldots,parm_{n+m}),parm_{i+1},\ldots,parm_n)$$

```
IACi = ISPi
ISPi+1 = IACi
```
$$CS(ISPi+1:)=cfn(parm_{n+1},\ldots,parm_{n+m})$$
```
IACi = ICIND
IACi = IACi-1
ITi = IACi
```
$$xACi+1 = fn(epar_1,\ldots,epar_{i-1},CS(ISPi:ITi),parm_{i+1},\ldots,parm_n)$$
```
xACi = xACi+1
```

Das 3. und 7. Statement sind gemäß Stufe 2 weiter zu transformieren. Die übrigen sind in der Endform.

(R2-AA12)

$$xACi=fn(epar_1,\ldots,epar_{i-1},cexpr_1//cexpr_2,parm_{i+1},\ldots,parm_n)$$

```
IACi = ISPi
ISPi+1 = IACi
```
$$CS(ISPi+1:)=cexpr_1//cexpr_2$$
```
IACi = IACi-1
ITi = IACi-1
ITi = IACi
```
$$xACi+1 = fn(epar_1,\ldots,epar_{i-1},CS(ISPi:ITi),parm_{i+1},\ldots,parm_n)$$
```
xACi = xACi+1
```

Das 3. und 7. Statement sind gemäß Stufe 2 weiter zu transformieren. Die übrigen sind in der Endform.

(R2-AA13)

```
    xACi = expr op term
```
$$\overline{\hspace{8cm}}$$
```
    xACi = expr                        (op=+,-)
    xACi = xACi op term
```

Beide Statements sind gemäß Stufe 2 weiter zu transformieren.

(R2-AA14)

$$xACi = term\ op\ factor$$
$$\overline{\hspace{6cm}}$$
$$xACi = term$$
$$xACi = xACi\ op\ factor$$

(op=*,/)

Beide Statements sind gemäß Stufe 2 weiter zu transformieren.


(R2-AA15)

$$xACi = primary**factor$$
$$\overline{\hspace{5cm}}$$
$$xACi = primary$$
$$xTi = xACi$$
$$yACi+1 = factor$$
$$yTi+1 = yACi+1$$
$$xTi = EXPTxy(xTi,yTi+1)$$
$$xACi = xTi$$

(Der Typ von factor ist y=x,I.)

Das 1. und 3. Statement sind gemäß Stufe 2 weiter zu transformieren. Die übrigen sind in der Endform.


(R2-AA16)

$$xACi = xACi\ op(expr)$$
$$\overline{\hspace{5cm}}$$
$$xTi = xACi$$
$$xACi+1 = expr$$
$$xACi = cACi+1\ op\ xTi$$

(op = +,*)

Das 2. Statement ist gemäß Stufe 2 weiter zu transformieren. Die beiden anderen sind in der Endform.


(R2-AA17)

$$xACi = xACi-(expr)$$
$$\overline{\hspace{5cm}}$$
$$xTi = xACi$$
$$xACi+1 = expr$$
$$xaCi = xACi+1-xTi$$
$$xACi = -xACi$$

Das 2. Statement ist gemäß Stufe 2 weiter zu transformieren. Die drei anderen sind in der Endform.

---

(R2-AA18)

    xACi = xACi/(expr)

---

    xTi = xACi

    xACi+1 = expr

    xTi+1 = cACi+1

    xACi = xTi

    xACi = xACi/xTi+1

Das 2. Statement ist gemäß Stufe 2 weiter zu transformieren. Die drei anderen sind in der Endform.

(R2-AA19)

    xACi = xACi**(expr)

---

    xTi = xACi           (Der Typ von expr ist y = x,I.)

    yACi+1 = expr

    yTi+1 = yACi+1

    xTi = EXPTxy(yTi,xTi+1)

    xACi = xTi

Das 2. Statement ist gemäß Stufe 2 weiter zu transformieren.

(R2-AA20)

    xACi = xACi op term mulop factor    (op=+,-;mulop=*,/)

---

    xACi = xACi op (term mulop factor)

Das Statement ist gemäß Stufe 2 weiter zu transformieren.

(R2-AA21)

    xACi=xACi op primary**factor    (op=+,-,*,/)

---

    xACi=xACi op (primary**factor)

Das Statement ist gemäß Stufe 2 weiter zu transformieren.

(R2-AA22)

$$\frac{\text{xACi} = \text{xACi op primary}}{\text{xACi} = \text{xACi op (primary)}} \qquad (op=+,-,*,/,**)$$

Das Statement ist gemäß Stufe 2 weiter zu transformien.


LA-Regeln für logische Zuweisungen


(R2-LA)

$$\frac{\text{LTi} = \text{lexpr}}{\phantom{x}}$$

        IF (lexpr) GOTO labeli
        LTi = .FALSE.
        GOTO label
  labeli    LTi = .TRUE.
  label     CONTINUE

Das 1. Statement ist gemäß Stufe 2 weiter zu transformieren.
Die übrigen sind in der Endform.


CA-Regeln für Zeichenkettenzuweisungen


(R2-CA1)

$$\frac{\text{cvar}_1(\text{IT1}:\text{IT2})=\text{cvar}_2(\text{expr}_1:\text{expr}_2)}{\phantom{x}}$$

    IAC3 = $\text{expr}_1$
    IT3 = IAC3
    IAC4 = $\text{expr}_2$
    IT4 = IAC4
    $\text{cvar}_1(\text{IT1}:\text{IT2})=\text{cvar}_2(\text{IT3}:\text{IT4})$

Das 1. und 3. Statement sind gemäß Stufe 2 weiter zu transformieren. Die übrigen sind in der Endform.

204

(R2-CA2)

$$cvar(IT1:IT2)=carr(expr_1,\ldots,expr_n)(expr_{n+1}:expr_{n+2})$$

$$IAC3=1+(expr_1-D11carr)+\ldots+(expr_n-D1carr)*$$
$$Dn-1carr*\ldots*D1carr$$

```
IT3  = IAC3
IAC4 = expr_{n+1}
IT4  = IAC4
IAC5 = expr_{n+2}
IT5  = IAC5
IR   = IT3
cvar(IT1:IT2)=carr*(IR)(IT4:IT5)
```

Das 1., 3. und 5. Statement sind gemäß Stufe 2 weiter zu transformieren. Die übrigen sind in der Endform.


(R2-CA3)

$$cvar(IT1:IT2)=cfn(parm_1,\ldots,parm_n)$$

```
IAC1 = ISP1
ISP3 = IAC1
CS(ISP3:)=cfn(parm_1,...,parm_n)
IAC1 = ICIND
IAC1 = IAC1-1
IT3  = IAC1
cvar(IT1:IT2)=CS(ISP3:IT3)
```

Das 3. Statement ist gemäß Stufe 2 weiter zu transformieren. Die übrigen sind in der Endform.

(R2-CA4)

$$\frac{\text{cvar}(IT1:IT2)=\text{cexpr}_1//\text{cexpr}_2}{}$$

```
    cvar(IT1:IT2)=cexpr₁
    IAC1 = ICIND
    IT1 = IAC1
    IAC1 = IAC1-IT2
    IF (IAC1 .GE. 0) GOTO label
    cvar(IT1:IT2) = cexpr₂
label CONTINUE
```

Das 1. und 6. Statement sind gemäß Stufe 2 weiter zu transformieren. Das letzte wird nach Stufe 2 unterdrückt. Die
übrigen sind in der Endform.

(R2-CA5)

$$\frac{\text{carr}(IT1)(IT2:IT3)=\text{var}(\text{expr}_1:\text{expr}_2)}{}$$

```
    IAC4 = expr₁
    IT4 = IAC4
    IAC5 = expr₂
    IT5 = IAC5
    IR = IT1
    carr(IR)(IT2:IT3)=var(IT4:IT5)
```

Das 1. und 3. Statement sind gemäß Stufe 2 weiter zu transformieren. Die übrigen sind in der Endform.

R2-CA6)

$$\frac{\text{carr}_1(IT1)(IT2:IT3)=\text{carr}_2(\text{expr}_1,\dots,\text{expr}_n)(\text{expr}_{n+1}:\text{expr}_{n+2})}{}$$

```
    IAC4 = ISP1
    ISP4 = IAC4
    CS(ISP4:)=carr₂(expr₁,...,exprₙ)(exprₙ₊₁:exprₙ₊₂)
    IAC1 = ICIND
    IAC1 = IAC1-1
    IR = IT1
    IT4 = IAC1
    carr₁(IR)(IT2:IT3)=CS(ISP1:IT4)
```

Das 3. Statement ist gemäß Stufe 2 weiter zu transformieren.
Die übrigen sind in der Endform.

(R2-CA7)

$$\mathrm{carr}(IT1)(IT2:IT3) = \mathrm{cfun}(\mathrm{parm}_1, \ldots, \mathrm{parm}_n)$$

```
IAC4 = ISP1
ISP4 = IAC4
CS(ISP4:) = cfun(parm₁,...,parmₙ)
IAC1 = ICIND
IAC1 = IAC1-1
IR = IT1
IT4 = IAC1
carr(IR)(IT2:IT3) = CS(ISP1:IT4)
```

Das 3. Statement ist gemäß Stufe 2 weiter zu transformieren.
Die übrigen sind in der Endform.

(R2-CA8)

$$\mathrm{carr}(IT1)(IT2:IT3) = \mathrm{cexpr}_1 // \mathrm{cexpr}_2$$

```
carr(IT1)(IT2:IT3) = cexpr₁
IAC1 = ICIND
IT2 = IAC1
IAC1 = IAC1 - IT3
IF (IAC1 .GE. 0) GOTO label
carr(IT1)(IT2:IT3)=cexpr₂
label CONTINUE
```

Das 1. und 6. Statement sind gemäß Stufe 2 weiter zu transformieren. Das letzte Statement wird nach Stufe 2 beseitigt.
Die übrigen sind in der Endform.

(R2-CA9)

$$\underline{CS(ISPi:) = cvar(expr_1:expr_2)}$$

$IACi+1 = expr_1$

$ITi+1 = IACi+1$

$IACi+2 = expr_2$

$ITi+2 = IACi+2$

$IACi+2 = IACi+2-ITi+1$

$IACi+2 = IACi+2 \ I \ ISPi$

$ITi = IACi+2$

$CS(ISPi:ITi) = cvar(ITi+1 \ : \ ITi+2)$

Das 1. und 3. Statement sind gemäß Stufe 2 weiter zu transformieren. Die übrigen sind in der Endform.

(R2-CA10)

$$\underline{CS(ISPi:) = carr(expr_1,\ldots, expr_n)(expr_{n+1}:expr_{n+2})}$$

$IACi+1 = 1+(expr_1-D11carr)+\ldots+(expr_n-Dncarr)*$
$\qquad\qquad *D1carr*\ldots*Dn-1carr$

$ITi+1 = IACi+1$

$IACi+2 = expr_{n+1}$

$ITi+2 = IACi+2$

$IAC+3 = expr_{n+2}$

$ITi+3 = IACi+3$

$IACi+3 = IACi+3 - ITi+2$

$IACi+3 = IACI+3 + ISPi$

$ITi = IACi+3$

$IR = ITi+1$

$CS(ISPi:ITi) = carr*(IR)(ITi+2:ITi+3)$

Das 1., 3. und 5. Statement sind gemäß Stufe 2 weiter zu transformieren. Die übrigen sind in der Endform.

(R2-CA11)

$$CS(ISPi:)=cfn(epar_1,\ldots,epar_{j-1},arr(expr_1,\ldots,expr_m),parm_{j+1},\ldots,parm_n)$$

$$IACi = 1+(expr_1-D11arr)+\ldots+(expr_n-Dm1arr)*$$
$$*D1arr*\ldots*Dm-1arr$$

ITi = IACi

IACi+1 = ISPi

ISPi+1 = IACi+1

$$CS(ISPi+1:)=cfn(epar_1,\ldots,epar_{j-1},arr*(ITi),parm_{j+1},\ldots,parm_n)$$

Das 1. und letzte Statement sind gemäß Stufe 2 weiter zu transformieren. Die übrigen sind in der Endform.

(R2-CA12)

$$CS(ISPi:)=cfn(epar_1,\ldots,epar_j,expr,parm_{j+1},\ldots,parm_n)$$

xACi = expr

xTi = xACi

IACi = ISPi

ISPi+1 = IACi

$$CS(ISP+1:)=cfn(epar_1,\ldots,epar_j,xTi,parm_{j+1},\ldots,parm_n)$$

(y ist der Typ des j.ten formalen Parameters der Funktion cfn.)
Das 1. und letzte Statement sind gemäß Stufe 2 weiter zu transformieren. Die übrigen sind in der Endform.

(R2-CA13)

$$CS(ISPi:)=cfn(epar_1,\ldots,epar_j,lexpr,parm_{j+1},\ldots,parm_n)$$

IF(lexpr) GOTO $labeli_1$

LTi= .FALSE.

GOTO $labeli_2$

$labeli_1$ LTi = .TRUE.

$labeli_2$ IACi = ISPi

ISPi+1 = IACi

$$CS(ISP+1:) = cfn(epar_1,\ldots,epar_j,LTi,parm_{j+1},\ldots,parm_n)$$

Das 1. und letzte Statement sind gemäß Stufe 2 weiter zu transformieren. Die übrigen sind in der Endform.

(R2-CA14)

$$CS(ISP_1:)=cfn(epar_1,\ldots,epar_j,cvar_j,cvar(expr_1:expr_2),parm_{j+1},\ldots,parm_n)$$

    IACi = $expr_1$

    ITi = IACi

    IACi+1 = $expr_2$

    ITi+1 = IACi+1

    IACi = ISPi

    ISPi+2 = IACi

    $CS(ISPi+2:)=cfn(epar_1,\ldots,epar_j,cvar(ITi:IT+1),parm_{j+1},\ldots,parm_n)$

Das 1., 3. und letzte Statement sind gemäß Stufe 2 weiter zu
transformieren. Die übrigen sind in der Endform.


(R2-CA15)

$$CS(ISPi:)=cfn(epar_1,\ldots,epar_j,carr(expr_1,\ldots,expr_m)$$

$$(expr_{m+1}:expr_{m+2}),parm_{j+1},\ldots,parm_n)$$

    $IACi=1+(expr_1-D11carr)+\ldots+(expr_m-Dm1carr)*$
            $*D1carr*\ldots*Dm-1carr$

    ITi = IACi

    IACi+1 = $expr_{m+1}$

    ITi+1 = IACi+1

    IACi+2 = $expr_{m+2}$

    ITi+2 = IACi+2

    IACi = ISPi

    ISPi+3 = IACi

    $CS(ISPi+3:)=cfn(epar_1,\ldots,epar_j,carr*(ITi)$
                    $(ITi+1:ITi+2),parm_j,\ldots,parm_n)$

Das 1., 3., 5. und letzte Statement sind gemäß Stufe 2
weiter zu transformieren. Die übrigen sind in der Endform.

(R2-CA16)

$$\frac{CS(ISPi:)=cfn(epar_1,\ldots,epar_j,cfun(parm_{n+1},\ldots,parm_{n+m})parm_{j+1},\ldots,parm_n)}{}$$

$CS(ISPi:)=cfun(parm_{n+1},\ldots,parm_{n+m})$

IACi = ISPi

ISPi+1 = IACi

IACi = ICIND

IACi = IACi-1

ITi = IACi

$CS(ISPi+1:)=cfn(epar_1,\ldots,epar_j,CS(ISPi:ITi),parm_{j+1},\ldots,parm_n)$

Das 1. und letzte Statement sind gemäß Stufe 2 weiter zu transformieren. Die übrigen sind in der Endform.


(R2-CA17)

$$\frac{CS(ISPi:)=cfn(epar_1,\ldots,epar_j,cexpr_1//cexpr_2,parm_{j+1},\ldots,parm_n)}{}$$

$CS(ISPi:)=cexpr_1//cexpr_2$

IACi = ICIND

IACi = IACi-1

ITi = IACi

IACi = ISPi

ISPi+1 = IACi

$CS(ISPi+1:)=cfn(epar_1,\ldots,epar_j,CS(ISPi:ITi),parm_{j+1},\ldots,parm_n)$

Das 1. und letzte Statement sind gemäß Stufe 2 weiter zu transformieren. Die übrigen sind in der Endform.


(R2-CA18)

$$\frac{CS(ISPi:)=cexpr_1//cexpr_2}{}$$

$CS(ISPi:)=cexpr_1$

IACi = ISPi

ITi = IACi

IACi = ICIND

ISPi+1 = IACi

$CS(ISP+1:)=cexpr_2$

IACi = ITi

ISPi = IACi

Das 1. und 6. Statement sind gemäß Stufe 2 weiter zu transformieren. Die übrigen sind in der Endform.

LI-Regeln für logisches IF

a) allgemeine Regeln
(R1-LI1)

$$\frac{\text{IF((lexpr)) GOTO labeli}}{\text{IF(lexpr) GOTO labeli}}$$

Das Statement ist gemäß Stufe 2 weiter zu transformieren.


(R2-LI2)

$$\frac{\text{IF(.NOT.((lexpr))) GOTO labeli}}{\text{IF(.NOT.(lexpr)) GOTO labeli}}$$

Das Statement ist gemäß Stufe 2 weiter zu transformieren.


(R2-LI3)

$$\frac{\text{IF(.NOT.(xexpr}_1 \text{ relop xexpr}_2\text{)) GOTO labeli}}{\text{IF(xexpr}_1 \text{ relop* xexpr}_2\text{) GOTO labeli}}$$

relop* ist zu relop invers. Siehe Axiom (a8).
Das Statement ist gemäß Stufe 2 weiter zu transformieren.


(R2-LI4)

$$\frac{\text{IF(lexpr}_1 \text{ .AND. lexpr}_2\text{) GOTO labeli}}{\begin{array}{l}\text{IF(.NOT. lexpr}_1\text{) GOTO labeli}_1 \\ \text{IF(lexpr}_2\text{) GOTO labeli}\end{array}}$$

$\quad$ labeli$_1$ $\quad$ CONTINUE

Die ersten beiden Statements sind gemäß Stufe 2 weiter zu
transformieren. Das letzte Statement wird nach Stufe 2
entfernt.

(R2-LI5)

$$\frac{\text{IF}(lexpr_1 \text{ .OR. } lexpr_2) \text{ GOTO labeli}}{\begin{array}{l}\text{IF}(lexpr_1) \text{ GOTO labeli}\\ \text{IF}(lexpr_2) \text{ GOTO labeli}\end{array}}$$

Die Statements sind gemäß Stufe 2 weiter zu transformieren.

(R2-LI6)

$$\frac{\text{IF}(.NOT.(lexpr_1 \text{ .AND. } lexpr_2)) \text{ GOTO labeli}}{\text{IF}(.NOT. \ lexpr_2) \text{ GOTO labeli}}$$

Die Statements sind gemäß Stufe 2 weiter zu transformieren.

(R2-LI7)

$$\frac{\text{IF}(.NOT.(lexpr_1 \text{ .OR. } lexpr_2)) \text{ GOTO labeli}}{\begin{array}{l}\text{IF}(lexpr_1) \text{ GOTO labeli}_1\\ \text{IF}(.NOT. \ lexpr_2) \text{ GOTO labeli}\end{array}}$$

$labeli_1$     CONTINUE

Die ersten zwei Statements sind gemäß Stufe 2 weiter zu transformieren. Das letzte Statement wird nach Stufe 2 entfernt.

b) für arithmetische Vergleiche
(R2-LIA)

$$\frac{\text{IF}(expr_1 \text{ relop } expr_2) \text{ GOTO labeli}}{\begin{array}{l}\text{xACi} = expr_1 - expr_2\\ \text{IF}(\text{xACi relop } 0) \text{ GOTO labeli}\end{array}}$$

(Der Typ von $expr_1-expr_2$ ist x=I,R,D,C. Die 0 ist vom selben Typ.)

Beide Statements werden gemäß Stufe 2 weiter transformiert.

c) für Vergleiche von Zeichenketten
(R2-LIC1)

$$IF(cexpr_1 \ relop \ cexpr_2) \ GOTO \ labeli$$

---

CS(ISPi:) = $cexpr_1$

IACi = ISPi

ITi = IACi

IACi = ICIND

ISPi+2 = IACi

IACi = IACi-1

ITi+1 = IACi

CS(ISPi+2:) = $cexpr_2$

IACi = ISPi+2

ITi+2 = IACi

IACi = ICIND

IACi = IACi-1

ITi+3 = IACi

IACi = ITi

ISPi = IACi

IF (CS(ITi:ITi+1)relop CS(ITi+2:ITi+3)) GOTO labeli

Das 1. und 8. Statement sind gemäß Stufe 2 weiter zu transformieren. Die übrigen Statements sind in der Endform.

d) logische Felder
(R2-LIL)

$$IF(logop \ larr(expr_1,...,expr_n))GOTO \ labeli$$

---

IACi = 1+($expr_1$-D11larr)+...+($expr_n$-Dn1larr)*
       *D1larr'...*Dn-1larr

ITi = IACi

IR = ITi

IF (logop larr*(IR)) GOTO labeli

Das 1. Statement ist gemäß Stufe 2 weiter zu transformieren. Die übrigen sind in der Endform.

e) logische Funktionen

(R2-LIF1)

    IF(logop lfn(parm$_1$,...,parm$_n$)) GOTO labeli
    ________________________________________________
    IF(logop lfn(parm$_1$,...,parm$_n$)) GOTO (labeli,labeli),1

Das Statement ist weiter zu transformieren gemäß Stufe 2.


(R2-LIF2)

    IF(logop lfn(epar$_1$,...,epar$_j$,arr(expr$_1$,...,expr$_m$),
      parm$_{j+1}$,...,parm$_n$)) GOTO (labelk,labeli),1
    ________________________________________________________________
    IACi = 1+(expr$_1$-D11arr)+...+(expr$_n$-Dm1arr)*
             *D1arr*...*Dm-1arr
    ITi = IACi
    IF(logop lfn(epar$_1$,...,epar$_j$,arr*(ITi),parm$_{j+1}$,...,parm$_n$))
                GOTO (labelk,labeli+1),1

Das 1. und 3. Statement sind weiter zu transformieren gemäß
Stufe 2. Das 2. ist in der Endform.


(R2-LIF3)

    IF(logop lfn(epar$_1$,...,epar$_j$,expr,parm$_{j+1}$,...,parm$_n$)) GOTO (labelk,labeli),1
    ________________________________________________________________________________________
    xACi = expr
    xTi = xACi
    IF(logop lfn(epar$_1$,...,epar$_j$,xTi,parm$_{j+1}$,...,parm$_n$))
                    GOTO(labelk,label+1),1
(x ist der Typ des j.ten Parameters von lfn.)
Das 1. und 3. Statement sind gemäß Stufe 2 weiter zu trans-
formieren.Das 2. ist in der Endform.

(R2-LIF4)

$$\text{IF(logop lfn}(epar_1,\ldots,epar_j,lexpr,parm_{j+1},\ldots,parm_n))$$
$$\text{GOTO (labelk,labeli),1}$$

---

IF (lexpr) GOTO $(labeli_1,labeli_1)$,1

LTi = .FALSE

GOTO $labeli_2$

$labeli_1$ LTi = .TRUE.

$labeli_2$ IF (logop lfn$(epar_1,\ldots,epar_j,LTi,parm_{j+1},\ldots,parm_n)$)
$$\text{GOTO(labelk,labeli+1),1}$$

Das 1. und letzte Statement sind gemäß Stufe 2 weiter zu transformieren. Die übrigen sind in der Endform.


(R2-LIF5)

$$\text{IF(logop lfn}(epar_1,\ldots,epar_j,cvar(expr_1:expr_2),$$
$$parm_{j+1},\ldots,parm_n)\ \text{GOTO (labelk,labeli),1}$$

---

IACI = $expr_1$

ITi = IACi

IACi+1 = $expr_2$

ITi+1 = IACi+1

IF(logop lfn$(epar_1,\ldots,epar_j,cvar(ITi:ITi+1),parm_{j+1},\ldots,parm_n)$
$$\text{GOTO (labelk,labeli+2),1}$$

Das 1., 3. und letzte Statement sind gemäß Stufe 2 weiter zu transformieren. Die übrigen sind in der Endform.

(R2-LIF6)

$$\text{IF (logop lfn} (epar_1, \ldots, epar_j, carr (expr_1, \ldots, expr_m)$$
$$(expr_{m+1} : expr_{m+2}), parm_{j+1}, \ldots, parm_n)) \text{ GOTO (labelk, labeli), 1}$$

---

$$\text{IACi} = 1 + (expr_1 - D11carr) + \ldots + (expr_m - Dm1carr) *$$
$$*D1carr * \ldots * Dm\text{-}1carr$$

ITI = IACi

$$\text{IACi+1} = expr_{m+1}$$

ITi+1 = IACi+1

$$\text{IACi+2} = expr_{m+2}$$

ITi+2 = IACi+2

$$\text{IF (logop lfn} (epar_1, \ldots, epar_j, carr*(ITi)(ITi : ITi+2),$$
$$parm_j, \ldots, parm_n)) \text{ GOTO (labelk, labeli+3), 1}$$

Das 1., 3., 5. und letzte Statement sind gemäß Stufe 2 weiter
zu transformieren. Die übrigen sind in der Endform.

(R2-LIF7)

$$\text{IF (logop lfn} (epar_1, \ldots, epar_j, cfun (parm_{n+1}, \ldots, parm_{n+m}),$$
$$parm_{j+1}, \ldots, parm_n)) \text{ GOTO (labelk, labeli), 1}$$

---

IACi = ISPi

ISPi+1 = IACi

$$\text{CS (ISP+1:)} = cfn (parm_{n+1}, \ldots, parm_{n+m})$$

IACi = ICIND

IACi = IACi-1

ITi = IACi

$$\text{IF (logop lfn} (epar_1, \ldots, epar_j, CS (ISPi : ITi),$$
$$parm_{j+1}, \ldots, parm_n)) \text{ GOTO (labelk, labeli+1), 1}$$

Das 3. und letzte Statement sind gemäß Stufe 2 weiter zu
transformieren. Die übrigen sind in der Endform.

(R2-LIF8)

    IF(logop lfn(epar$_1$,...,epar$_j$,cexpr$_1$//cexpr$_2$,parm$_{j+1}$,...,
        parm$_n$)) GOTO (labelk,labeli),1

---

IACi = ISPi

ISPi+1 = IACi

CS(ISPi+1:) = cexpr$_1$//cexpr$_2$

IACi = ICIND

IACi = IACi-1

ITi = IACi

IF(logop lfn(epar$_1$,...,epar$_j$,CS(ISPi:ITi),parm$_{j+1}$,...,parm$_n$))
                GOTO (labelk,labeli+1),1

Das 3. und letzte Statement sind gemäß Stufe 2 weiter zu
transformieren. Die übrigen sind in der Endform.


ST-Regeln für übrige Statements


Wir notieren mit st(i,axpr$_1$,...,axpr$_n$) ein sonstiges Statement, in dem Variable der Form xTj(x=I,R,D,C), der Form LTj,
der Form IR,CS,ISPj vorkommen. Dabei gilt: j<i und es gibt
mindestens einen Index k, so daß k+1=i. Die Ausdrücke axpr$_i$
seien: Array-Element-Namen von beliebigen Feldern, Substrings
mit nicht-konstanten Indexausdrücken, arithmetische, logische
oder Zeichenketten-Ausdrücke, in denen die oben angesprochenen
Variablen nicht vorkommen. (Die Teilausdrücke des Statements,
in denen die Variablen vorkommen, interessieren uns nicht
weiter.) Durch jede Transformation wird einer der Ausdrücke
axpr umgeformt, so daß er expandiert wird und irgendwelche
der erwähnten Variablen enthält. Er ist dann kein axpr mehr.
Das bedeutet, daß aus einem Statement st(i,axpr$_1$,...,axpr$_n$)
zunächst st(j,axpr$_2$,...,axpr$_n$) und schließlich st(k) wird
(mit irgendwelchen j,k).

(R2-STA1)

$$\frac{st(i,arr(expr_1,\ldots,expr_m),axpr_2,\ldots,axpr_n)}{}$$

$$IACi = 1+(expr_1-D11arr)+\ldots+(expr_2-Dm1arr)*$$

$$*D1arr*\ldots*Dm-1arr$$

ITi = IACi

$st(i+1,arr*(ITi),axpr_2,\ldots,axpr_n)$

Das 1. und 3. Statement sind gemäß Stufe 2 weiter zu transformieren. Das 2. ist in der Endform.

(R2-STA2)

$$\frac{st(i,expr,axpr2,\ldots,axpr_n)}{}$$

IACi = expr

ITi = IACi

$st(i+1,ITi,axpr_2,\ldots,axpr_n)$

Das 1. und 3. Statement sind gemäß Stufe 2 weiter zu transformieren. Das 2. ist in der Endform.

(R2-STL)

$$\frac{st(i,lexpr,axpr_2,\ldots,axpr_n)}{}$$

```
          IF(lexpr) GOTO labeli
          LTi = .FALSE.
          GOTO label_1
labeli    LTi = .TRUE.
label_1   st(i+1,LTi,axpr_2,...,axpr_n)
```

Das 1. und letzte Statement sind gemäß Stufe 2 weiter zu transformieren. Die übrigen sind in der Endform.

(R2-STC1)

$$\text{st}(i,\text{cvar}(\text{expr}_1:\text{expr2}),\text{axpr}_2,\ldots,\text{axpr}_n)$$

---

IACi = $\text{expr}_1$

ITi = IACi

IACi+1 = $\text{expr}_2$

ITi+1 = IACi+1

st(i+2,cvar(ITi:ITi+1),$\text{axpr}_2$,...,$\text{axpr}_n$)

Das 1., 3. und 5. Statement sind gemäß Stufe 2 weiter zu transformieren. Die beiden übrigen sind in der Endform.

(R2-STC2)

$$\text{st}(i,\text{carr}(\text{expr}_1,\ldots,\text{expr}_n)(\text{expr}_{n+1}:\text{expr}_{n+2}),\text{axpr}_2,\ldots,\text{axpr}_n)$$

---

IACi = 1+($\text{expr}_1$-D11carr)+...+($\text{expr}_n$-Dm1carr)*
　　　　　*D1carr*...*Dm-1carr

ITi = IACi

IACi+1 = $\text{expr}_{n+1}$

ITi+1 = IACi+1

IACi+2 = $\text{expr}_{n+2}$

ITi+2 = IACi+2

st(i+3,carr*(ITi)(ITi+1:ITi+2),$\text{axpr}_2$,...,$\text{axpr}_n$)

Das 1., 3. 5. und 7. Statement sind gemäß Stufe 2 weiter zu transformieren. Die drei übrigen sind in der Endform.

(R2-STC3)

$$\text{st}(i,\text{cfun}(\text{parm}_1,\ldots,\text{parm}_m),\text{axpr}_2,\ldots,\text{axpr}_n)$$

---

IACi = ISPi

ISPi+1 = IACi

CS(ISPi+1:) = cfun($\text{parm}_1$,...,$\text{parm}_n$)

IACi = ICIND

IACi = IACi-1

ITi = IACi

st(i+1,CS(ISPi:ITi),$\text{axpr}_2$,...,$\text{axpr}_n$)

Das 3. und letzte Statement sind gemäß Stufe 2 weiter zu transformieren. Die übrigen sind in der Endform.

(R2-STC4)

$$st(i,cexpr_1//cexpr_2,axpr_2,\ldots,axpr_n)$$

IACi = ISPi

ISPi+1 = IACi

$CS(ISPi+1:) = cexpr_1//cexpr_2$

IACi = ICIND

IACi = IACi-1

ITi = IACi

$st(i+1,CS(ISPi:ITi),axpr_2,\ldots,axpr_n)$

Das 3. und letzte Statement sind gemäß Stufe 2 weiter
zu transformieren. Die übrigen sind in der Endform.

Die Transformationsregeln 3. Stufe

(R3-LIF)

$$\frac{\text{IF(lexpr) GOTO (labelk,labeli),1}}{\text{IF (lexpr) GOTO labelk}}$$

Das Statement ist in der Endform.

(R3-C1)

$$\frac{\begin{array}{l}\text{label CONTINUE}\\ \qquad\text{stat}\end{array}}{\text{label stat}}$$

Wenn stat ein CONTINUE-Statement ist, so ist es gemäß
Stufe 3 weiter zu transformieren. Sonst ist es in der
Endform.

(R3-C2)

$$\frac{\begin{array}{l}\text{label}_1 \text{ CONTINUE}\\ \text{label}_2 \text{ stat}\end{array}}{\text{label}_2 \text{ stat}} \qquad \begin{array}{l}\text{alle Verwendungen von label}_1\\ \text{sind in Bezüge auf label}_2\\ \text{umzuändern}\end{array}$$

Wenn stat ein CONTINUE-Statement ist, so ist es gemäß
Stufe 3 weiter zu transformieren. Sonst ist es in der
Endform.

### 3.4 Ein Beispiel

```
    a =ak - b*c/((d*e+f*g)/(h*ai))
```

1. (tr. von st.1): Anwendung von Regel (R1-AA1)

```
RAC1 = ak-b*c/((d*e+f*g)/ h*ai))
   a = RAC1
```

2. (tr. von st.1): Anwendung von Regel (R2-AA13)

```
RAC1 = ak
RAC1 = RAC1-b*c/((d*e+f*g)/(h*ai))
   a = RAC1
```

3. (tr. von st.2): Anwendung von Regel (R2-AA20)

```
RAC1 = ak
RAC1 = RAC1-(b*c/((d*e+f*g)/(h*ai))
   a = RAC1
```

4. (tr. von st.2): Anwendung von Regel (R2-AA17)

```
RAC1 = ak
 RT1 = RAC1
RAC2 = b*c/((d*e+f*g)/(h*ai))
RAC1 = RAC2 - RT1
RAC1 = -RAC1
   a = RAC1
```

5. (tr. von st.3): Anwendung von Regel (R2-AA14)

```
RAC1 = ak
 RT1 = RAC1
RAC2 = b*c
RAC2 = RAC2/((d*e+f*g)/(h*ai))
RAC1 = RAC2- RT1
RAC1 = -RAC1
   a = RAC1
```

6. (tr. von st.3): Anwendung von Regel (R2-AA14)

```
RAC1 = ak
 RT1 = RAC1
RAC2 = b
RAC2 = RAC2*c
RAC2 = RAC2/((d*e+f*g)/(h*ai))
RAC1 = RAC2 - RT1
RAC1 = -RAC1
   a = RAC1
```

7. (tr. von st.5): Anwendung von Regel (R2-AA18)

```
RAC1 = ak
 RT1 = RAC1
RAC2 = b
RAC2 = RAC2*c
 RT2 = RAC2
RAC3 = ((d*e+f*g)/(h*ai))
 RT3 = RAC3
RAC2 = RT2
RAC2 = RAC2/RT3
RAC1 = RAC2 - RT1
RAC1 = -RAC1
   a = RAC1
```

8. (tr. von st.6): Anwendung von Regel (R2-AA2)

```
RAC1 = ak
 RT1 = RAC1
RAC2 = b
RAC2 = RAC2*c
 RT2 = RAC2
RAC3 = (d*e+f*g)/(h*ai)
 RT3 = RAC3
RAC2 = RT2
RAC2 = RAC2/RT3
RAC1 = RAC2-RT1
RAC1 = -RAC1
   a = RAC1
```

9. (tr. von st.6): Anwendung von Regel (R2-AA14)

```
RAC1 = ak
 RT1 = RAC1
RAC2 = b
RAC2 = RAC2*c
 RT2 = RAC2
RAC3 = (d*e+f*g)
RAC3 = RAC3/(h*ai)
 RT3 = RAC3
RAC2 = RT2
RAC2 = RAC2/RT3
RAC1 = RAC2-RT1
RAC1 = -RAC1
   a = RAC1
```

10. (tr. von st.6): Anwendung von Regel (R2-AA2)

```
RAC1 = ak
 RT1 = RAC1
RAC2 = b
RAC2 = RAC2*c
 RT2 = RAC2
RAC3 = d*e+f*g
RAC3 = RAC2/(h*ai)
 RT3 = RAC3
RAC2 = RT2
RAC2 = RAC2/RT2
RAC1 = RAC2-RT1
RAC1 = -RAC1
   a = RAC1
```

11. (tr. von st.6): Anwendung von Regel (R2-AA13)

```
RAC1 = ak
 RT1 = RAC1
RAC2 = b
RAC2 = RAC2*c
 RT2 = RAC2
RAC3 = d*e
RAC3 = RAC3+f*g
RAC3 = RAC3/(h*ai)
 RT3 = RAC3
RAC2 = RT2
RAC2 = RAC2(RT3
RAC1 = RAC2-RT1
RAC1 = -RAC1
   a = RAC1
```

12. (tr. von st.6): Anwendung von Regel (R2-AA14)

```
RAC1 = ak
 RT1 = RAC1
RAC2 = b
RAC2 = RAC2*c
 RT2 = RAC2
RAC3 = d
RAC3 = RAC3*e
RAC3 = RAC3+f*g
RAC3 = RAC3/(h*ai)
 RT3 = RAC3
RAC2 = RT2
RAC2 = RAC2/RT3
RAC1 = RAC2-RT1
RAC1 = -RAC1
   a = RAC1
```

13. (tr. von st.8): Anwendung von Regel (R2-AA20)

RAC1 = ak
 RT1 = RAC1
RAC2 = b
RAC2 = RAC2*c
 RT2 = RAC2
RAC3 = d
RAC3 = RAC3*e
RAC3 = RAC3+(f*g)
RAC3 = RAC3/(h*ai)
 RT3 = RAC3
RAC2 = RT2
RAC2 = RAC2/RT3
RAC1 = RAC2-RT1
RAC1 = -RAC1
   a = RAC1


14. (tr. von st.8): Anwendung von Regel (R2-AA16)

RAC1 = ak
 RT1 = RAC1
RAC2 = b
RAC2 = RAC2*c
 RT2 = RAC2
RAC3 = d
RAC3 = RAC3 *e
 RT3 = RAC3
RAC4 = f*g
RAC3 = RAC4+RT3
RAC3 = RAC3/(h*ai)
RT3 = RAC3
RAC2 = RT2
RAC2 = RAC2/RT3
RAC1 = RAC2-RT1
RAC1 = -RAC1
   a = RAC1

15. (tr. von st.9): Anwendung von Regel (R2-AA14)

```
RAC1 = ak
 RT1 = RAC1
RAC2 = b
RAC2 = RAC2*c
 RT2 = RAC2
RAC3 = d
RAC3 = RAC3*e
 RT3 = RAC3
RAC4 = f
RAC4 = RAC4*g
RAC3 = RAC5+RT3
RAC3 = RAC3/(h*ai)
 RT3 = RAC3
RAC2 = RT2
RAC2 = RAC2-RT1
RAC1 = -RAC1
   a = RAC1
```

16. (tr. von st. 12): Anwendung von Regel (R2-AA18)

```
RAC1 = ak
 RT1 = RAC1
RAC2 = b
RAC2 = RAC2*c
 RT2 = RAC2
RAC3 = d
RAC3 = RAC3*e
 RT3 = RAC3
RAC4 = f
RAC4 = RAC4*g
RAC3 = RAC4+RT3
 RT3 = RAC3
RAC4 = h*ai
 RT4 = RAC4
RAC3 = RT3
RAC3 = RAC3/Rt4
 RT3 = RAC3
RAC2 = RTs
RAC2 = RAC2/RT3
```

---

```
RAC1 = RAC2-RT1
RAC1 = -RAC1
   a = RAC1
```

17. (tr. von st. 13): Anwendung von Regel (R2-AA14)

```
RAC1 = ak
 RT1 = RAC1
RAC2 = b                      AC := B
RAC2 = RAC2*c                 AC := AC*C
 RT2 = RAC2                   Z1 := AC
RAC3 = d                      AC := D
RAC3 = RAC3*e                 AC := AC*E
 RT3 = RAC3                   Z2 := AC
RAC4 = f                      AC := F
RAC4 = RAC4*g                 AC := AC*G
RAC3 = RAC4+RT3               AC := AC+Z2
 RT3 = RAC3                   Z2 := AC
RAC4 = h                      AC := H
RAC4 = RAC4*ai                AC := AC*I
 RT4 = RAC4
RAC3 = RT3
RAC3 = RAC3/RT4               AC := Z2/AC
 RT3 = RAC3
RAC2 = RT2
RAC2 = RAC2/RT3               AC := Z1/AC
RAC1 = RAC2-RT1               AC := K-AC
RAC1 = -RAC1
   a = RAC1                   A  := AC
```

Die rechte Spalte zeigt eine Folge von Befehlen, die Schneider
/ 64 /, S. 63 als Resultat eines konventionellen Compilers
präsentiert. Wie man sehen kann, ist das Ergebnis der Transformation  weitgehend identisch zu diesem Code. Die Unterschiede resultieren aus den Annahmen Schneiders über die Ver-
fügbarkeit anderer primitiver Operationen: Er hat eine Operation

        AC := var/AC
an Stelle unserer
        AC := AC/var
und die Operation
        AC := var-AC
an Stelle unserer
        AC := AC-var

Es ist eine Frage der Praxis, welche dieser Operationen
häufiger an konkreten Rechnern angetroffen wird.

Wir hatten schon darauf hingewiesen, daß im Zentrum dieser
Arbeit nicht die Effizienz der erzeugten Codefolgen steht.
Um diese höchstmöglich zu erreichen, müßte man weitere an-
gepaßte Transformationsregeln entwickeln. Daneben kommen
Verbesserungsschritte mittels peephole-Optimierung oder
globaler Optimierung in Frage.

## 3.5 Beweise für die Erhaltung der Semantik bei Anwendung der Transformationsregeln

Wir wollen zeigen, daß die Transformationsregeln korrekt
sind, d.h. daß sie wirklich die Semantik der Programme
erhalten.

Dazu formulieren wir Axiome, die kleinste semantische
Äquivalenzen zwischen Konstrukten der Programmiersprache
FORTRAN enthalten, sowie drei Axiome, die Forderungen an
die Speicherbeschreibung stellen.

Es gibt eine Gruppe von Axiomen, die Äquivalenzen von Ausdrücken beschreiben. Dies betrifft sowohl arithmetische
als auch logische Ausdrücke. Man könnte glauben, daß hier
praktisch alle Grundaxiome der elementaren Arithmetik und
der Aussagenlogik erforderlich sind. Es zeigt sich, daß
wir für die Beweise aber nur einen ganz kleinen Teil benötigen.

Die zweite Gruppe von Axiomen betrifft äquivalente Statementfolgen in FORTRAN. Ähnlich wie in LISP glauben wir,
daß ihr Inhalt so einfach verständlich ist, daß sie wirklich als Grundlage von jedermann akzeptiert werden. (Bezüglich der Zeichenketten und logischen Ausdrücke spiegeln
die Axiome die Architektur der abstrakten Maschine wider.)

## 3.5.1  Die Axiome (für FORTRAN)

a)  Axiome für Ausdrücke:

(a1) Klammernbeseitigung:

(expr)==expr

(a2) Implizites Vorzeichen:

+expr==expr

(a3) Vorzeichenregel 1:

- (-expr)==expr

(a4) Vorzeichenregel 2:

$-(expr_2-expr_1)==expr_1-expr_2$

(a5) Kommutativität von + und *:

Für op=(+ oder *) gilt:

$var_1$ op $var_2$ == $var_2$ op $var_1$

(a6) Potenzrealisierung:

primary**factor==EXPTxy(primary,factor)

FORTRAN erlaubt entweder x=y oder y=I für die Typen
der Operanden.

(a7) Ungleichungsregel:

$expr_1$ relop $expr_2$==$(expr_1-expr_2)$relop 0

(a8) Regel von inverser Relation:

$expr_1$ relop $expr_2$ == .NOT.$(expr_1$ relop* $expr_2)$

(Es gilt: .EQ.*=.NE.,.LT.*=.GE.,.GT.*=.LE.,relop**=relop.)

(a9) Doppelte Verneinung:

(.NOT.(.NOT. lexpr))==lexpr

(a10) 1. Regel von de Morgan:

.NOT.$(lexpr_1$ .OR. $lexpr_2)$==(.NOT. $lexpr_1$).AND.(.NOT. $lexpr_2)$

(a11) 2. Regel von de Morgan:

.NOT.$(lexpr_1$ .AND. $lexpr_2)$==(.NOT. $lexpr_1$).OR.(.NOT. $lexpr_2)$

(a12) AND-Einführung:

lexpr == lexpr .AND. .TRUE.

b) Axiome für Statements:

(b1) Ausdrucksubstitution:

(Sei stat(expr) ein beliebiges Statement, das einen Ausdruck expr enthält, sei weiterhin locvar eine Variable, die für das Programmteil lokal ist und nicht im Statement stat(expr) vorkommt (Ausnahme: Als Variable auf der linken Seite einer Zuweisung) dann gilt:)

$$\frac{\text{stat(expr)}}{\begin{array}{l}\text{locvar = expr}\\ \text{stat(locvar)}\end{array}}$$

(b2) spezielle Ausdruckssubstitution:

(Sei expr ein arithmetischer Ausdruck in dem der Teilausdruck $expr_1$ vorkommt, sei var eine Variable, die in $expr_1$, aber nicht im restlichen expr vorkommt. Dann gilt:)

$$\frac{\text{var} = \text{expr}(expr_1)}{\begin{array}{l}\text{var} = expr_1\\ \text{var} = \text{expr(var)}\end{array}}$$

(b3) Der Wert eines logischen Ausdrucks ist entweder wahr oder falsch:

```
        lvar = lexpr
        ─────────────
        IF lexpr GOTO label₁
        lvar = .FALSE.
        GOTO label₂
label₁  lvar = .TRUE.
label₂  CONTINUE
```

(b4) AND-Axiom:

$$\frac{\text{IF } (lexpr_1 \text{ .AND. } lexpr_2) \text{ GOTO label}}{\begin{array}{l}\text{IF } (.\text{NOT. } lexpr_1) \text{ GOTO label}_1 \\ \text{IF } (lexpr_2) \text{ GOTO label}\end{array}}$$

```
          IF (lexpr₁ .AND. lexpr₂) GOTO label
          ─────────────────────────────────────
          IF (.NOT. lexpr₁) GOTO label₁
          IF (lexpr₂) GOTO label
 label₁   CONTINUE
```

(Das neue Label wurde vorher im Programmteil nicht benutzt.)


(b5) OR-Axiom:

```
          IF (lexpr₁ .OR. lexpr₂) GOTO label
          ───────────────────────────────────
          IF (lexpr₁) GOTO label₁
          IF (lexpr₂) GOTO label
```


(b6) DO-Axiom 1:

```
          DO label,var=expr₁,expr₂
          ─────────────────────────
          DO label,var = expr₁,expr₂,1
```


(b7) DO-Axiom 2:

```
          DO label,var = expr₁,expr₂,expr₃
          stat₁
          ...
 label    statₙ
          ────────────────────────────────
          var = expr₁
          step = expr₂
          ic = MAX(INT((expr₂-var+step)/step),0)
 label₁   IF ic=0 GOTO label₂
          stat₁
          ...
 label    statₙ
          var = var+step
          ic = ic-1
          GOTO label₁
 label₂   CONTINUE
```

(Die Label $label_1$ und $label_2$ treten an anderer Stelle
im Programmteil nicht auf, sie sind untereinander verschieden. Die Variablen step und ic sind lokale Variablen,
die nur im Bereich der angegebenen Statements benutzt
werden. step habe den gleichen Typ wie die vom Programmierer vorgegebene Variable var.)

(b8) DO-Axiom 3 (für MAX):

$$var = MAX(expr_1, expr_2)$$

$$locvar_1 = expr_1$$
$$locvar_2 = expr_2$$
$$\text{IF } (locvar_1 \text{ .GE. } locvar_2) \text{ GOTO } label_1$$
$$var = locvar_2$$
$$\text{GOTO } label_2$$
$$label_1 \quad var = locvar_1$$
$$label_2 \quad \text{CONTINUE}$$

(b9) Zeichenausdrücke und ihre Länge:

$$stat(cexpr)$$

$$CS(ISPi:) = cexpr$$
$$stat(CS(ISPi:ICIND-1))$$

spezielle Form:

$$CS(ISPi:) = cvar(ivar_1:ivar_2)$$

$$CS(ISPi:ISPi+ivar_2-ivar_1) = cvar(ivar_1:ivar_2)$$

Nach der Zuweisung hat ICIND den Wert $ISPi+ivar_2-ivar_1+1$

(b10) Stückweise Zeichenübertragung:
(Die Grenzen mögen in Integervariablen stehen)

$$cvar(ivar_1:ivar_2) = cexpr_1//cexpr_2$$

$cvar(ivar_1:ivar_2)=cexpr_1$
$cvar(ICIND:ivar_2)=cexpr_2$

spezielle Form:

$$CS(ISPi:)=cexpr_1//cexpr_2$$

$CS(ISPi:)=cexpr_1$
$CS(ICIND:)=cexpr_2$

(b11) Beschränkung des Zeichentransports:
(Die Grenzen mögen in Integervariablen stehen)

$$cvar(ivar_1:ivar_2)=cexpr_1//cexpr_2$$

$cvar(ivar_1:ivar_2)=cexpr_1$
IF(ICIND .GE. $ivar_2$) GOTO label
$cvar(ICIND:ivar_2)=cexpr_2$
 label   CONTINUE

(b12) Unterdrückung eines wiederholten Statements:

$var_1 = var_2$
$var_1 = var_2$
$var_1 = var_2$

(b13) Unterdrückung eines redundanten Statements:

$var_1 = var_2$
$var_2 = var_1$
$var_1 = var_2$

**(b14)** Unterdrückung von Statements an zusammengehenden
Ketten:

$$
\begin{array}{ll}
 & \text{stat} \\
 & \text{GOTO label}_1 \\
\text{label}_2 & \text{stat} \\
\text{label}_1 & \text{CONTINUE} \\
\hline
\text{label}_2 & \text{stat} \\
\text{label}_1 & \text{CONTINUE}
\end{array}
$$

**(b15)** Überspringen von Statements an zusammengehenden
Ketten:

$$
\begin{array}{ll}
 & \text{var}_1 = \text{var}_2 \\
 & \text{GOTO label} \\
 & \dots \\
\text{label} & \text{var}_2 = \text{var}_1 \\
 & \text{stat} \\
\hline
 & \text{var}_1 = \text{var}_2 \\
 & \text{GOTO label}_1 \\
 & \dots \\
\text{label} & \text{var}_2 = \text{var}_1 \\
\text{label}_1 & \text{stat}
\end{array}
$$

**(b16)** Unterdrückung nicht benutzter Sprungmarken:

$$
\begin{array}{l}
\text{label stat} \\
\hline
\text{stat}
\end{array}
$$

**(b17)** Unterdrückung ungelabelter CONTINUE-Statements:

$$
\begin{array}{l}
\text{CONTINUE} \\
\text{stat} \\
\hline
\text{stat}
\end{array}
$$

(b18) wahre Bedingung:

$$\frac{\text{IF } (.TRUE.)\,stat}{stat}$$

(b19) Unterdrückung redundanter Statements an Programm-verzweigungen:

$$\frac{\begin{array}{l} var_1 = var_2 \\ \text{IF}(var_3 \text{ relop const) GOTO label} \\ var_1 = var_2 \end{array}}{\begin{array}{l} var_1 = var_2 \\ \text{IF}(var_3 \text{ relop const) GOTO label} \end{array}}$$

$var_1$ und $var_2$ bzw. $var_2$ und $var_3$ dürfen identisch sein.

(b20) Unterdrückung eines leeren Statements:

$$\frac{var = var}{}$$

(b21) Vertauschung der Reihenfolge zweier Statements:

$$\frac{\begin{array}{l} stat \\ var_1 = var_2 \end{array}}{\begin{array}{l} var_1 = var_2 \\ stat \end{array}}$$

$var_1$ und $var_2$ dürfen in stat nicht vorkommen.

(b22) Identität von "computed GOTO" und GOTO bei konstantem Auswahlausdruck:

$$\frac{\text{IF (lexpr) GOTO } (label_1,\dots)1}{\text{IF (lexpr) GOTO } label_1}$$

c)  Axiome für den Speicher:

(c1) Array-Axiom: Zu einem beliebigen n-dimensionalen
Feld deklariert durch

type arrayname$(d_{11}:d_{12},\ldots,d_{n1}:d_{n2})$

läßt sich ein passendes ein-dimensionales Feld mit

type arrayname$*(1:1+(d_{12}-d_{11})+\ldots+(d_{n2}-d_{n1})*$

$$(d_{12}-d_{11})*\ldots*(d_{n-12}-d_{n-11}))$$

deklarieren und durch

EQUIVALENCE arrayname,arrayname*

assoziieren, so daß jedes Element des ursprünglichen
Arrays als Element des assoziierten Arrays erreichbar
ist und es gilt:

arrayname$(i_1,\ldots,i_n)$=arrayname$*(1+(i_1-d_{11})+\ldots+$

$$(i_n-d_{1n1})(d_{12}-d_{11})*\ldots*(d_{n-12}-d_{n-11}))$$

(c2) Länge von Grundbestandteilen von Zeichenkettenaus-
drücken:

(character primaries) Jedes character primary (mit Ausnahme geklammerter Ausdrücke) hat eine explizite oder
implizite Länge. Ist diese explizit, dann hat das primary
die Form

cvar$(\text{expr}_1:\text{expr}_2)$, und

es ist eine Substringreferenz. Für Variablen und Array-
elemente kann die implizite Länge ohne Änderung des Werts
der Variablen- oder Arrayelementreferenz explizit gemacht
werden:

cvar(1:LENGTH(cvar))

Wenn cvar nicht ein Funktions- oder Prozedurparameter
ist, dann ist der Ausdruck LENGTH(cvar) zur Übersetzungszeit (aus den Deklarationen) bestimmbar.

(c3) Jede arithmetische Variable und jeder arithmetische
Ausdruck haben einen definiten Typ (I,R,D,C). Wird in
einer Zuweisung einer Variablen vom Typ y ein Wert vom
Typ x zugewiesen, so findet eine implizite Typkonversion
statt, d.h. es gilt:

    $\dfrac{\text{var=expr}}{\text{var=KONVxy(expr)}}$

## 3.5.2  Diskussion der Axiome

### 3.5.2.1 Notation

- Zeichenketten aus Sonderzeichen oder Großbuchstaben wie
  IF (CIND .GE.  sind wirklicher FORTRAN-Code und treten
  exakt in dieser Form in den Programmen auf.
- Zeichenketten der Form ... zeigen Wiederholungen an.
- Zeichenketten aus Kleinbuchstaben wie stat, expr, var (auch
  mit Indizes) werden für syntaktische Variablen verwendet.
  Diese stammen bzw. beziehen sich auf die FORTRAN-Syntax
  (in / 26 /).  An derselben Stelle tritt im wirklichen
  FORTRAN-Code Text auf, der unter entsprechende syntaktische Einheiten fällt. Klammern können auch Teile von
  syntaktischen Einheiten abheben. So in "stat(expr)", wo
  nicht gemeint ist, daß nach dem Statement ein Ausdruck
  kommt, sondern im Statement irgendwo (und nicht notwendig
  in Klammern) ein Ausdruck vorkommt.
  Die Namen der Variablen zeigen auf die unterschiedlichen
  syntaktischen Klassen, so wie sie in den Charts (/ 26 /,
  S. 24-1 ff) angegeben sind:

Im Falle von $\text{var}_1, \text{var}_2$, locvar, lvar, ic, step, var, $\text{locvar}_1$, $\text{locvar}_2, \text{ivar}_1, \text{ivar}_2$, cvar ist dies die Klasse "variable_name". Während im allgemeinen beliebige Typen für die Variablen akzeptiert werden, wird durch den Präfix in lvar, cvar und $\text{ivar}_1$ bzw. $\text{ivar}_2$ ein logischer, Zeichenketten- bzw. Integertyp ausgewählt.

Im Falle von primary und factor beziehen wir uns auf die Syntax der arithmetischen Ausdrücke, so wie sie in (/ 26 /, § 6.1) angegeben wurde.

Im Falle von expr, $\text{exp}_1, \text{expr}_2$, $\text{expr}_3$ werden beliebige Ausdrücke der Klasse "arithmetical_expression" bezeichnet.

Im Falle von lexpr, $\text{lexpr}_1, \text{lexpr}_2$ werden beliebige Ausdrücke der Klasse "logical_expression" bezeichnet.

Im Falle von cexpr, $\text{cexpr}_1, \text{cexpe}_2$ werden beliebige Ausdrücke der Klasse "character_expression" bezeichnet.

Im Falle von relop werden beliebige Vertreter der Klasse "relational_op" bezeichnet.

Im Falle von label, label1, label2 werden beliebige Vertreter der Klasse "label" bezeichnet.

Im Falle von stat, $\text{stat}_1, \text{stat}_n$ werden beliebige Statements der Klasse "executable_statement" bezeichnet.

Zeichenketten wie "type arrayname $(d_{11}:D_{12}, \ldots, d_{n1}:d_{n2})$" sollen Vertreter der Klasse "type statement" bezeichnen, wo hinter dem Typ-Identifikator ein "arraydeclarator" steht.

## 3.5.2.2  Die allgemeine Form der Axiome

Wir haben drei Klassen von Axiomen: Solche für Ausdrücke,
solche für Statements und Existenzaxiome.
Die Axiome für Ausdrücke sind einerseits solche für arithmetische Ausdrücke, solche für Ungleichungen und solche für
logische Ausdrücke. Die arithmetischen Axiome hätten wir
zu einer vollständigen Axiomatisierung  der Arithmetik zusammenstellen können (vgl. etwa / 9 /, der jedoch einen
anderen Zweck verfolgt). Gleiches gilt für die anderen beiden
Kategorien.
Im Falle der arithmetischen Ausdrücke symbolisiert das Zeichen
== eine gewöhnliche Gleichheit (wir benutzen es, um keine
Verwechselung mit dem FORTRAN = aufkommmen zu lassen).
In den beiden anderen Fällen würden wir in entsprechenden
Axiomatisierungen wohl logische Äquivalenzen schreiben. Wir
verallgemeinern also das Gleichheitszeichen für verschiedene
Typen von Werten.
So haben alle diese Axiome die Form

$$\text{linke Seite} == \text{rechte Seite}$$

und sollen die Wertgleichheit für beliebige Werte der in den
Ausdrücken vorkommenden Primaries postulieren.
Die Axiome für Statements haben die Form

$$\frac{\begin{array}{c} st_1 \\ \ldots \\ st_n \end{array}}{\begin{array}{c} st_1' \\ \ldots \\ st_m' \end{array}}$$

Im Sinne der Hoarschen Axiomatisierung hätten wir auch
schreiben können:

$$\frac{P\{st_1;\ldots;st_n\}Q}{P\{st_1';\ldots;st_m'\}Q}$$

doch hatten wir Bedenken, diese sequentielle Schreibweise
für FORTRAN zu verwenden, weil FORTRAN ja zeilenweise vorgeht. Unsere Schreibweise dürfte insofern auch berechtigt
sein, weil wir ja implizit annehmen, die Äquivalenz gelte
für "alle P und Q".


3.5.2.3  Geltung der Axiome

Die Axiome für Ausdrücke sind in ihrer Geltung durch Sätze
der Arithmetik bzw. der Logik gesichert. Sie sind in diesen
Bereichen nicht unbedingt Axiome und so beweisbar. Da wir in
diese Bereiche nicht abschweifen wollen, haben wir sie als
Axiome gesetzt. Man sieht, daß wir die Axiomatik nicht als
Hilfsmittel zur impliziten Definition primitiver Termini
mißbrauchen wollen, sondern lediglich dazu, eine Basis für
die Korrektheitsbeweise zu schaffen, einen Schnitt zu vollziehen, jenseits dessen wir nicht nach Argumenten suchen
wollen.
Die Existenzaxiome sind durch die Sprachbeschreibung von
FORTRAN gesichert und leicht plausibel zu machen.
Von den Statementaxiomen haben wir fünf Gruppen.
Die erste Gruppe wird durch die beiden Substitutionsaxiome
gebildet. Hier gibt es Probleme mit der Geltung dann, wenn
außer dem substitutierten Teilausdruck weitere Ausdrücke
existieren und Reihenfolgeprobleme entstehen. Die Axiome
können zwar als gedeckt angesehen werden durch die Forderung
des FORTRAN-Reports, der eine Programmierung fordert, die
den Einfluß von Reihenfolgen ausschließt. Man wird aber
fürchten müssen, daß verschiedene Compiler sich hier verschieden verhalten (das kommt in der Auswahlmöglichkeit des
Teilausdrucks zum Ausdruck) und so die Statementfolgen  über
und unter dem Äquivalenzstrich unterschiedliche Resultate
bringen - hoffentlich nur dann, wenn Gleitkommazahlen involviert sind.

Die zweite Gruppe wird durch die drei logischen Axiome gebildet. Während im ersten Falle die Äquivalenz uneingeschränkt gelten sollte, kann dies für die beiden anderen Axiome unklar sein: Ein optimierender Compiler mag bei geringer Komplexität des $lexpr_2$ es vorziehen, diesen zuerst auswerten zu lassen. Daraus können sich durchaus Unterschiede bei der Abarbeitung ergeben. Wir fühlen uns etwas gestärkt durch den FORTRAN-Report, der eine Programmierung fordert, die daraus resultierende Einflüsse ablehnt. Die dritte Gruppe wird durch die DO-Axiome gebildet. Das erste Axiom sollte uneingeschränkte Gültigkeit haben. Das zweite Axiom spiegelt die verbale Beschreibung (/ 26 /, § 11.6) der Abarbeitung eines DO-Statements wider. Bis auf das Problem mit der DO-Variablen, deren Auftreten in den Ausdrücken $expr_1$ praktisch ausgeschlossen wird (durch das 1. Statement unter dem Strich), dürfte diese Äquivalenz auf sicheren Beinen stehen.  Das dritte Axiom (als Definition von MAX) erscheint evident.

Die dritte Gruppe umfaßt Axiome über Zeichenkettenausdrücke. Wir können alle drei Axiome als die (durch die Dekomposition eingeführte) Variable ICIND definierend auffassen. Das erste Axiom ist nur für eine Zeichenkette hingeschrieben, die in dem Statement auftritt. Bei mehreren müssen die Indizes in CS aufeinander abgestimmt werden. Alle drei Axiome sind daher recht eng auf die vorliegenden Transformationsregeln abgestimmt und haben keine allgemeine Geltung: Wir nehmen durchweg an, daß nach einem Zeichentransport der Index in der Zielzeichenkette, der das nächste Zeichen empfangen würde, falls die Quellkette (rechte Seite) um 1 Zeichen länger wäre, in  ICIND festgehalten wird.

Die fünfte Gruppe könnte bezeichnet werden als "Prinzipien der Peephole-Optimierung". Die Gültigkeit aller dieser Axiome ist leicht einzusehen.

3.5.2.4  Vollständigkeit, Widerspruchsfreiheit und verwandte
         Fragen

Die Axiome sind alle daraufhin ausgewählt worden, inwieweit
sie für die Korrektheitsbeweise Bedeutung haben. Es ist klar,
daß weder die arithmetischen Axiome noch die logischen in
irgendeiner Weise vollständig sind. Die Widerspruchsfreiheit
werden wir annehmen können.
Schwieriger sind die Fragen für die Existenzbeweise und die
Statementaxiome zu beantworten. Während wir die Frage nach
der Vollständigkeit leicht abwehren können, als für uns
pragmatisch nicht interessant, bleibt die Frage nach der
Widerspruchsfreiheit ein offenes Problem.


3.5.2.5  Diskussion der einzelnen Axiome


A. Axiome für Ausdrücke


Wir haben sechs Axiome für arithmetische Ausdrücke, zwei für
Ungleichungen und drei für logische Ausdrücke.

(A1)   Der Sinn dieses Axioms ist klar. Beachte, daß dieses
       Axiom nicht in jedem syntaktischen Kontext gelten kann:
       die Prioritätsregeln der Operatoren können den Wert eines
       Ausdrucks verändern, wenn wir in Teilausdrücken die
       Klammern weglassen. Wir wenden dieses Axiom nur dann
       an, wenn wir mehrfache Klammern haben oder der Ausdruck
       allein auf einer Seite von Zuweisungen oder Ungleichungen
       steht.

(A2)   Siehe (A1).
(A3)   Siehe (A1).
(A4)   Siehe (A1).

(A5)    Beachte, daß dieses Axiom nur für Variablen formuliert
        wird. Wir benötigen jedoch nicht mehr.

(A6)    Hier nehmen wir an, daß der Rechner keine Grundopera-
        tionen der Exponentiation hat. Statt dessen nehmen wir
        die Existenz einer Grundfunktion an. Beachte die Ein-
        schränkung, daß beide Argumente gleichen Typ haben
        müssen - allenfalls ein Integerexponent ist für alle
        Typen zugelassen.

(A7)    Eine grundlegende Äquivalenz aus der Gleichungs- und
        Ungleichungslehre.

(A8)    Dieses Axiom ist wichtig, weil wir nicht bedingte Aktionen
        beliebiger Art annehmen, sondern nur bedingte Sprünge.
        Die inverse Relation wird also als Negation der ursprüng-
        lichen Relation bestimmt.

(A9)    Dieses Axiom benötigen wir bei der Auflösung komplizierterer
        logischer Ausdrücke. Es wäre interessant, wie oft es
        praktisch verwendet wird. Wir benutzen also einen klassi-
        schen Logikkalkül.

(A10)   Die Regeln von de Morgan stehen in jedem Einführungsbuch
        in die Logik. Wir benötigen sie für die Dekomposition von
        logischen Ausdrücken.

(A11)   Siehe (A10).

## B. Axiome für Statements

Wir haben fünf Gruppen von Axiomen zu zwei bzw. drei und
sechs Axiomen.

### BA-Substitutionsaxiome

Diese Axiome legen fest, daß an der Stelle von Ausdrücken
Variable verwendet werden dürfen, wenn diesen der entsprechende Wert zugewiesen würde. Durch Einschränkungen für
die Variable wird ausgeschlossen, daß die Zuweisung Wertände-
rungen auslöst, die für die weitere Berechnung von Auswirkungen
wären.

(B1)  Dieses Axiom wird für die Dekomposition der verschiedens-
      ten ausführbaren Statements, wie OPEN, READ usw. be-
      nötigt. Wir werden es nicht auf Zuweisungen anwenden.
      Die durch die Substitution und vorverlegte Zuweisung
      eingeführte explizite Abarbeitungsreihenfolge könnte
      problematisch sein, wenn der Programmierer unter Be-
      rufung auf derartige Transformationsaxiome absichtlich
      mit Seiteneffekten umgehen würde. Im Sprachreport wird
      dagegen angegangen. In der Willkür, mit der wir aus einem
      Statement den zu substituierenden Ausdruck auswählen
      können, spiegelt sich die Offenheit dieser Reihenfolge
      wider.

(B2)  Diese Spezialisierung von (B1) auf Zuweisungen ist so
      allgemein formuliert, daß wir damit alle arithmetischen
      Ausdrücke dekomponieren können. Dabei wird jedoch eine
      strenge Disziplin beachtet, die hier in (B2) nicht zum
      Ausdruck kommt. Ansonsten gelten die Bemerkungen zu (B1).

BB - Axiome für logische Ausdrücke
Das 1. Axiom zeigt, daß es keine logischen Akkumulatoren oder
Zwei-Adress-Befehle gibt, die beiden anderen beschreiben die
grundlegenden Dekompositionsregeln für logische IF-Statements.

(B3)   Die Ergebnisse von logischen Ausdrücken stehen nicht
       in irgendeinem Register, sondern äußern sich in Maschinen-
       zuständen. Es gibt Repräsentationen für die logischen
       Konstanten. - Dies ist der Sinn dieses Axioms.

(B4)   Tritt eine Kombination von zwei logischen Ausdrücken,
       durch "UND" verknüpft, als Bedingung auf, so muß man nicht
       beide auswerten, wenn die erste Bedingung schon falsch
       ist. Dies spiegelt das Axiom wider.

(B5)   Tritt eine Kombination von zwei logischen Ausdrücken,
       durch "ODER" verknüpft als Bedingung auf, so muß man
       nicht beide auswerten, wenn die erste Bedingung als wahr
       nachgewiesen wurde.


BS - Axiome für DO-Statements
Das zweite Axiom ist das eigentliche Kernaxiom, das die Äquivalenz von DO-Zyklen zu den einfacheren FORTRAN-Konstrukten
aufzeigt.

(B6)   Nach dem FORTRAN-Report wird ein weggelassener Ausdruck,
       der die Schrittweite beschreiben sollte, wie eine ange-
       gebene 1 verarbeitet.

(B7)   Die Äquivalenz von DO-Zyklen zu Kombinationen von ein-
       facheren FORTRAN-Konstrukten ist im wesentlichen durch
       den Report nahegelegt. Allerdings ist die konkrete Form
       nicht unproblematisch: Da ist einmal die Zuweisung zur
       Zyklenvariablen, die ausschließt, daß diese in zwei
       hinteren Ausdrücken verwendet werden kann. (Aber es ist
       offensichtlich, daß die Reihenfolge der ersten beiden
       Statements vertauscht werden kann und auch ein ähnliches
       Statement für $expr_2$ eingefügt werden kann. So läßt
       sich dieser Defekt leicht beheben.) Weiterhin spiegelt
       die konkrete Form nicht die Aussage des FORTRAN-Reports
       wider, nach dem der DO-loop aktiv bleibt, wenn aus dem
       Zyklus herausgesprungen wird. Die Beendigung der Aktivi-
       täten durch Aktionen, die völlig außerhalb des Bereiches
       des DO-Zyklusses liegen (wenn die DO-Variable undefiniert
       oder neudefiniert wird) lassen sich ohnehin schwer nach-
       vollziehen und verstehen.
       Die Marke $label_1$ hätte auch an das nächste Statement ge-
       heftet werden können und das untere GOTO zum "IF ic $\neq$
       0 GOTO $label_1$" umtaufen lassen. Dies ist sicher dann
       günstig, wenn die Expansion dieses Statements nicht länger
       wird als die Expansion des GOTO.

(B8)   Hier wird eine einfache Definition der Standardprozedur
       MAX geliefert. Man hätte hier spezieller das zweite
       Argument 0 halten können - dann wäre die untere State-
       mentfolge kürzer geworden.

BD - Axiome für Zeichenkettenausdrücke
Diese Axiome beschreiben die abstrakte Implementation der
wichtigsten Zeichenkettenverknüpfungen. Die Resourcen für
Zwischenergebnisse von solchen Aktionen werden benannt
(CS, der Zeichenkettenkeller, ICIND, der Endindex nach einer
Transportoperation) - siehe in der Beschreibung für die
abstrakte Maschine.

(B9)   Dieses Axiom ist dem Axiom (b1) sehr ähnlich. Was an
       Reihenfolgeproblemen involviert ist, ist dort besprochen
       worden. Es kommt hinzu, daß die angegebene Substitution
       nur einmal vollzogen werden kann, weil sonst nämlich
       ISP und ICIND geändert werden.

(B10)  Dieses Axiom beschreibt die konkrete Zeichenkettenver-
       knüpfung, wenn das Resultat in eine bekannte Stelle soll:
       Es wird nicht eine Zwischenzeichenkette hergestellt, und
       diese dann übertragen, sondern die einzelnen Teilstücke
       werden gleich ins Ziel bewegt. Dabei kann der Transport
       von Teilen unnötig werden, und, falls Teilzeichenketten
       durch arithmetische Ausdrücke bestimmt werden, auch
       größere Berechnungen entfallen. Dies ist in (B11) be-
       schrieben. Beachte, daß nach vollzogenem Teiltransport
       der Index ICIND auf dem Platz für das nächste zu trans-
       portierende Zeichen steht. Die Länge der transportierten
       Kette kann so durch einfache Subtraktion bestimmt werden.

(B11)  Dieses Axiom ist gewissermaßen eine erweiterte Fassung
       von (B10). Es beschreibt die im FORTRAN-Report einge-
       räumte Möglichkeit, ganze Berechnungsschritte einzu-
       sparen, wenn das Ergebnis bereits feststeht.

BE - Axiome für die Peephole Optimierung
Diese Axiome beschreiben einfache Prinzipien der Peephole
Optimierung. Die Ähnlichkeit zu den entsprechenden Axiomen
in LISP sind nicht zu verkennen.

(B12) Dieses Axiom könnte wesentlich allgemeiner gefaßt
    werden. Der FORTRAN-Report macht jedoch Aussagen nur
    über einzelne Statements, in denen Teilaktivitäten
    der Berechnung entfallen können, wenn sie zur Resultat-
    ermittlung nicht benötigt werden. Ob ganze Statement-
    gruppen entfernt werden dürfen, wenn sie bekannte Be-
    rechnungen wiederholen, ist eine Frage, die über den
    Report hinausgeht. Da wir hier nicht generell zur Opti-
    mierung von Programmen Stellung nehmen, begnügen wir uns
    mit ganz simplen Fällen. Dies ist der Grund, daß auf
    beiden Seiten der Zuweisung hier einfache Variable
    stehen.

(B13) Siehe (B12).

(B14) Bei dieser Optimierung handelt es sich nicht um die
    Beseitigung überflüssiger Berechnungen, sondern um eine
    bessere Anordnung. Deshalb können wir es ganz allgemein
    formulieren.

(B15) Dies ist eine Variante des Axioms (b13), nur daß die
    ähnlichen Statements durch Sprünge voneinander getrennt
    sind.

(B16) Hier wird Axiom (b17) vorbereitet. Das Axiom gilt allge-
    mein.

(B17) Die CONTINUE-Statements sind leere Statements, die nur
      dazu verwendet werden, um das Programm optisch gefälliger
      werden zu lassen oder um gewisse syntaktisch geforderte
      Einschränkungen zu erfüllen (beim DO-Statement). Bei
      der Dekomposition ermöglicht uns dieses Statement eine
      weitgehende Isolierung der einzelnen Statements (die nur
      bei der Dekomposition von DO-Statements nicht durchge-
      halten werden kann).

(B18) Ein immer wahrer Test braucht nicht vollzogen werden.

(B19) Eine Variante von (b12), wo das dazwischen liegende IF-
      Statement keinen Einfluß auf die Zuweisung hat.

(B20) Die Variable bekommt keinen neuen Wert. Das Statement
      ist unnötig.

(B21) Wenn eine Zuweisung keinerlei Einfluß auf ein Statement
      hat (natürlich dürfen beide Statements keine Sprungmarken
      besitzen), dann kann sie mit diesem den Platz tauschen.

(B22) Ergibt sich einfach aus der Definition des "computed
      GOTO".


C. Axiome für den Speicher

Diese Axiome sind schon mit einigem Text formuliert und können
daher ganz knapp kommentiert werden.

(C1)   Dieses Axiom wird durch zwei Teilforderungen erfüllt.
       Einerseits sollte sich kein Programm ändern, wenn neue
       Deklarationen von Variablen hinzukommen, die nicht ver-
       wendet werden. Das kann nur zu Problemen führen, wenn
       dabei allzuviel Speicherplatz angefordert wird. Wenn die
       neuen Variablen jedoch per EQUIVALENCE-Anweisung einge-
       führt werden, entfällt auch dieses Problem. Es bleibt
       dann nur die einfache Forderung nach syntaktischer
       Korrektheit, die die Typverträglichkeit einschließt.
       Die zweite Teilforderung ist im Axiom konkret formuliert
       worden.

(C2)   Die Ausnahme der Funktions- oder Prozedurparameter, zu
       der auch die Funktionsnamen von Zeichenkettenfunktionen
       mit unbestimmter Länge gehören, ist nur zu bewältigen,
       wenn man einen Zeichenkettenkeller annimmt. Hier zeigt
       sich, daß die Freiheit der Zeichenkettenverarbeitung in
       FORTRAN77 fast die Sprachphilosophie sprengt, die von
       einem ganz übersichtlichen statischen Speicher ausgeht.

(C3)   Siehe die Formulierung.

3.5.3 Korrektheitsbeweise der Transformationsregeln:

aa1) Regel (R1-AA1)

Eine Variable, die die Bedingungen für locvar erfüllt, ist xAC1. Damit:

$$\frac{\text{var} = \text{expr}}{\begin{array}{l}\text{xAC1} = \text{expr}\\ \text{var} = \text{xAC1}\end{array}} \qquad \text{Q.E.D.}$$

aa2) Regel (R1-AA2)

Zu dem Array arr gibt es nach Axiom (c1) den assoziierten Array arr* mit:

$$\frac{\text{arr}(\text{expr}_1,\ldots,\text{expr}_n)=\text{expr}}{\begin{array}{l}\text{arr}*(1+(\text{expr}_1-D11\text{arr})+\ldots+(\text{expr}_n-Dn1\text{arr})(D12\text{arr}-D11\text{arr})*\\ \qquad *\ldots*(Dn-12\text{arr}-Dn-11\text{arr}))=\text{expr}\end{array}}$$

Wir bezeichnen mit

Diarr

die Ausdrücke

(Di2arr-Di1arr)

(wir nehmen entsprechende Zuweisungen hinter den Arraydeklarationen an.)

Zur Abkürzung der Schreibarbeit setzen wir jezt:

$$\text{expr}'=(1+(\text{expr}_1-D11\text{arr})+\ldots+(\text{expr}_n-Dn1\text{arr})*Dn-1\text{arr}*\ldots*D1\text{arr})$$

Das Statement arr*(expr')=expr wird als stat(expr') aufgefaßt. Mit Axiom (b1) gilt:

$$\frac{\text{arr}*(\text{expr}')=\text{expr}}{\begin{array}{l}\text{IAC1} = \text{expr}'\\ \text{arr}*(\text{IAC1})=\text{expr}\end{array}} \qquad \text{(T1)}$$

IAC1 darf in expr nicht vorkommen (per definitionem erfüllt) und durch weitere Transformationen nicht zerstört werden. Auf diesen zweiten Punkt kommen wir noch zurück.

Für das zweite Statement gilt mit Axiom (b1):

$$\frac{arr*(IAC1)=expr}{\begin{array}{l} IT1 = IAC1 \\ arr*(IT1)=expr \end{array}} \qquad (T2)$$

Für das zweite Statement hiervon wiederum:

$$\frac{arr*(IT1)=expr}{\begin{array}{l} xAC2 = expr \\ arr*(IT1)=xAC2 \end{array}}$$

Für das zweite Statement hiervon schließlich:

$$\frac{arr*(IT1)=xAC2}{\begin{array}{l} IR = IT1 \\ arr*(IR)=xAC2 \end{array}} \qquad (T3)$$

Insgesamt also:

$$\frac{arr*(expr')=expr}{\begin{array}{l} IAC1 = expr' \\ IT1 = IAC1 \\ xAC2 = expr \\ IR = IT1 \\ arr*(IR) = xAC2 \end{array}}$$

Zu zeigen bleibt, daß bei der Transformation von xAC2=expr keine Zuweisung zu IT1 generiert wird. Dies wird durch Lemma (L1) abgesichert.

Q.E.D.

la1) Regel (R1-LA1)
Entspricht völlig dem Axiom (b3).

lb1) Regel (R1-LA2)

Wir argumentieren nahezu in nahezu identischer Weise wie im
Beweis für Regel (AA2)  und vollziehen nur die Transformationen
T1 und T2. Damit haben wir:

$$\frac{\text{larr}(\text{expr}_1,\ldots\text{expr}_n)=\text{lexpr}}{}$$

    IAC1 = expr'
    IT0  = IAC1
    larr*(IT0) = lexpr

Für das letzte Statement können wir gemäß Axiom (b3) schreiben:

$$\frac{\text{larr}*(\text{IT0}) = \text{lexpr}}{}$$

        IF lexpr GOTO label1
        larr*(IT0) = .FALSE.
        GOTO label2
label1  larr*(IT0) = .TRUE.
label2  CONTINUE

Für das 2. und 4. Statement hiervon schreiben wir mittels der
Transformation

$$\frac{\text{larr}*(\text{IT0}) = \text{const}}{}$$

    IR = IT0
    larr*(IR) = const

Dies vervollständigt den Beweis. Den noch zu sichernden Fakt,
daß die neue Variable IT0 durch keine Zuweisung überschrieben
wird, die aus dem Statement

        IF lexpr GOTO label1

durch Transformation entsteht, garantieren wir mit Lemma (L1).

ca1) Regel (R1-CA1)

Wir wenden zweimal das Transformationsmuster von Axiom (b1) an:

$$\frac{var(expr_1:expr_2)=cexpr}{\begin{array}{l} IT1 = expr \\ var(IT1:expr_2) = cexpr \end{array}}$$

$$\frac{var(IT1:expr_2) = cexpr}{\begin{array}{l} IT2 = expr_2 \\ var(IT1:IT2) = cexpr \end{array}}$$

zusammen also:

$$\frac{var(expr_1:expr_2) = cexpr}{\begin{array}{l} IT1 = expr1 \\ IT2 = expr2 \\ var(IT1:It2) = cexpr \end{array}}$$

Zwei weitere Transformationen nach Axiom (b2) führen uns zu
der zu beweisenden Transformationsregeln. Sie sind vom Muster:

$$\frac{ITi = expr}{\begin{array}{l} IACi = expr \\ ITi = IACi \end{array}}$$

Zu beweisen bleibt nur noch, daß die Statements

$$IACi = expr$$

bei weiterer Transformation nie die Generierung eines Statements ITj=expr'(j<i), d.h. irgendwelcher Zuweisungen zu den
ITj auslösen. Siehe dazu Lemma (L1).

$$Q.E.D.$$

ca2) Regel (R1-CA2)

Der Beweis ist eine Kombination der Beweise aa2) und ca1).

Indem wir genau der Argumentation von aa2) folgen, etablieren wir die Gültigkeit der Transformation

$$\frac{\text{carr}(\text{expr}_1,\ldots,\text{expr}_n)(\text{expr}_{n+1}:\text{expr}_{n+2})=\text{cexpr}}{}$$

IAC1 = expr'

IT1 = IAC1

carr*(IT1)(expr$_{n+1}$:expr$_{n+2}$)=cexpr

Indem wir genau der Argumentation von ca1) folgen, etablieren wir die Gültigkeit von

$$\frac{\text{carr}*(\text{IT1})(\text{expr}_{n+1}:\text{expr}_{n+2})=\text{cexpr}}{}$$

IAC2 = expr$_{n+1}$

IT2 = IAC2

IAC3 = expr$_{n+2}$

IT3 = IAC3

carr*(IT1)(IT2:IT3)=cexpr

Durch die Verwendung der in aa2) benutzten Transformation (T3) und Zusammensetzen der zwei Schemata kommen wir zu dem gewünschten Resultat.

$$Q.E.D.$$

cg1) Regel (R1-CG)

Dies ist eine einfache Anwendung des Transformationsmusters gemäß Axiom (b1).

cd1) Regel (R1-DO)

Wir beschäftigen uns nur mit der Form

DO label,ivar=expr$_1$,expr$_2$,expr$_3$

weil gemäß Axiom (b6) ein fehlendes expr$_3$ leicht durch eine 1 ersetzt werden kann. Nun ist die folgende Äquivalenz durch Axiom (b7) abgesichert:

```
          DO label,ivar=expr_1,expr_2,expr_3
          stat_1
          ...
label     stat_n
```
---
```
          var=expr_1
          xMAVARi=expr_3
          ICi=MAX(KONVxI((expr_2-var+xMVARi)/xMVARi),0)
label_1   IF (ICi. EQ. 0) GOTO label_2
          stat_1
          ...
label     stat_n
          var=var+xMVARi
          ICi = ICi-1
          GOTO label_1
label_2   CONTINUE
```

Die Transformation des drittletzten und viertletzten Statements in die entsprechenden Statements der Regel (R1-DO) sind
einfache Anwendungen des Musters gemäß Axiom (b2).
Wir betrachten nun das dritte Statement: Wenn wir Axiom (b8)
berücksichtigen, kommen wir zu:
```
          IAC1=KONVxI((expr_2-var+xMVARi+1)/xMVARi+2)
          IF (IAC1 .GE. 0)GOTO label_3
          ICi = 0
          GOTO label_4
label_3   ICi=IAC1
label_4   CONTINUE
```

Das erste Statement wird durch Anwendung von Axiom (c3) - von
unten nach oben - zu:
```
          IAC1=(expr_2-var+xMVARi)/xMVARi
```

---

Durch mehrere Transformationen nach Muster gemäß Axiom (b2)
kann auch dies zerlegt werden. Wir erhalten so folgende der
ursprünglichen Statementfolge äquivalente:

```
          var = expr₁
          xMVARi = expr₃
          xAC1 = expr₂
          xAC1 = xAC1-var
          xAC1 = xAC1+xMVARi
          IAC1 = xAC1/xMVARi
          IF (IAC1 .GE. 0)GOTO label₃
          IAC1 = 0
          ICi = IAC1
          GOTO  label₄
label₃    ICi = IAC1
label₄    CONTINUE
label₁    IF (ICi .EQ. 0) GOTO label₂
          stat₁
          ...
label     statₙ
          xACi = var
          xAC1 = xAC1+xMVARi
          var = xAC1
          IAC1 = ICi
          IAC1 = IAC1-1
          ICi = IAC1
          GOTO label1
label₂    CONTINUE
```

Die letzte expandierende Transformation ist wieder gemäß
Axiom (b1):

```
label₁ IF(ICi. EQ. 0) GOTO label₂
```
---
```
label₁ IAC1 = ICi
       IF (IAC1 .EQ. 0) GOTO label₂
```

Die restlichen Transformationen sind optimierende Transformationen. Zunächst gilt mit Axiom (b14):

$$
\begin{array}{ll}
 & ICx = IAC1 \\
 & GOTO\ label_4 \\
label_3 & ICx = IAC1 \\
label_4 & CONTINUE \\
\hline
label_3 & ICi = IAC1 \\
label_4 & CONTINUE
\end{array}
$$

Dabei gibt es keinen Benutzer für das $label_4$. Gemäß Axiom (b16) können wir das label unterdrücken. Unter Verwendung von Axiom (b17) kann nun der ganze CONTINUE-statement weggelassen werden.

Weiterhin gilt gemäß Axiom (b15):

$$
\begin{array}{ll}
label_3 & ICi = IAC1 \\
label_1 & IAC1 = ICi \\
 & IF\ (ICi\ .EQ.\ 0)\ GOTO\ label_2 \\
 & \ldots \\
 & ICi = IAC1 \\
 & GOTO\ label_1 \\
\hline
label_3 & ICi = IAC1 \\
label_1 & IAC1 = ICi \\
label_4 & IF\ (ICi\ .EQ.\ o)\ GOTO\ label_2 \\
 & \ldots \\
 & ICi = IAC1 \\
 & GOTO\ label_4
\end{array}
$$

Gemäß Axiom (b16) können wir das $label_1$ unterdrücken, weil es keinen Benutzer gibt. Mit Axiom (b10) können wir das vorher gelabelte Statement unterdrücken. Damit haben wir exakt die Statementfolge von Regel (R1-DO) erreicht.

Q.E.D.

ai) Regel (R1-AI)

Dies ist eine einfache Anwendung des Transformationsmusters
gemäß Axiom (b1).


li) Regel (R1-LI)

Mit Axiom (a12) gilt:

> IF (lexpr)stat
> ___________________________
> IF (lexpr. AND. .TRUE.) stat

Mit Axiom (b4) gilt:

> IF (lexpr .AND. .TRUE.) stat
> ___________________________
> IF (.NOT. lexpr) GOTO label
> IF (.TRUE.) stat

label CONTINUE

Mit Axiom (b18) folgt dann unmittelbar die Korrektheit der
Transformationsregel.


sta 1) Regel (R1-STA1)

Wir folgen völlig der Argumentation von aa2) indem wir die
axpr zunächst aus dem Spiel lassen. Bei der weiteren Transformation  darf keine Zuweisung zu IT1 generiert werden.
(siehe Lemma (L2).)


sta 2) Regel (R1-STA2)

Wir folgen völlig der Argumentation von aa1) und lassen die
axpr dabei zunächst aus dem Spiel. Bei der weiteren Transformation darf keine Zuweisung zu xT1 generiert werden.
(siehe Lemma (L2).)


stl) Regel (R1-STL)

Wir lassen die axpr zunächst aus dem Spiel und bekommen mit
Axiom (b1) und Axiom (b3) das gewünschte Resultat. Bei der
weiteren Transformation darf keine Zuweisung zu LT1 erfolgen.
(Siehe Lemma (L2).)

stc1) Regel (R1-STC1)

Wir folgen völlig der Argumentation von ca1) und lassen die
aexpr zunächst aus dem Spiel. Bei der weiteren Transformation
dürfen keine Zuweisungen zu IT1 oder IT2 generiert werden.
(Siehe Lemma (L2).)

stc3) Regel (R1-STC3)

Wenn wir die aexpr zunächst aus dem Spiel lassen, ergibt sich
mit Axiom (b9):

$$\frac{st(cfun(parm_1,\ldots,parm_m),axpr_2,\ldots,axpr_n)}{\begin{array}{l} CS(ISP1 \ :)=cfun(parm_1,\ldots,parm_m) \\ st(CS(ISP1:ICIND-1),axpr_2,\ldots,axpr_n) \end{array}}$$

Für das erste Statement erhalten wir unter zweimaliger Transformation gemäß Axiom (b1) bzw. (b2) folgende Äquivalenz:

$$\frac{CS(ISP1 \ :)=cfun(parm_1,\ldots,parm_m)}{\begin{array}{l} IAC1 \ = \ ISP1 \\ ISP2 \ = \ IAC1 \\ CS(ISP2 \ :)=cfun(parm_1,\ldots,parm_m) \end{array}}$$

Für das zweite Statement erhalten wir unter dreimaliger Transformation gemäß Axiom (b1) bzw. (b2) folgende Äquivalenz:

$$\frac{st(CS(ISP1:ICIND-1),axpr_2,\ldots,axpr_n)}{\begin{array}{l} IAC1=ICIND \\ IAC1=ICIND-1 \\ IT1=IAC1 \\ st(CS(ISP1:IT1),axpr_2,\ldots,axpr_n) \end{array}}$$

Durch Kombination der drei Schemata erhalten wir die zu beweisende Regel. Bei der weiteren Transformation der axpr darf
keine Zuweisung zu ISP1 generiert werden. (Siehe Lemma (L2).)

Q.E.D.

stc4) Regel (R1-STC4)

Wir folgen völlig der Argumentation von stc3).


ba1) Regel (R2-AA1)

Die Transformation

$$\frac{xACi = expr}{\begin{array}{l} yACi = expr \\ xACi = yACi \end{array}}$$

ist korrekt gemäß Axiom (b2).

Das zweite Statement kann gemäß Axiom (c3) zu

$$xACi = KONVyx(yACi)$$

transformiert werden.


ba2) Regel (R2-AA2)

Einfache Anwendung des Axioms (a1).


ba3) Regel (R2-AA3)

Einfache Anwendung des Axioms (a2).


ba4) Regel (R2-AA4)

Einfache Transformation gemäß Axiom (b2).


ba5) Regel (R2-AA5)

Wir benutzen die Argumentation von aa2).


ba6) Regel (R2-AA6)

Wir benutzen wiederum völlig die Argumentation von aa2).
Allerdings ist nun noch abzusichern, daß bei weiterer Transformation (des vorletzten Statements der Regel) keine Zuweisungen zu ITi generiert werden.(Siehe dazu Lemma (L2).
Beachte: Der im Statement höchste Index ist i+1).

ba7) Regel (R2-AA7)

Es handelt sich um zwei einfache Anwendungen von Axiom (b2).
Es ist abzusichern, daß bei weiterer Transformation (des
vorletzten Statements der Regel) keine Zuweisungen zu yTi
generiert werden. (siehe dazu Lemma (L2). Beachte: Der im
Statement höchste Index ist i+1.)


ba8) Regel (R2-AA8)

Nach einer einfachen Anwendung von Axiom (b2) benutzen wir
Axiom (b3) um die Korrektheit sicher zu stellen. Darüber
hinaus ist abzusichern, daß bei der weiteren Transformation
(des vorletzten Statements der Regel) keine Zuweisungen zu
LTi generiert werden. (Siehe dazu Lemma (L2). Beachte: Der
im Statement höchste Index ist i+1).


ba9) Regel (R2-AA9)

Es handelt sich um vier einfache Anwendungen von Axiom (b2).
Vergleiche ca1). Es ist abzusichern, daß bei weiterer Transformation (des vorletzten Statements der Regel) keine Zuweisungen zu ITi bzw. ITi+1 generiert werden. (Siehe dazu
Lemma (L2). Beachte: Der im Statement höchste Index ist
i+2). Daß bei Transformation des 3. Statements keine Zuweisungen zu ITi generiert werden, wird in Lemma (L1) bewiesen.


ba10) Regel (R2-AA10)

Wir ignorieren zunächst alle übrigen Teilausdrücke und be-
dienen uns bei der Transformation des Statements, das einen
Zeichenausdruck enthält, völlig der Argumentation von ca2).
Es bleibt dann noch abzusichern, daß bei weiterer Transforma-
tion des vorletzten Statements keine Zuweisungen zu ITi,
ITi+1 bzw. ITi+2 generiert werden. (Siehe dazu Lemma (L2).
Beachte: Der im Statement höchste Index ist i+3.)

---

ba11) Regel (R2-AA11)

Wir argumentieren wie in stc3). Es bleibt noch abzusichern, daß bei weiterer Transformation des vorletzten Statements keine Zuweisungen zu ITi bzw. ISPi generiert werden. (Siehe dazu Lemma (L2). Beachte: Der im Statement höchste Index ist i+1.)

ba12) Regel (R2-AA12)

Wir argumentieren genauso wie in ba11).

ba13) Regel (R2-AA13)

Eine einfache Anwendung von Axiom (b2).

ba14) Regel (R2-AA14)

Eine einfache Anwendung von Axiom (b2).

ba15) Regel (R2-AA15)

Nach der Transformation

$$\frac{\text{xACi} = \text{primary}**\text{factor}}{\text{xACi} = \text{EXPTxy(primary,factor)}}$$

die gemäß Axiom (a6) gesichert ist, erhalten wir das gewünschte Resultat durch fünf einfache Transformationen gemäß Axiom (b2). Es ist dann noch zu sichern, daß bei Transformation von

$$\text{yACi+1} = \text{factor}$$

keine Zuweisungen zu xTi generiert werden. Siehe dazu Lemma (L1).

ba17) Regel (R2-AA17)

Nach der Transformation

$$\frac{\text{xAC} = \text{xACi} - \text{(expr)}}{\text{xACi} = -((\text{expr})-\text{xACi})}$$

erhalten wir das gewünschte Resultat durch drei einfache
Transformationen gemäß Axiom (b2) und eine nach (T4). Es
ist dann noch zu sichern, daß bei der Transformation von

    xACi+1 = expr

keine Zuweisungen zu xTi generiert werden (siehe Lemma (L1)).


ba18) Regel (R2-AA18)

Das gewünschte Resultat ergibt sich durch vier einfache
Transformationen gemäß (b2) und eine

$$\frac{xACi+1 = (expr)}{xACi+1 = expr} \qquad (T4)$$

die durch Axiom (a1) gesichert ist. Es ist dann noch abzusichern, daß bei der Transformation von dem sich dabei er-
gebenden Statement keine Zuweisung zu xTi generiert wurden
(Lemma (L1)).


ba19) Regel (R2-AA19)

Wir argumentieren sinngemäß wie in ba15).


ba20) Regel (R2-AA20)

Eine korrekte Anwendung von Axiom (a1).


ba21) Regel (R2-AA21)

Eine korrekte Anwendung von Axiom (a1).


ba22) Regel (R2-AA22)

Eine korrekte Anwendung von Axiom (a1).


la) Regel (R2-LA)

Eine direkte Anwendung von Axiom (b3).

cb1) Regel (R2-CA1)

Wir argumentieren wie in ca1). Dann ist noch abzusichern,
daß bei weiterer Transformation von

$$IAC3 = expr_1$$

keine Zuweisungen zu IT1 oder IT2 generiert werden und bei
weiterer Transformation von

$$IAC4 = expr_2$$

keine Zuweisungen zu IT1, IT2 oder IT3 generiert werden. Siehe
dazu Lemma (L1).

cb2) Regel (R2-CA2)

Wir argumentieren wie in ca2). Dann ist noch abzusichern, daß
bei weiterer Transformation von

$$IAC3 = expr'$$

keine Zuweisungen zu IT1, IT2, bei weiterer Transformation von

$$IAC4 = expr_{n+1}$$

keine Zuweisungen zu IT1, IT2 oder IT3, und bei weiterer
Transformation von

$$IAC5 = expr_{n+2}$$

keine Zuweisungen zu IT1, IT2, IT3 oder IT4 generiert werden.
Siehe dazu Lemma (L1).

cb3) Regel (R2-CA3)

Wir argumentieren wie in stc3). Zusätzlich ergibt sich die
Forderung, daß bei Transformation von

$$CS(ISP3:) = cfun(parm_1, ..., parm_n)$$

keine Zuweisung zu IT1 oder IT2 generiert werden darf. Siehe
dazu Lemma (L2).
(Beachte: der höchste Index in diesem Statement ist 3.)

cb4) Regel (R2-CA4)

Gemäß Axiom (b11) gilt:

$$\frac{\text{cvar(IT1:IT2)} = \text{cexpr}_1//\text{cexpr}_2}{\begin{array}{l}\text{cvar(IT1:IT2)} = \text{cexpr}_1 \\ \text{IF (ICIND .GE. IT2) GOTO label} \\ \text{cvar (ICIND:IT2)} = \text{cexpr}_2\end{array}}$$

label CONTINUE

Wenn wir das 2. und 3. Statement gemäß Axiom (b1) umformen, so erhalten wir:

$$\frac{\text{cvar(IT1:IT2)} = \text{cexpr}_1//\text{cexpr}_2}{\begin{array}{l}\text{cvar(IT1:IT2)} = \text{cexpr}_1 \\ \text{IT1} = \text{ICIND} \\ \text{IF (IT1 .GE. IT2) GOTO label} \\ \text{IT1} = \text{ICIND} \\ \text{cvar (IT1:IT2)} = \text{cexpr}_2\end{array}}$$

label CONTINUE

Hier kann das 4. Statement gemäß Axiom (b19) unterdrückt werden. Wenn wir nun das 2. und 3. Statement gemäß Axiom (b2) bzw. Regel (R2-LIA) weitertransformieren, erhalten wir:

$$\frac{\begin{array}{l}\text{IT1} = \text{ICIND} \\ \text{IF (IT1 .GE. IT2) GOTO label}\end{array}}{\begin{array}{l}\text{IAC1} = \text{ICIND} \\ \text{IT1} = \text{IAC1} \\ \text{IAC1} = \text{TI1} \\ \text{IAC1} = \text{IAC1-IT2} \\ \text{IF (IAC1 .GE. 0) GOTO label}\end{array}}$$

Hier können wir das 3. Statement gemäß Axiom (b13) unterdrücken. Durch Zusammensetzen der Schemata ergibt sich die zu beweisende Regel. Zu beweisen bleibt, daß bei der weiteren Transformation des 1. Statements keine Zuweisung zu IT2 generiert wird. Siehe dazu Lemma (L2). Beachte, daß der Index 2 ist.

Q.E.D.

cb5) Regel (R2-CA5)

Wir argumentieren wie in cb1). Zuweisungen dürfen nicht zu
IT1, IT2, IT3 und im zweiten Fall zusätzlich nicht zu IT4
erfolgen. Siehe Lemma (L1).

cb6) Regel (R2-CA6)

Mit Axiom (b9) ergibt sich:

$$\frac{carr_1(IT1)(IT2:IT3) = carr_2(expr_1,\ldots,expr_n)(expr_{n+1}:expr_{n+2})}{CS(ISP1:) = carr_2(expr_1,\ldots,expr_n)(expr_{n+1}:expr_{n+2})}$$

$$carr_1(IT1)(IT2:IT3) = CS(ISP1:ICIND-1)$$

Aus dem ersten Statement wird durch dreimalige Anwendung einer
Transformation gemäß (b1) bzw. (b2):

$$IAC4 = ISP1$$
$$ISP4 = IAC4$$
$$CS(ISP4:) = carr_2(expr_1,\ldots,expr_n)(expr_{n+1}:expr_{n+2})$$

Aus dem zweiten Statement wird, unter Verwendung von viermaliger
Anwendung einer Transformation gemäß Axiom (b1) bzw. (B2):

$$IAC1 = ICIND$$
$$IAC1 = IAC1-1$$
$$IT4 = IAC1$$
$$IR = IT1$$
$$carr_1(IR)(IT2:IT3) = CS(ISP1:IT4)$$

Durch einfaches Zusammenfügen ergibt sich die gewünschte Regel.
Zu beweisen bleibt, daß bei der weiteren Transformation des
3. Statements keine Zuweisung zu IT1, IT2 oder IT3 generiert
wird. Siehe dazu Lemma (L2).

cb7) Regel (R2-CA7)

Wir argumentieren wie in stc3). Zusätzlich ergibt sich die Forderung, daß bei der weiteren Transformation von

$$CS(ISP4:) = cfun(parm_1, \ldots, parm_n)$$

keine Zuweisung zu IT1, IT2 oder IT3 generiert werden darf. Siehe dazu Lemma (L2). (Beachte: der höchste Index in diesem Statement ist 4.)

cb8) Regel (R2-CA8)

Wir argumentieren nahezu völlig wie in cb4). Lediglich die neue linke Seite ist an passender Stelle zu verwenden, und die Indizes 1 bzw. 2 sind in 2 bzw. 3 zu ändern. Die nicht zu verwendende temporäre Variable ist IT3.

cb9) Regel (R2-CA9)

Nach mehreren einfachen Transformationen gemäß (b1) bzw. (b2) ergibt sich:

$$\frac{CS(ISP_i:) = cvar(expr_1:expr_2)}{}$$

$$IACi+1 = expr_1$$
$$ITi+1 = IACi+1$$
$$IACi+2 = expr_2$$
$$ITi+2 = IACi+2$$
$$CS(ISPi:) = cvar(ITi+1:ITi+2)$$

Der Rest ergibt sich direkt aus Axiom (b9) - spezielle Form - und weiteren Anwendungen von Axiom (b1) bzw. (b2). Zu beweisen bleibt, daß bei der weiteren Transformation des 1. Statements keine Zuweisungen zu ISPi, bzw. der des 3. Statements keine Zuweisungen zu ISPi oder ITi+1 generiert werden. Siehe dazu Lemma (L1).

cb10) Regel (R2-CA10)

Wir argumentieren zunächst wie in ca2) und kommen so zu

$$\frac{CS(ISP:)=carr(expr_1,\ldots,expr_n)(expr_{n+1}:expr_{n+2})}{}$$

IACi+1=1+$(expr_1$-D11carr)+$\ldots$+$(expr_n$-Dn1carr) *
        *D1carr*$\ldots$*Dn-1carr

ITi+1 = IACi+1

IACi+2 = $expr_{n+1}$

ITi+2 = IACi+2

IACi+3 = $expr_{n+2}$

ITi+3 = IACi+3

CS(ISPi:)=carr*(ITi+1)(ITi+2:ITi+3)

Der Rest ergibt sich durch Anwendung von Axiom (b9) - spezielle
Form - und weiteren Anwendungen von Axiom (b1) bzw. (b2). Eine
überflüssige Zuweisung kann mittels Axiom (b13) beseitigt werden.
Zu beweisen bleibt, daß bei der weiteren Transformation des
3. bzw. 5 Statements keine Zuweisungen zu ITi+1 bzw. zu ITi+2
generiert werden. Siehe dazu Lemma (L1).


cb11) Regel (R2-CA11)
Wir argumentieren wie in ba6). Zwei weitere Transformationen
gemäß Axiom (b1) sind einzuschließen.


cb12) Regel (R2-CA12)
Wie argumentieren wie in ba7). Zwei Transformationen gemäß
Axiom (b1) sind einzuschließen.


cb13) Regel (R2-CA13)
Wir argumentieren wie in ba8). Zwei Transformationen gemäß
Axiom (b1) sind einzuschließen.

cb14) Regel (R2-CA14)

Wir argumentieren wie in ba9). Zwei Transformationen gemäß
Axiom (b1) sind einzuschließen.


cb15) Regel (R2-CA15)

Wir argumentieren wie in ba10). Zwei Transformationen gemäß
Axiom (b1) sind einzuschließen.


cb16) (Regel R2-CA16)

Wir argumentieren wie in ba11). Zwei Transformationen gemäß
Axiom (b1) sind einzuschließen.


cb17) Regel (R2-CA17)

Wir argumentieren wie in cb16).


cb18) Regel (R2-CA18)

Mit Axiom (b20) gilt:

$$\frac{CS(ISP:) = cexpr_1//cexpr_2}{CS(ISPi:) = cexpr_1//cexpr_2}$$

$$ISPi = ISPi$$

Daraus wird unter Benutzung von Axiom (b2):

$$\frac{CS(ISPi:) = cexpr1//cexpr_2}{CS(ISPi:) = cexpr_1//cexpr_2}$$

$$ITi = ISPi$$

$$ISPi = ITi$$

Die folgende Äquivalenz wird durch Axiom (b10) gesichert:

$$\frac{CS(ISPi:) = cexpr_1//cexpr_2}{CS(ISPi:) = cexpr1}$$

$$CS(ICIND:) = cexpr_2$$

$$ITi = ISPi$$

$$ISPi = ITi$$

In dem zweiten Statement der unteren Statementfolge kommt
ISPi nicht vor. Deshalb kann das zweite mit dem dritten
Statement vertauscht werden. Der Rest ist einfache Anwendung
von Transformationen gemäß Axiom (b1) bzw. (b2).
Es bleibt zu beweisen, daß bei weiterer Transformation des
(in der Regel) 6. Statements keine Zuweisungen zu ITi generiert
werden. Siehe dazu Lemma (L2).


li1) Regel (R2-LI1)
Einfache Anwendung von Axiom (a1).


li2) Regel (R2-LI2)
Einfache Anwendung von Axiom (a1).


li3) Regel (R2-LI3)
Einfache Anwendung von Axiom (a8).


li4) Regel (R2-LI4)
Einfache Anwendung von Axiom (b4).


li5) Regel (R2-LI5)
Einfache Anwendung von Axiom (b5).


li6) Regel (R2-LI6)
Gemäß Axiom (a9):

$$\frac{\text{IF}(.NOT.(lexpr_1 \ .AND. \ lexpr_2))\,stat}{\text{IF}((.NOT. \ lexpr_1).OR.(.NOT. \ lexpr_2))\,stat}$$

Gemäß Axiom (b5):

$$\frac{\text{IF}((.NOT. \ lexpr_1).OR.(.NOT. \ lexpr_2))\,label}{\begin{array}{l}\text{IF} \ (.NOT. \ lexpr_1) \ GOTO \ label \\ \text{IF} \ (.NOT. \ lexpr_2)GOTO \ label\end{array}}$$


Q.E.D.

li7) Regel (R2-LI7)

Gemäß Axiom (a8):

$$\frac{\text{IF } (.NOT.(lexpr_1 \; .OR. \; lexpr_2)) \text{stat}}{\text{IF}((.NOT. \; lexpr_1).AND.(.NOT. \; lexpr_2)) \text{stat}}$$

Gemäß Axiom (b4):

$$\frac{\text{IF}((.NOT. \; lexpr_1).AND.(.NOT. \; lexpr_2)) \; \text{label}}{\begin{array}{l} \text{IF}(.NOT.(.NOT. \; lexpr_1)) \; \text{GOTO label}_1 \\ \text{IF } (.NOT. \; lexpr_2) \text{label} \end{array}}$$

label$_1$ CONTINUE

Mit Axiom (a10) folgt die Regel.


lia) regel (R2-LIA)

Mit Axiom (a6) gilt:

$$\frac{\text{IF}(expr_1 \; relop \; expr_2) \text{stat}}{\text{IF } (expr_1 - expr_2 \; relop \; 0) \text{stat}}$$


Der Rest ist eine einfache Anwendung des Transformationsmusters gemäß Axiom (b1).


lic) Regel (R2-LIC)

Unter Verwendung von Axiom (b9) - der aktuelle Zeichenkeller-
stand ist in ISPi - haben wir:

$$\frac{\text{IF}(cexpr_1 \; relop \; cexpr_2) \; \text{GOTO labeli}}{\begin{array}{l} \text{CS(ISPi:) } = cexpr_1 \\ \text{IF } (\text{CS(ISPi:ICIND-1}) \; relop \; cexpr_2) \; \text{GOTO labeli} \end{array}}$$

Wir ersetzen im 2. Statement ISPi durch ITi und haben nach
Axiom (b1) die Zuweisung

    ITi = ISPi

einzuschieben. Dazu stellen wir die redundante Zuweisung

    ISPi = ITi

(Axiom (b13)!).

Nach dem ersten Statement steht der aktuelle Zeichenkeller-
stand in ICIND. Da in dem IF-Statement noch ein Zeichenausdruck enthalten ist, und wir formal immer mit Zeichenkeller-
zeigern ISPj arbeiten wollen, benötigen wir die in Axiom (b9)
freigestellte Zuweisung

    ISPi+k = ICIND

Da wir diese mit der eingeführten redundanten vertauschen
können (Axiom (b21)!)), haben wir folgende Äquivalenz:

    IF(cexpr$_1$ relop cexpr$_2$) GOTO labeli

---

    CS(ISPi:) = cexpr$_1$
    ITi = ISPi
    ISPi+2 = ICIND
    ISPi = ITi
    IF (CS(ITi:ICIND-1) relop cexpr$_2$) GOTO labeli

Unter erneuter Anwendung von Axiom (b9) - der aktuelle Zeichen-
kellerstand ist nun in ISPi+2 - wird das letzte Statement
umgeformt in (beachte zusätzliche Anwendung von Axiom (b1)):

    ITIi+1 = ICIND-1
    CS(ISPi+2:) = cexpr$_2$
    IF (CS(ITi:ITi+1) relop CS(ISPi+2:ICIND-1)) GOTO labeli

Der Rest ergibt sich durch einfache Anwendungen von Axiom (b1)
bzw. (b2). Erforderliche Vertauschungen erlaubt Axiom (b21).
Zu zeigen bleibt, daß das 8. Statement bei weiterer Transformation nicht die Generierung von Zuweisungen zu ITi bzw. ITi+1 auslöst. Siehe dazu Lemma (L3).

                   Q.E.D.

lif) Regel (R2-LIF)
Dies ist eine einfache Anwendung von Axiom (b22).


lif2) Regel (R2-LIF2)
Wir argumentieren wie in ba6).


lif3) Regel (R2-LIF3)
Wir argumentieren wie in ba7).


lif4) Regel (R2-LIF4)
Wir argumentieren wie in ba8).


lif5) Regel (R2-LIF5)
Wir argumentieren wie in ba9).


lif6) Regel (R2-LIF6)
Wir argumentieren wie in ba10).


lif7) Regel (R2-LIF7)
Wir argumentieren wie in ba11).


lif8) Regel (R2-LIF8)
Wir argumentieren wie in ba11).


stb1) Regel (R2-STA1)
Wir argumentieren wie in ba6).


stb2) Regel (R2-STA2)
Wir argumentieren wie in ba7).


stb3) Regel (R2-STL)
Wir argumentieren wie in ba8).


stb4) Regel (R2-STC1)
Wir argumentieren wie in ba9).

stb5) Regel (R2-STC2)
Wir argumentieren wie in ba10).

st6) Regel (R2-STC3)
Wir argumentieren wie in ba11).

stb7) Regel (R2-STC4)
Wir argumentieren wie in ba11).

lif) Regel (R3-LIF)
Einfache Anwendung von Axiom (b20).

c1) Regel (R3-C1)
Einfache Anwendung von Axiom (b21).

c2) Regel (R3-C2)
Einfache Anwendung von Axiom (b21).

(L1) Lemma: Bei der Transformation von
     xACi = expr
     werden keine Zuweisungen der Form
     yTj = expr'
     (für gewisse y(R,R,D,C,L) und j < i) erzeugt.

Beweis:
Mittels Induktion über die Zahl der Regelanwendungen.
Zunächst beweisen wir, daß nach einer Regelanwendung nur
Zuweisungen zu yTk, yACk, ISPk (k=i, i+1, i+2, i+3) erzeugt
werden.

Die betreffenden Regeln sind: (R2-AA1)-(R2-AA15).

(R2-AA1): Zuweisungen nach yACi und xACi

(R2-AA2): Zuweisung nach xACi.

(R2-AA3): Zuweisung nach xACI.

(R2-AA4): Zuweisungen nach xACi.

(R2-AA5): Zuweisungen nach IACi, ITi, IR, xACi.

(R2-AA6): Zuweisungen nach IACi, ITi, cACi+1, xACi.

(R2-AA7): Zuweisungen nach xACi, yTi, xACi+1, xACi.

(R2-AA8): Zuweisungen nach LTi, xACi+1, xACi.

(R2-AA9): Zuweisungen nach IACi, ITi, IACi+1, ITi+1, xACi+2, xACi.

(R2-AA10):Zuweisungen nach xACi, ITi, IACi+1, ITi+1, IACi+2,

                           ITi+2, xACi+3.

(R2-AA11): Zuweisungen nach IACi, ISPi+1, i, ITI, xACi+1, xACi.

(R2-AA12): Zuweisungen nach IACi, ISPi+1, i, ITi, xACi+1, xACi.

(R2-AA13): Zuweisungen nach xACi.

(R2-AA14): Zuweisungen nach xACi.

(R2-AA15): Zuweisungen nach xACi, xTi, yACi+1, yTi+1.


Der niedrigste verwendete Index ist i.


Wir nehmen nun die Gültigkeit für mindestens m Regelanwendungen
an und beweisen sie für m+1 Regelanwendungen:
Über die Regeln (R2-AA6) - (R2-AA12) können aus einer arithmetischen Anweisung sowohl beliebige arithmetische Zuweisungen
hervorgehen (die auf der linken Seite zACk haben müssen, um
weiter transformiert zu werden) als auch Zeichenkettenzuweisungen
(nach CS) und logische IF-Statements.
Deshalb kann die m+1. Regelanwendung sein: Eine Regel (R2-AA1) -
(R2-AA22), (R2-LA), (R2-CA9) - (R2-CA18), (R2-LI7), (R2-LAI),
(R2-LIC), (R2-LIL), R2-LIF1) - (R2-LIF8).

Alle Regelanwendungen von Regeln aus (R2-AA) gehen von einer
Zuweisung

     zACk = expr'

aus.

Nach Induktionshypothese können wir annehmen, daß $k \geq i$.
Unter Verwendung der Analyse für den Fall einer Regelanwendung
können wir für die Regel (R2-AA1) - (R2-AA15) schließen,
daß auch nach m+1 Regelanwendungen Zuweisungen nur zu wACk,
LTk, IR, wTk, zAK+1, zACk+2, zACk+3, wTk+1, ITi+2, ISPk+1
neu auftreten können und damit die Indizes sicher nicht
kleiner werden.
Wir betrachten nun die Fälle, wenn als m+1. Regel die Regel
(R2-AA16) auftritt. Generierte Zuweisungen: Nach zTk, zACk, zACk+1.
(R2-AA17) auftritt. Generierte Zuweisungen: Nach zTk, zACk, zACk+1.
(R2-AA18) auftritt. Generierte Zuweisungen: Nach zTk, zTk+1, zACk,
                                                          zACk+1.
(R2-AA19) auftritt. Generierte Zuweisungen: Nach zTk, wTk+1,
                                                           zACk, wACk+1.
(R2-AA20) auftritt. Generierte Zuweisungen: Nach zACk.
(R2-AA21) auftritt. Generierte Zuweisungen: Nach zACk.
(R2-AA22) auftritt. Generierte Zuweisungen: Nach zACk.
(R2-LA)    auftritt. Generierte Zuweisungen: Nach LTk.
(R2-CA9)   auftritt. Generierte Zuweisungen: Nach ITk, ITk+1, ITk+2,
                                                           IACk+1, IACk+2.
(R2-CA10) auftritt. Generierte Zuweisungen: Nach ITk, ITk+1, ITk+2,
                                                           ITk+3, IACk+1, IACk+2,
                                                           IACk+3, IR.
(R2-CA11) auftritt. Generierte Zuweisungen: Nach ITk, IACk,
                                                           IACk+1, ISPk+1.
(R2-CA12) auftritt. Generierte Zuweisungen: Nach xTk, xACk, ISPk+1.
(R2-CA13) auftritt. Generierte Zuweisungen: Nach LTk, IACk, ISPk+1.
(R2-CA14) auftritt. Generierte Zuweisungen: Nach ITk, ITk+1, IACk,
                                                           IACk+1, ISPk+2.
(R2-CA15) auftritt. Generierte Zuweisungen: Nach ITk, ITk+1, ITk+2,
                                                           IACk, IACk+1, IACk+2,
                                                           IASPk+3.
(R2-CA16) auftritt. Generierte Zuweisungen: Nach ITk, IACk, ISPk+1.
(R2-CA18) auftritt. Generierte Zuweisungen: Nach Itk.IACk, ISPk+1.

(R2-LAI) auftritt. Generierte Zuweisungen: Nach xCAk.
(R2-LIC) auftritt. Generierte Zuweisungen: Nach ITk, ITk+1,
ITk+2, ITk+3, IACk, ISPk, ISPk+2.
(R2-LIL) auftritt. Generierte Zuweisungen: Nach ITk, IACk, IR.
(R2-LIF2) auftritt. Generierte Zuweisungen: Nach ITk, IACk.
(R2-LIF3) auftritt. Generierte Zuweisungen: Nach xTk, xACk.
(R2-LIF4) auftritt. Generierte Zuweisungen: Nach LTk.
(R2-LIF5) auftritt. Generierte Zuweisungen: Nach ITk, ITk+1, IACk, IACk+1.
(R2-LIF6) auftritt. Generierte Zuweisungen: Nach ITk, IACk+1, ITk+2, IACk, IACk+1, IACk+2.
(R2-LIF7) auftritt. Generierte Zuweisungen: Nach ITk, IACk, ISPk+1.
(R2-LIF8) auftritt. Generierte Zuweisungen: Nach ITk, IACk, ISPk+1.

Beachte, daß auch in den anderen generierten Programmteilen die Indizes niemals abnehmen! (Vgl. Regeln: (R2-AA11), (R2-AA12), (R2-LA) (R2-CA11), (R2-CA12), (R2-CA13), (R2-CA14), (Rd-CA15), (R2-CA15), (R2-CA16), (R2-CA17), (R2-CA18), (R2-LI1)-(R2-LI7), (R2-LIA), (R2-LIC), (R2-LIF1)-(R2-LIF8); dies betrifft Indizes an Sprungmarken und Indizes an Sprungmarken und Indizes in Zeichenkettenzuweisungen der Form CS(ISPi:)=...).
Wir sehen, daß niemals eine Zuweisung nach einer Hilfsvariablen mit einem kleineren Index generiert wird.

$$Q.E.D.$$

(L2) Lemma: Bei Transformationen eines Statements $st(i, axpr_1, \ldots, axpr_n)$ werden niemals Zuweisungen zu Hilfsvariablen $xTj$ generiert (mit $j < i$).

Beweis:
Der Beweis beruht auf Lemma (L1) - weil nach einem Transformationsschritt Statements der Form
$$yACk = expr$$
erzeugt wurden - und der an den Transformationsregeln (R2-STA1), (R2-STA2), (R2-STL), (R2-STC1)-(R2-STC4) leicht feststellbaren Tatsache, daß nie kleinere Indizes erzeugt werden.

## 4. VERGLEICHE UND KONSEQUENZEN

Wir hoffen, mit den zwei Beispielen erfolgreich nachgewiesen zu haben, daß man die Compilation als Programmtransformation auffassen kann. Neben die Dekomposition,
auf die wir uns allein konzentriert haben, treten Opti-
mierungs- und Makroexpansionsschritte (siehe 2. für
LISP). Dekomposition und Makro-Expansion haben jede für
sich die angenehme Eigenschaft der Konfluenz, d.h. sie
führen auf das gleiche Resultat, unabhängig davon, in
welcher Reihenfolge die Transformationsregeln angewandt
werden. Dies ist eine Konsequenz der Konstruktion des
Programmtransformationssystems, das für ein vorgegebenes
Anwendbarkeitsmuster jeweils nur eine Regel kennt, die
paßt und anwendbar ist.
In diesem Sinne kann der Maschine-unabhängige Code-Erzeugungsprozeß via Dekomposition als Programmvereinfachung
/12 / angesehen werden. Allerdings kann ein kanonischer
Vereinfacher (bezüglich der Äquivalenzrelation "gleiche
Semantik") nicht existieren. Zu jedem Programm gibt es
eine Normalform, auf die keine weiteren Transformationsregeln anwendbar sind.
Es dürfte interessant sein, im Vergleich dazu zu sehen, wie
der Code-Erzeugungsprozeß im Laufe der Jahre verstanden
worden ist und welche Vorteile das neue Modell bietet.


### 4.1 Auffassungen vom Code-Erzeugungsprozeß (Compilations-
prozeß)


### 4.1.1 Das primitive Modell: Compilation als 'general
data processing problem'


Vor allem von Praktikern wurde seit der Zeit, zu der der
erste Compiler entwickelt wurde, der Compilationsprozeß
als nicht weiter zu erklärender,aus vielen einzelnen
Aktivitäten bestehender,Grundvorgang der Informationsver-

arbeitung betrachtet. Dies geht sehr schön aus dem Titel
von P. Naur's Vortrag auf der Konferenz über Programmiersprachen ... 1965 hervor / 58 /. So wie man andere große
Probleme meistert, so bewältigt man auch das Problem, aus
einer über einen Datenträger eingelesenen Zeichenkette, die
ein Quellprogramm repräsentiert, eine andere zu erzeugen,
die ein lauffähiges Maschinenprogramm ist.
Man muß dazu das Quellprogramm analysieren, d.h. die in
ihm enthaltene Information herauslösen und verfügbar
machen und kann dann das richtige Objektprogramm synthe-
tisieren. Etappen in der Analyse sind die lexikalische
Verdichtung des Programmtextes, die Erkennung der syntaktischen Struktur und schließlich die Ermittlung der Programm-
semantik, die man dann für die Synthesephase benötigt. Im
extremen Falle wäre ein Schnitt durch den Compiler denkbar,
an dessen analyseseitiger Schnittstelle die gesamte Programm-
bedeutung in passenden Datenstrukturen des Compilers verschlüsselt ist.

Eine Variation ist das Modell des "syntax-directed compilation":
Es ... "allows subroutines or 'semantic actions' to be
attached to the productions of a context free grammar.
These subroutines generate (intermediate) code when called
at appropriate times by a parser for that grammar. The
syntax-directed translation scheme is useful because it
enables the compiler designer to express the generation
of (intermediate) code directly in terms of the syntactic
structure of the source language. Unfortunately, there is
no widely accepted formalism, other than a general programming
language, to describe the full range of semantic actions
needed to produce (intermediate) code for typical programming
languages" / 2/ ,S. 145/. Die Grammatik mit zugeordneten
semantischen Routinen stellt also einen Entwurf des Compilers
dar oder wird von einem Compiler-Generator in einen solchen
umgeformt. (Wir haben die Worte "intermediate" in Klammern
gestellt, weil ursprünglich das Modell durchaus auf die
direkte Code-Erzeugung abgestimmt war. Aho und Ullman jedoch

verwenden es um Zwischencode (d.h. dekomponierte Strukturen)
zu erzeugen.


Typischerweise ist diese Vorstellung vom Compilationsprozeß
verbunden mit einer Ignorierung der Korrektheitsproblematik.
Grundtenor der Arbeiten, die unter Voraussetzung dieses
Modells geschrieben worden ist: Wenn der Compiler richtig
(d.h. vom professionellen Programmierer) geschrieben wurde,
so produziert er auch korrekten Code. Höchst selten wird
formuliert, worin diese Korrektheit überhaupt liegt: "I
feel that formal logic people have a got statement, speci-
fically the Berlin school represented by Schröter. They
put it in this way: What we are doing here is to look for
the translation of one language which has a semantic in
another language and that translation has to be semantic-
preserving" / 5 /.


Es ist kein Wunder, daß auf Grund der Reichheit der Quellsprachen im Vergleich mit der Primitivität der (verschachte-
lungslosen)  Maschinensprache, die Forschung sich auf das
Problem der Analyse konzentrierte. Diese Wendung drückte
sich auch aus in einer Identifizierung des Übersetzungsvor-
gangs mit dem der Analyse, ja sogar mit dem der syntaktischen Analyse: Diese wird häufig /74/ als "Translation" bezeichnet.
Die Korrektheitsproblematik wurde deutlich durch die mangel-
haften Beschreibungen von Programmiersprachen. Es ist kein
Wunder, daß der erste Versuch eines Korrektheitsbeweises
für einen Compiler nicht von Fachleuten der Compilerentwicklung durchgeführt wurde, sondern von Forschern, die
mit der Programmiersprachensemantik und ihrer Beschreibung
befaßt waren /53 /.

Das primitive Modell erwies sich als verträglich mit den
Versuchen zur positiven Beantwortung der Korrektheitsfrage: Der Compiler, ein großes Programm, kann falsch oder
korrekt sein. Kriterium für seine Korrektheit ist die
Übereinstimmung der Bedeutungen von Quell- und Objektprogramm. Wenn es gelänge, die Semantiken beider Sprachen
zu formalisieren mit Hilfe eines logischen Formalismus,
könnte man beweisen, daß der Compiler Sprachkonstrukte
in semantisch äquivalente Sprachkonstrukte umwandelt.
Polak /60/ hat diese aufwendige Aufgabe für eine spezielle
Programmiersprache erfolgreich lösen können.


## 4.1.2  Das definitorische Modell

Als man den Teilvorgang der syntaktischen Analyse beherrschte, ging man dazu über, gleich ganze Gruppen von Quellsprachen zu behandeln. Die Compiler-Compiler erzeugten auf
der Basis von syntaktischen Beschreibungen von Programmiersprachen Compiler, zumindest jedoch Analyseteile. Gewöhnlich
konnten nur einigermaßen verwandte Programmiersprachen mit
einem Beschreibungsformalismus beschrieben werden, und die
Vielfalt der übersetzbaren Programmiersprachen wurde statt
dessen simuliert: Durch Neudefinition von theoretischen
Beispielsprachen.
Man erweiterte die dazu verwendeten Meta-Sprachen, die als
Eingabemedium des Compiler-Compilers dienten, um Elemente,
die den zu erzeugenden Code beschrieben oder doch wenigstens
um Elemente, die die semantische Analyse veranlassen sollten,
und nannte diesen Teil "Beschreibung der Semantik". Für die
künstlichen Sprachen jedoch stand die Semantik in beliebiger
Weise parat: der Compiler-Compiler-Anwender wollte (in der
Regel) diesen auf eine neu-definierte Sprache anwenden und

hatte daher nicht nur die Freiheit, die bekannten arithmetischen Formeln mittels links- oder rechtsrekursiver Produktionsregeln oder für die syntaktische Analyse besonders bequemen Grammatiken zu beschreiben, er konnte auch die zu erzeugenden Objektsprachenelemente willkürlich setzen. So schien es, als ob die Frage der Korrektheit überhaupt nicht zur Debatte stünde.

Diese Sicht, daß der Compiler somit eigentlich per-definitionem immer richtig sei, weil er das Medium zur Semantik-Definition sei, wurde lange Zeit genährt durch die mangelnden Fortschritte bei der semantischen Beschreibung von Programmiersprachen. Ein typisches Beispiel ist das bekannte Buch von Aho und Ullman / 1 /, in dem fast durchweg die Meinung vertreten wird, daß der Compiler die Semantik einer Programmiersprache definiere. Zwar diskutieren die Autoren zwei weitere Perspektiven, nämlich die denotationelle Sicht (nach der die Semantik einer Programmiersprache gegeben werden kann durch die Beschreibung einer Abbildung in eine andere Sprache, deren Bedeutung als bekannt vorausgesetzt wird, wobei es sich normalerweise um einen funktionalen Kalkül handelt. Programme werden als äquivalent betrachtet, wenn sie dieselbe (mathematische) Funktion definieren )) und die operationelle (nach der die Semantik definiert wird durch Angabe eines Interpreters auf einer idealen Maschine. Die Bedeutung eines Programmes ist sein Effekt auf den Maschinenzustand, wenn es von einer vorher definierten Konfiguration gestartet worden ist. Programme gelten als äquivalent, wenn die resultierenden Zustände identisch sind.)

---

Demgegenüber stellen sich die Autoren im gesamten Buch aber
nicht der Frage, ob denn Quell- und Objektprogramm die gleiche
Semantik haben. Sie geben auch keinen Beschreibungsformalismus für die Semantik an und begnügen sich offensichtlich
mit der Aussage, daß die Bedeutung eines Programmes der
Output eines Compilers ist, wenn das Programm in der Quellsprache als Input gegeben wird. Die Autoren sehen überhaupt
nicht das Problem,daß ihr umfängliches Werk völlig nutzlos
ist bei einer derartigen Sicht: Es genügte doch offensichtlich ein simpler Zyklus, der jedes Zeichen einliest und
irgendeine Folge von Zeichen, etwa lauter Nullen,ausgibt,
um einen derartigen Compiler zu schreiben!
Wenn man also viel Aufwand treibt, so definiert man eben
eine andere Sprache, könnten die Autoren argumentieren.
Jedoch ist das nicht sehr überzeugend. Im Grunde verschweigen
uns die Vertreter des definitorischen Compilermodells die
eigentliche Aufgabe eines Compilers, die keineswegs in der
Sprachdefinition, sondern darin liegt, den Quellprogramm-
text zu verarbeiten und "als Ausgabe maschinenorientierte
Anweisungen (zu erzeugen), die denselben Algorithmus beschreiben, wie der ursprüngliche Text" /64/, S. 19/.
In / 2 / erweitern die Autoren die Perspektive, indem sie
neben die notationale  Sicht (die sie nun als "Translation"
bezeichnen) noch die axiomatische Definition (Axiome als
Regeln, die Beziehungen zwischen Ein- und Ausgabebedingungen
fordern bzw. bestimmen) sowie die erweiterbare Definition
(wo gewisse Primitiva definitorisch eingeführt würden und
die Bedeutung der Sprache mittels dieser Primitiva ausge-
drückt würde) und die mathematische Semantik (die die
Bedeutung von Programmen als mathematische Abbildungen bestimmen).
Auf Seite 30 unten bekennen sich die Autoren ziemlich deutlich zum definitorischen Standpunkt.

### 4.1.3 Vorarbeiten in Richtung auf ein Transformations-modell

Es lag von Anfang an nahe, bei dieser allgemein bekannten
Aufgabenstellung für einen Compiler, diesen als Programm-
tranformatior zu begreifen. Wenn um 1960 die Programmtransformation  so populär und bekannt gewesen wäre wie
heute (um nicht zu sagen "in Mode"), wären Grau's Ideen /32/
nicht wieder untergegangen. Obgleich Grau seine Ausführungen
aufbaut auf der "theory of translation outlined by Bauer
and Samelson", d.h. der Arbeit / 63/, geht er doch eigene
Wege, was die Theorie anbetrifft. Denn das Bauer-Samel-
sonsche Kellerprinzip kann sicher nicht als Grundlage
einer Übersetzertheorie gelten, obwohl gewiß als effektive
und effiziente Methode. Zunächst war Grau einer der wenigen,
die um 1960 deutlich die Aufgabe eines Compilers beschrieben:
"The task of an translator is to produce from a source program a
program in the language of the machine which when executed
by the machine will perform the intent of the programmer."
Grau sah schon, daß der Übergang von Quell- zu Objektprogramm eine Transformation  sei, die besonders gut beschreib-
bar wäre, wenn man innerhalb der Quellsprache bliebe. So
teilt er den Übersetzungsprozeß in zwei Phasen: 1. in die
"decomposition of a program into bracket-free constituents
of a desired type" und 2. in die "replacement of these
(constituents) by their target equivalents". Er schlägt
direkt als "target-language" "bracket-free ALGOL-statement"
(im Falle der ALGOL-Compilation) vor, weil diese "easily
converted into target code". Nur "a few constituents not
expressible in terms of ALGOL are also in general needed."

Damit hat Grau wesentliche Teile des Transformationsmodells
vorweg genommen, und man muß die Frage stellen, wieso dieser
Ansatz nicht weiterverfolgt worden ist. Es scheint so, daß
die Grau'sche Arbeit selbst eine Antwort darauf ist: Außer
den zitierten Äußerungen, obwohl diese eindeutig pragmatisch
gemeint waren und an wesentlicher Stelle der Arbeit plaziert
sind, kann man keine Verwendung des eigenen Ansatzes finden.
Grau gibt weder Beispiele für Dekompositionen von verschachtelten ALGOL-Ausdrücken oder Statements, noch formuliert er
Regeln dafür. Er zeigt nicht die Realisierbarkeit seiner Pro-
grammatik, und man hat den Eindruck, er habe auch keine dahin-
gehenden Versuche angestellt.

Zur gleichen Zeit wie Grau haben auch Arden et al. den Begriff
"Dekomposition" für einen wichtigen Teilschritt der Compilation benutzt /4 /. Allerdings findet diese nicht innerhalb
einer Programmiersprache statt, sondern führt in eine völlig
andere interne Form, die "matrix form". Interessant ist, daß
Äquivalenzen für Iterative Statements und computed conditional
Statements angegeben werden.

Daß von der internen Programmrepräsentation mittels der "threaded
lists" zusammen mit den entsprechenden Tafeln das originale
Programm rekonstruierbar sein müsse, vermerken Evans Jr. et
al. / 25/.

Ledley und Wilson geben eine sehr grobe Beschreibung des Compilationsprozesses durch Transformationen. Zunächst müsse die
Definition der Quellsprache "in terms of" der Objektsprache gegeben sein: S(0).
Der Übersetzer sei dann eine Transformation T mit T(S(0))=0
und der Eigenschaft, wenn P(S) ein Programm in der Sprache S
sei, dann ist T(P(S))=P(T(S))=P(0)   /45 /.

Eine interessante Passage können wir bei Conway /17/ 1963
finden: "Because the polish intermetiate language is simply
a minimal representation of the information in the source
language, the form of the intermediate language is more
naturally related to the source language than to the object
language. This naturalness is evident in the simplicity of
attaching actions to transition diagram paths once the
embodiement of the source language definition in transition
diagrams has been decided. Whether a similar naturalness
exists for the translations from intermediate language to
object code is heavily dependent on the nature of the object
machine ... If the sequence of operators in the intermediate
string strongly determines the sequence of operators in the
object string ... then the generation is natural. Unnatural
generation is characterized by large amounts of testing of
information  ... before the form of the response to an operator in the intermediate code  can be determined ..."
Er schließt: "General methods for code generation which are
as neat as those which exist for source-to-intermediate
translation is an important unsolved problem."


## 4.1.4  Der van-Wijngaarden'sche Preprozessor /75/

1963 hat van Wijngaarden einen Mechanismus beschreiben, der
viel Ähnlichkeit zu einer compilierenden Menge von Transformationsregeln hat. Allerdings war seine Absicht nicht, eine
Beschreibung des Compilationsprozesses zu geben - dies
zeigt sich darin, daß Dekomposition nur eine untergeordnete
Rolle spielt - sondern die in gegebenen Quellprogrammen ent-
haltenen Programmkonstrukte so zu vermindern, daß ein die
Programmiersprache definierender Interpreter (der Prozessor)
einfacher zu beschreiben sei. Dieser Interpreter sollte
abgearbeitet werden von einer Zeichenketten verarbeitenden
Maschine.

Der Preprozessor sollte aus ALGOL60-Programmen möglichst
viele unnötige Konstrukte entfernen und dabei die Semantik
erhalten. Das reduzierte ALGOL60, die vom Interpreter
(Prozessor) verarbeitete Sprache,sollte nur noch enthalten:

   i) arithmetische und Bool'sche Operationen

  ii) Zuweisungen

 iii) Prozeduren mit und ohne Parameter (Parameterüber-
     gabe per Name und Wert)

  iv) Blockstruktur (gekleidet in die Lokalität von Pro-
     zeduren) und "own"-Konzept

van Wijngaarden scheint nicht gesehen zu haben, daß man seinen
Preprozessor als Compiler für ALGOL60-Programme in die Maschinensprache des Prozessors auffassen kann (oder jedenfalls
mit wenig Aufwand zu einem solchen machen kann). Angesichts
der hitzigen Diskussion (/75/, S. 18-24) muß man konstatieren,
daß solche Ideen 1963 zu früh kamen, als man die syntaktische
Analyse noch keinesfalls beherrschte. Ein weiterer Punkt
schien für van Wijngaarden ebenfalls weniger wichtig zu
sein: der der Korrektheit. Er bezeichnet den Preprozessor
als genau dasselbe, als was wir die compilierenden Transformationsregeln bezeichnet haben: "This rewrites the text into
an equivalent one in a more restricted language." Wenn man
eine solche Behauptung aufstellt, braucht man sich nicht zu
wundern, wenn die Zuhörer skeptisch sind, daß der Transformationsprozeß in der Tat die Semantik des Textes erhält (wie
etwa S.Gorn). E. Dijkstra hat dann explizit nach den Korrektheitsbeweisen gefragt und erhielt als Antwort: "I did my
best" (d.i. nicht die Korrektheit zu beweisen, sondern die
Regeln korrekt zu entwickeln). van Wijngaarden war also
überzeugt, daß die von ihm angegebenen Transformationsregeln
so einfach wären, daß sie jedermann hätte einsehen können.

Ohnehin  wäre ein Beweis bei der vagen Beschreibung von
ALGOL60 problematisch  gewesen. Die zum Ausweg führende
Idee, die erforderlichen minimalen Äquivalenzen axiomatisch
zu fordern, ist van Wijngaarden nicht gekommen. Interessant
ist, daß er selbst die Schwierigkeiten an ganz falschen
Stellen gesucht hat: Sein Hauptargument für die semantische
Äquivalenz von Ursprungsprogramm und transformiertem Programm
ist: "Sure (the processor could do all the eliminiation with-
out any loss of meaning.) I do not change any identifier."
(Die Sentenz in Klammern gibt einen Teil der Frage von
S. Gorn wider.)
Ein wichtiger Unterschied im Ziel van Wijngaardens und unserem
liegt darin, daß er nicht die Dekomposition der Programme
beabsichtigt. Die Kompliziertheit der Verschachtelungen ist
ihm völlig gleichgültig. Es geht ihm nur um die Beseitigung
von Konstrukten. So werden die Primaries hauptsächlich deshalb aus den Ausdrücken gelöst, um die Funktionsausdrücke zu
separieren.
Demgegenüber haben wir uns hauptsächlich um die Beseitigung
der Verschachtelung bemüht und die Vielfalt der Konstrukte
der abstrakten Maschine zugeschoben. Wir glauben, daß die
unnötigen Konstrukte durch einfache Makro-Definitionen auf
die erforderlichen Konstrukte zurückgeführt werden können.
Hier sind die Transformationsschritte van Wijngaardens:
 1. Beseitigung aller Kommentare.
 2. Ersetzung der Zeichenketten ")letterstring(" durch
    "," außerhalb von Zeichenketten. (Für letterstring
    können beliebige Buchstabenfolgen stehen.)
 3. Ersetze (außerhalb von Zeichenketten) das Symbol "array",
    wenn ihm nicht ein lokaler oder own-Typ vorangeht,
    durch "real array".
 4. Ersetze alle for-Statements durch die sie definierenden
    Statementfolgen.

5. Ersetze jede Funktionsdeklaration ("type procedure declaration") durch eine (nontype) Prozedurdeklaration mit einem zusätzlich eingeführten Parameter. Ersetze Zuweisungen zum Prozeduridentifier durch Zuweisungen zu diesem neuen formalen Parameter.

6. Ersetze alle Primaries in Ausdrücken, die in Zuweisungen vorkommen, durch Hilfsvariable. Füge unmittelbar vor das Statement eine Folge von neuen Zuweisungen zu diesen Hilfsvariablen ein, in denen sie die erforderlichen Werte bekommen. Füge hinter das Statement einen oder mehrere Statements an, die den Wert der Hilfsvariablen auf der linken Seite der oder den wirklichen Variablen zuweisen.

7. Ersetze die aktuellen Parameter in einem Prozeduraufruf durch die Identifikatoren von Prozeduren mit zwei Parametern. (Füge zum Programm Prozedurdeklarationen hinzu, die diese wie folgt definieren:) Diese Prozeduren weisen in Abhängigkeit vom Wert des zweiten Parameters entweder dem aktuellen Parameter den Wert des zweiten Parameters zu (Output), oder weisen dem ersten Parameter den Wert des aktuellen Parameters zu (Input) oder führen einen GOTO-Statement aus, der zum aktuellen Parameter führt. Im Prozedurkörper werden die formalen Parameter dann ersetzt durch die entsprechenden Aufrufe.

8. Ersetze bedingte Ausdrücke, die nicht aktuelle Parameter sind, durch entsprechend gesplitteten Text (d.h. ziehe Zuweisungen nach innen).

9. Ersetze switch-Deklarationen durch entsprechende Prozedurdeklarationen,die GOTO-Statements enthalten. Ein GOTO-Statement, das sich auf ein Switch-Element bezieht, wird durch den entsprechenden Prozedur-Aufruf ersetzt.

10. Beseitige alle mehrfachen Sprungmarken, benenne Bezugnahmen auf die umbenannten Marken um.

11. Füge zu jeder Prozedur-Deklaration einen extra formalen
    Parameter hinzu, dessen Typ 'label' sei, und schiebe am
    Ende des Prozedurkörpers ein GOTO-Statement ein, das zu
    diesem formalen Parameter führt. Gleichzeitig wird
    jedes Statement, das auf einen Prozeduraufruf folgt, mit
    einer Sprungmarke versehen (wenn es nicht schon eine hat).
    Diese Marke wird an entsprechender Stelle als aktueller
    Parameter in den Prozeduraufruf gestellt.
    Jedes Statement, das auf ein GOTO-Statement folgt, bekommt
    eine Marke.
    Jedes bedingte GOTO-Statement, das ein IF-Statement ist,
    wird durch einen Teil "'else' 'goto' label" ergänzt,
    wobei  als Marke ("label") die des folgenden Statements
    genommen wird.
    Jeder Block, der noch keine Marke hat, bekommt eine (außer
    dem äußersten). Das jeweils erste Statement in jedem
    Block wird ebenso behandelt (bekommt eine Marke). Wenn
    vor einer Marke (es sei denn, sie ist die erste im Block)
    noch kein GOTO-Statement steht, dann führe es ein.
    Nun wird jede Statementfolge zwischen zwei aufeinander-
    folgenden Marken in BEGIN-END-Klammern eingeschlossen
    (wenn diese nicht schon vorhanden sind).
12. Füge am Ende jedes Blockes ein unmarkiertes GOTO-Statement
    ein, das zum ersten Statement dieses Blockes führt (es
    wird nie ausgeführt, weil davor ein anderes GOTO-Statement
    steht).
13. Vor jede Sprungmarke wird nun 'procedure' geschrieben, das
    ":" durch ";" ersetzt und alle "'go to'" gestrichen.


Man sieht leicht, daß diese Transformationsregeln nicht den
gewünschten Zweck erreichen lassen, weil der Schritt 6. nicht
für aktuelle Parameter von Prozeduraufrufen bzw. auf die
bei Anwendung von Schritt 7 erzeugten Zuweisungen nicht erneut
angewendet wird.

Ohnehine müßte der Schritt 6. rekursiv formuliert werden.
Der Schritt 5. ist sicher unvollständig, denn das Ändern
der Funktionsdeklarationen müßte begleitet sein von Änderungen aller Statements, in denen Funktionsaufrufe stehen.
Erneut gibt es hier Probleme mit Funktionsaufrufen, die
als Parameter von Prozeduraufrufen vorkommen: Für diese
Parameter wäre zunächst Schritt 7. auszuführen, bevor
Schritt 5. richtig anwendbar wäre.
Die Regel 6. bringt zudem eine empfindliche Änderung der
Semantik mit sich, weil die Typen von Primaries nicht definit
zu sein brauchen (IF-Ausdrücke mit Alternativausdrücken,
die verschiedenen Typen zugehören). Die Hilfsvariablen je-
doch müssen einen definiten Typ haben.
Prinzipiell erscheinen diese Defekte jedoch reparierbar (weil
es auch eine Menge von dekomponierenden Regeln gibt, die
ALGOL60 compilieren).
Dies genüge zur Diskussion des van Wijngaardenschen Pre-
prozessors.


## 4.1.5  Bauer und Goos'sches "Formelaufbrechen"

Bauer und Goos haben 1971 in ihrer einführenden Übersicht
in die Informatik im Kapitel "Maschinenorientierte algo-
rithmische Sprachen" (/7/, S. 137 ff.) die maschinenorientierte Sprache aus der höheren (im wesentlichen ALGOL68) entwickelt. Sie gehen dabei so vor, daß sie verschachtelte
Konstrukte (Formeln in Bedingungen und Zuweisungen) "aufbrechen" und dabei die Maschinenoperationen zunächst als
primitive Operationen der höheren Programmiersprache schreiben.
Der Übergang wird durchaus prozeßhaft gesehen: "Charakteristi-
scherweise werden jedoch alle Konstruktionen mehr und mehr
unterdrückt, bei denen man sich 'etwas denken muß', etwa
unterstellte Dereferenzierungen, Artausweitungen, Prozeduraufrufe; oder Formeln, in denen Klammern unterstellt sind

auf Grund des Vorrangs gewisser Operationen vor anderen ...
Alle Maßnahmen zielen darauf ab, daß die Bedeutung einer
Konstruktion stets aus ihr selbst erschlossen werden kann,
ohne die Umgebung anzusehen. Die einzelnen bedeutungsiso-
lierten Konstruktionen nennt man dann auch bezeichnenderweise
Befehle, die Sprache bietet ein dementsprechend abgehacktes
Bild ..." (ebendort).
Dabei beschränkt sich das Aufbrechen keineswegs auf das
Einführen von impliziten Klammern, sondern die Autoren
demonstrieren genau die Dekomposition, die wir für FORTRAN-
Zuweisungen vorgestellt haben.
Die angegebenen Beispiele betreffen zunächst Transformationen
von Zuweisungen mit Ausdrücken auf der rechten Seite, die
in "Drei-Adreß-Befehle" zerlegt werden. Später folgt die
Beschreibung der Überführung in "Ein-Adreß-Form", wobei
explizit die Sondervariable "AC" verwendet wird.
Es scheint aber für die Autoren hier kein Korrektheitsproblem
zu geben (beachte das Erscheinungsdatum 1971!) oder diskussions-
wert zu sein, so daß sie die Frage nach der Äquivalenz der
Anweisungen und der Code-Sequenz nicht stellen, obwohl
ständig unausgesprochen in der Luft liegt, daß die "Zerlegung" zu einem äquivalenten Programm führen muß.
Bedauerlicherweise glauben dann die Autoren eine Kurzschrift
einführen zu müssen, in der die Sondervariable AC nicht mehr
auftritt. Begründung ist die als unbequem und nicht suggestiv
angesehene Schreibweise: "Schreibtechnisch empfiehlt sich für
die Einadreßbefehle eine Kurzschrift." /ebd., S. 142/.
Das psychologische Problem dürfte aber eine Rolle spielen,
daß eine ALGOL-ähnliche Assemblersprache als derartig ungewöhnlich und von verwendeten Assemblersprachen verschieden
angesehen wird, daß sie nicht in Betracht gezogen wird.
Weniger Zeilen haben die Autoren nicht schreiben können, und
ob die Programme nun klarer und mehr suggestiv geworden sind,
erscheint sehr fraglich.

Es wäre pädagogisch sinnvoller und günstiger gewesen, wenn
die längere Form beibehalten worden wäre. Sogar die Verfüg-
barkeit mehrer Akkumulatoren und die Unterscheidung von
Akkumulatoren verschiedener Art (für 'real', 'int',
'bool') wird angesprochen (S. 145-146). Als "'Ein-Adreß-
Form' des bedingten Sprunges" wird auf S. 147 angegeben:
'if' AC=true 'then' 'goto' marke 'fi'". Wenig später (S. 148)
wird die kürzere Notation - ohne den AC - wieder für günstiger
ausgegeben.
Während bis zu diesem Punkt noch von "Rückführung" der Anweisungen in der höheren Sprache in die Befehle der maschinen-
orientierten Sprache die Rede war, gehen die Autoren später
zum Wort "Behandlung" über. Sicher ist dieses Wort wesentlich
unspezifischer und enthält weniger den Dekompositionsaspekt.
Probleme gibt es natürlich beim Unterprogrammaufruf (S. 152).
Es ist in der Tat viel verlangt, wenn man für ein maschinen-
nahes Kürzel die unbequeme Quellsprachenformulierung des
Prozeduraufrufs (mit passenden 'behandelten' Parametern)
als Sprachelement fordert. Kein Wunder  also, daß die Autoren
diesen Weg nicht beschreiten. Wenn man es jedoch tut und
überhaupt das gesamte Kapitel so umformulieren würde, daß
die "Kürzel" verschwinden, so könnte man denselben Stoff
behandeln, das Ganze wäre verständlicher und die Frage der
semantischen Äquivalenz könnte berücksichtigt werden.
Schreiben wir in diesem Sinne die Maschinendefinition (S. 168)
in die erweiterte Notation um, so erhalten wir folgendes:


### 3.3.1.1 Rechenbefehle


```
AC := name IRk          "bringe"
AC := AC w name IRk      w - dyadische Operation
AC := s AC              s - monadische Operation
name IRk := AC          "speichere"
```

### 3.3.1.2 Indexrechenbefehle

```
IRk := AC
IRk := name
IRk := constant          constant als "ganze Zahl"
IRk := IRk + name IRk
IRk := IRk + constant
AC  := IRk
AC  := AC w IRk
```

### 3.3.1.3 Sprungbefehle

```
goto name(IRk)
if AC r 0 then goto name(IRk)
if AC = true then goto name(IRk)
if AC = false then goto name(IRk)
procname(par_1,...,par_n)
```

Man vergleiche diese Aufstellung mit unserer Definition
der FORTRAN-Maschine! Zusammenfassend können wir sagen,
daß Bauer und Goos an der Schwelle der Darstellung des
Compilierungsprozesses durch Programmtransformation ge-
standen haben. Da sie diese Sicht nicht hatten, bevorzug-
ten sie die Kurzschrift und verpaßten die Möglichkeit der
Diskussion von Fragen der Compilerkorrektheit und der
Darstellung der Compilation durch einfache Regeln.

## 4.1.6  Compilation als Baumtransformation

Um 1973/74 hat de Remer ein detailliertes Modell der
Compilation /21/ entwickelt. Im Unterschied zu Aho und
Ullman - die wenigstens noch verschiedene Semantikmodelle
vergleichen - nimmt er (jedenfalls in der verfügbaren
Literatur /21/, /55/) zum Problem der Semantik überhaupt
nicht Stellung. In seinem Modell, das dem "primitiven
Modell" sehr ähnlich ist, teilt er den Compilierungsprozeß
in 10 Phasen ein.(Lexikalische und Syntaxanalyse sind
ersten zwei davon.) Dabei ist insbesondere die bei Aho und
Ullman so undifferenzierte Phase der Code-Erzeugung aufge-
splittet in 5 Teilschritte /21/ (in /55/ werden deren 6
angegeben). Diese Teilschritte werden als Baumtransformationen des Syntaxbaumes beschrieben. Zu diesem Zweck hat
de Remer die "Transformationsgrammatiken" eingeführt /20/.
Eigentlich geht dieser Name am Gegenstand vorbei, denn es
handelt sich nicht um Grammatiken, sondern um Transformationen,
die auf eine Grammatik bezogen sind. Es ist interessant,
daß de Remer, wenn er vom Syntaxbaum auf einer gewissen
Stufe dieser Transformationen spricht, durchaus auch einmal
das Wort "Programm" verwendet. So heißt es über die vorletzte
Stufe der Transformation: "The program partially flattened
into 'pseudo code' is ready to be further translated into
'machine code'. By 'pseudo code' we mean the control
structure (program) for an 'ideal' machine, ideal in the
sense of conceptual simplifiaction for defining the semantics
of the language being translated."(/21/, Seite 124). Man ist
sehr versucht, hinter dem Wort "Transformation" nicht bloß
eine andere Formulierung für "Abbildung" von Bäumen in
andere Bäume zu verstehen, sondern eine Semantik-erhaltende
Umformung des Programmes. Diese Interpretation wird zum
Beispiel durch Bemerkungen über einen anderen Transformationsschritt, der Standardisierung, gestützt. De Remer scheint

hier darauf hinzuweisen, daß diese Programmtransformationen
hauptsächlich struktureller Natur seien, d.h. nur syntaktisch,
und daß die Semantik nur insoweit involviert ist,  als die
Transformationsschritte die Semantik der verarbeiteten
Programmteile erhalten müssen. Er schreibt: "The transformation
we envision happening at this second level are distinctly
nontrivial. In fact, in most current compilers they happen
only implicitly and are buried indistinguishably in that
amorphus lump called the 'code generator' or 'synthetizer'.
One reason that this latter 'semantic' phase of compilation
is so complex is that we have not recognized that, indeed
part of what happens in that phase is really syntactic, i.e.
is involved with changing, or working around, the original
form of the program." Und wenig später "The module FLATTEN
is intended to change the representation of the program
into a mostly linear one." (/21/, S. 129).
In /55/ werden die Bäume deutich als Repräsentationen des
Programms bezeichnet: "The parse tree as well defined
representation contains all the information originally
present in the source text of the program". An anderer Stelle
werden sie sogar als Programme für hypothetische Rechner bezeichnet: "The attribute distributed tree is executable form
if we had tree executing hardware."(/55/, S.86).
Es wird allerdings nicht erwähnt, daß auch die "attribute
collected trees" solche ausführbaren Programme sind, ja,
im Grunde jede Zwischenstufe. Die Gründe für diese Nichter-
wähnung sind unklar.
Gewisse Vorbehalte davor, daß die Transformationsregeln
wirkliche Programmtransformationen sind, geht aus der Schreibweise der Transformationen hervor. So werden diese als Baumtransformationen unter Verwendung einer linearen Baumnotation
geschrieben. So etwa die "let-Transformation" als:
'let'<'=' X E1  E2> => '$\gamma$'<'$\lambda$'X E2> E1.

Nicht Programmelemente werden anscheinend transformiert,
sondern Baumteile, die zwar auch die Programmstücke darstellen, aber auch Teile davon, wie Ausdrücke etc. .
Der "flattening"-Prozeß - der Name ist nicht zufällig mehr
auf die Linearisierung der Bäume abgestimmt statt auf die
Dekomposition der Programmelemente - wird leider nur sehr
vage beschrieben: "expressions are typically flattened into
the simple linear notation ..." (/ 21/,S.124).   Diese Notation
ist Präfix- oder Postfix-Polnisch (aber als Baumstruktur).
Das Beispiel (/55/, S.86 )  gibt leider nur Ausdrücke einer
Ebene an.
Wir finden hier also die Verwendung der Baumausdrücke für
Ausdrucksteile ohne die Bezugnahme auf ganze Programmelemente.
Auch wird nicht restlos klar, ob die Programmelemente die
entsprechenden Baumstrukturen besonders einprägsam bezeichnen sollen, oder ob die Baumausdrücke nur andere Bezeichnungen
für Operationen an Programmen sind.
Ähnlich wie Aho und Ullman operiert de Remer also mit einer
Sicht des Übersetzungsprozesses als Übergang zwischen be-
deutungsgleichen aber syntaktisch unterschiedlichen Repräsentationen des Quellprogramms. Er spricht mehr explizit aus.
Dennoch vermissen wir die klärende Feststellung, daß sowohl
das Quellprogramm als auch die verschiedenen Baumdarstellungen
und schließlich das Objektprogramm alle gleichwertige Repräsentationen ein- und desselben Programmes sind. Allerdings
muß man feststellen, daß diese Beziehung nicht ganz umkehr-
bar-eindeutig - wiewohl eindeutig - ist. De Remer weist auf
diesen Sachverhalt hin, indem er vom 'Informationsverlust'
beim Übergang von einer Repräsentation in die andere spricht:
"Each module leaves a tree which is closer to the target
text while perhaps discarding some information not needed
to accomplish further translation steps."

De Remer läßt offen, welche Information tatsächlich ver-
loren geht. Wenn man diesen Punkt betrachtet, so könnte
man folgendes sagen: Die lexikalische Analyse, die von
den Quellzeichenketten zu den Tokenketten transformiert,
vernichtet dabei einige Angaben über das konkrete Layout,
d.h. die eingestreuten Leerzeichen usw.. Die syntaktische
Analyse scheint aber keineswegs irgendwelche Information
aufzugeben. Bei der Standardisierung wiederum werden
konkret verwendete Sprachkonstrukte zugunsten von Standard-
elementen aufgegeben. Würde dem Programmierer nach der
Standardisierung das Programm wieder in die Quellform zurück-
verwandelt - was sicher einfach möglich ist -, so könnte er,
wenn er nicht die Standardelemente benutzt hat, Schwierigkeiten beim Wiedererkennen seines Programmes haben. Diese
Schwierigkeiten bestehen praktisch nicht bei der Programmrepräsentation nach der lexikalischen Analyse.
Hier haben wir auch einen Zugang zu der Problematik, wann
ein Übergang von einer Repräsentation zur anderen korrekt
vollzogen worden ist: Wenn er, unter Vernachlässigung
gewisser (nach Übereinkunft als nebensächlich bezeichneter)
Eigenschaften rückgängig gemacht werden kann. Damit tritt
zur reinen Zweckmäßigkeit bei Aho und Ullman das Element
der Korrektheitsprüfung.
W.M. Waite hat sich 1974 in das Compilermodell de Remers
eingepaßt und die von ihm beschriebenen Teilphasen so dargestellt, daß sie de Remers Moduln entsprechen. Im Zusammenhang mit der Optimierung spricht er deutlich von Programmtransformationen /72/. Bei der Code-Erzeugung jedoch
stellen wir einen Darstellungsbruch fest. Währed er
zunächst (in dem Beitrag /73/ über semantische Analyse)
nicht nur de Remers Terminus "flattening" übernimmt
und als "Transformationsprozeß" beschreibt:

"Flattening ... transforms a tree into a sequence by
making explicit the order in which operators are executed",
beschreibt er diesen Vorgang im einzelnen (in /74 /) mit
Hilfe eines automatentheoretischen Konstrukts. Auf die
Frage der Semantikerhaltung geht er in diesem zweiten Beitrag nicht einmal im Ansatz ein.

Wir müssen zur Kenntnis nehmen, daß der Terminus "Transformation" ganz allgemein für "Übergang", "Abbildung", "Umformung"
udgl. verwendet wird, ohne daß implizit der Bezug auf eine
Standardbedeutung, die semantikerhaltende Programmtransformation, gemacht wird. Um Programmtransformation handelt
es sich immer dann, wenn ganze Programmelemente (Programmstücke, Anweisungen, Ausdrücke nur in Ausdruckssprachen)
durch andere oder veränderte neue Programmelemente ersetzt
werden (eingeschlossen das leere Element).

Sehr in unserem Sinne ist die Schlußbemerkung von /73/:
"The result of the semantic analysis is an instruction
sequence which may be thought of as program for an abstract
machine (source language machine) having the primitives
of the source language."

Bemerkenswert (im Unterschied zu Aho und Ullman) ist
ferner die Ansicht von Waite, daß "structured tree" und
"dictionary" zusammen die Programmrepräsentation ausmachen
/ 73 /.

Wir sollten hier bemerken, daß Waite - und mit ihm andere
Fachleute auf dem Gebiet der Compilerkonstruktion - den
Terminus  "semantisch" recht unkritisch verwendet. Die von
Waite als "semantische Analyse" bezeichneten Prozeduren wie
Typvergleiche, Prüfung der Definition, Bemängelung der
mehrfachen Definition udgl. haben ja schwer etwas mit der
Semantik zu tun. Wenn man alle diese eigentlich unzulässigen
Verwendungsarten des Wortes "semantisch" bekämpfen würde
und das Wort durch korrektere ersetzen würde (Kontextanalyse
statt semantischer Analyse etwa), dann würde das Wort
"Semantik" eine sehr untergeordente Rolle spielen.

Dies kommt im Buch von Schneider /64/ sehr schön zum
Ausdruck, der den Ausdruck der semantischen Analyse überhaupt nicht, und nur von "semantischen Prozeduren" -
zitierend - spricht  als von Programmstücken, die die Übersetzung bewirken. Die Ursache für diese Knappheit wird
ebenfalls (zwar nicht auf dieses Problem bezogen) ganz
deutlich angegeben: "Der Compiler ... verarbeitet diesen
Text (Quellprogramm) und erzeugt als Ausgabe maschinenorientierte Anweisungen, die denselben Algorithmus beschreiben
wie der ursprüngliche Text." (/64/ , S.19). Genauso kurz und
deutlich sind Wulf et.a. (/78/ , S.3): "Conceptually a
compiler is a transducer which accepts a program in its
"source" language form and produces an equivalent "object"
language form". In dem ganzen Buch wird nicht einmal der
Terminus "Semantik" oder "semantisch" verwendet.
Die Ursache dafür ist die: Ein Compilerschreiber muß nicht
wissen, was die Semantik  eines Programmes ist, er muß nur
wissen, welche Transformationen (in einer Repräsentationsform) und Übergänge von einer Repräsentationsform zu anderen
die Bedeutung erhalten.
W.M.Waite ist in / 72/ nicht dieser Auffassung, denn er meint,
ein Compiler verwirklicht die Semantik, indem er Auswertungs-
prozeduren für Ausdrücke auswählt, wenn er deren Struktur
und die Werte passender Attribute kenne: "Structureal
analysis ... cannot tell us how to evaluate that expression.
The purpose of the semantic analyzer is to derive an
evaluation procedure from the structure of an expression and
the attributes of its components. An evaluation procedure
is a sequence of primitive operations on primitive operands,
and is completely specified by the definition of the source
language."

Dies dürfte nur aufrechtzuerhalten sein, wenn man das Wort
"structural" sehr einschränkend faßt.

Wir können zusammenfassen, daß de Remer und Waite gedanklich
bis dicht an unser Transformationsmodell gekommen sind, und
es ist nicht auszuschließen, daß de Remer diese Sicht völlig
gehabt hat. In der Literatur sind uns jedoch Arbeiten von
ihm nicht bekannt, in denen er seine doch noch vagen Äußerungen präzisiert und für eine konkrete Sprache eine Durchführung des Modells vorgestellt hat. Wir vermissen bei ihm
eine Problematisierung der Korrektheit des Transformations-
prozesses.


### 4.1.7  Weiterentwicklungen des Transformationsgrammatik-Modells

Durch Wilhelm, der für seine Arbeit bezüglich der Optimierung
attributierte Transformationsgrammatiken einsetzte, wurde
Ripken veranlaßt, sein Modell / 61 / der Code-Erzeugung auf
der Transformation attributierter Bäume aufzubauen. Attributierte Bäume  sind durch Knuth /43/ eingeführt worden, um
die "semantische Analyse" formal als Berechnungsprozeß sog.
semantischer Attribute beschreiben zu können.
Das münchener Modell des Compilerprozesses sieht diesen als
Abfolge von Transformationen solcher attributierter Bäume
/ 29/. Ripken (/61/,S. 3 ) formuliert sogar: "Der Übersetzungsprozeß wird als eine Folge von Transformationen des zu übersetzenden Quellprogramms angesehen ...". Doch ist für dieses
Modell entscheidend, daß die Attribute nicht nur als "Dekora-
tionen" des Programmbaumes gesehen werden, sondern konsti-
tutiver Teil des gesamten attributierten Baumes sind, der
sich in dem Transformationsprozeß befindet. Dies schlägt
sich nicht zuletzt darin nieder, daß der dekorierte Baum
nicht in ein das Maschinenprogramm  repräsentierenden Baum
transformiert wird, sondern die Codestücke als Attribute
anfallen.

Ripken beschreibt das Modell wie folgt: "Durch lexikalische und syntaktische Analyse wird es von einem Text in einem Baum transformiert, dessen Knoten mit Attributwerten dekoriert werden. Diese Programmzwischenform, der attributierte Programmbaum, wird zu verschiedenen Zwecken weiteren Transformationen unterworfen, die eine neue Attributauswertung, neue Struktur oder beides zum  Ergebnis haben. Ein Teil dieser Transformationen wird der semantischen Analyse dienen, ein anderer Teil der Optimierung ..." /ebd./.

Etwas unklar ist die Sentenz (für unser Modell eigentlich sehr interessant): "Insbesondere ist mit solchen Transformationen also auch die sog. 'maschinenunabhängige' Codeerzeugung durchführbar, die vor allen Dingen semantisch äquivalente, aber syntaktisch verschiedene Konstruktionen in die gleiche Darstellung abbildet und abgekürzte Konstruktionen im Stile einer Makro-Erzeugung expandiert."
Ripken's Modell der Codeerzeugung (/61/ ,S. 5) besteht darin, diese als Folge von "speziellen Baumtransformationen bzw. Attributauswertungsläufen" des attributierten Programmbaumes aufzufassen. Dabei fordert er, daß dieser während Optimierung und Anpassung isomorph zu einem attributierten Programmbaum des Maschinenprogrammes geworden sei. Die Anpassungstransformation, als wesentlichen Schritt in diesem Prozeß, streift er nur ganz oberflächlich: "Die letzten Phasen der Übersetzung nach PROG (der attributierte Programmbaum der zum erwähnten Baum des Maschinenprogramms (als MPROG bezeichnet) isomorph ist) bilden zweckmäßigerweise die Bestimmung der Datenflußrelation, die PROG zu einem Programmgraphen bzw. Flußgraphen von Ausdrucksbäumen macht, und die Bestimmung gemeinsamer Unterausdrücke mit den entsprechenden Transformationen." /ebd./

Wie geht es nun weiter? "Der Übergang von PROG zu MPROG ist
durch einen maschinenabhängigen Attributauswertungslauf gegeben. Die maschinenabhängige Codeerzeugung besteht aus der
Anwendung attributierter Transformationsregeln, die die
einzelnen Zielmaschinenbefehle darstellen. Die Ausdrucksbäume werden durch die Anwendungen 'wegtransformiert', während
der erzeugte Code in Attributen aufgesammelt wird. Schließlich werden die Codeblöcke der Ausdrucksbäume linear ange-
ordnet und die ablaufsteuernden Befehle entsprechend erzeugt."
(/61/, S.6).
Den Übergang PROG-MPROG  bezeichnet Ripken als "Implementierung" während die übrigen Transformationen als "Maschinen-
codeerzeugung" benannt werden.
Während der Implementierung wird 1. der "Programmspeicher"
und die Verwendung der Speicherzellen festgelegt, 2. die
Operanden werden Maschinenzellen zugeordnet und per Zellen-
zustandsattributen beschrieben, 3. die Adressierung der
Operanden von MPROG wird festgelegt.
Ähnliche Modelle wie Ripken beschreiben auch Landwehr et al.
/44/ und Lenzer /46/. Bei beiden spielt eine Zwischensprache,
die praktisch eine lineare Repräsentation der Bäume ist, eine
gewisse Rolle. Während bei Landwehr et al. diese Zwischensprache nur eine technische Rolle spielt, um die Musterver-
gleichsregeln (Muster, Bedingungen, Kosten, Instruktionsfolgen)
mittels eines generierbaren Parsers als Produktionsregeln
einer Grammatik aktivieren zu können, hat die Zwischensprache
bei Lenzer eine größere Bedeutung. Offenbar hält er das
Programmieren in dieser Zwischensprache für möglich (/46/,
S. 17). So wird in dem von ihm beschriebenen Compilermodell
(/46/, S. 22) durch semantische Analyse und Optimierung
ein attributiertes Zwischenprogramm erzeugt, das in einem
extra Schritt in den attributierten Programmbaum transformiert
wird.

Lenzer beschreibt klarer als Ripken die Transformation des Programmbaumes: "An diesem Programmbaum werden nun innerhalb der Codegenerierung zielsprachenabhängige Transformationen durchgeführt.Einerseits werden die Baumknoten selbst mit maschinenspezifischen Attributen dekoriert, z.B.

- reale Datenspeicheradressen für Operanden
- Registertypen und -nummern
- Maschineninstruktionsbezeichnungen
- Prozessortypen und -nummern bei Mehrprozessorsystemen
- Instruktionsspeicheradressen für Programmverzweigungen

Diese Transformationen sollen als Attributberechnungen an den Baumknoten bezeichnet werden. Die zweite Gruppe der Transformationen bewirkt strukturelle Veränderungen am Programmbaum, z.B.

- Zusammenfassen mehrerer Knoten zu einem Maschinenbefehl und damit einen Übergang auf Mehrwege-Bäume,
- Auflösen komplexer Baumstrukturen durch semantisch äquivalente, jedoch dem Zielsprachniveau angepaßte Konstruktionen,
- Einfügen von Operationen zur Anpassung von Operandenspezifikationen bei Maschineninstruktionen."

Es wird deutlich, daß die Weiterentwicklung des Baumtransformationsmodells bis ganz in die Nähe des Transformationsmodells führt. Nur die besondere Stellung der Bäume als besonders geeignete Repräsentationen der Programme verstellt die Sicht auf das Wesentliche (die Programme). Der Aufwand, die für die Beantwortung der Fragen nach den Transformationsbedingungen erforderliche Information zu beschaffen, führt dazu, deren zeitweise Abspeicherung in physischer Nähe übermäßige Bedeutung zuzuordnen.

Grund für diese Überbewertung - wir sollten besser "andere
Bewertung" sagen - ist, daß auch das Compilermodell der
attributierten Transformationsgrammatiken nicht ein Er-
klärungsmodell ist. Es soll vielmehr schlicht die Verfahrensweise beschreiben, ganz in der Art, wie das für das
primitive Modell gilt.
Natürlich müssen wir, wenn wir solchen Wert auf ein Er-
klärungsmodell legen, dessen Nützlichkeit belegen. Wir
kommen auf diesen Punkt später zurück. Das erste Erklärungs-
modell für die Compilation stammt von Ershov, der ein all-
gemeineres Prinzip der Informationsverarbeitung, das der
partiellen Auswertung zur Erklärung der Codeerzeugung ein-
setzt.


### 4.1.8  Ershov's Modell /24/

Wir hatten Ershov's Modell schon in der Einleitung vorgestellt. Um den Zusammenhang zu wahren, genüge hier eine
kurze Zusammenfassung:
Bei Ershov findet Compilation statt durch die Abarbeitung
einer Syntaxbeschreibung der Quellsprache, die als Syntax-
analysator fungiert, und einen markierten Baum liefert.
Auf diesen wird dann in der Code-Erzeugung eine Semantik-
beschreibung der Quellsprache, die wiederum als Programm
vorliegt, angewandt. Dabei können Statements (Ausdrücke)
ausgeführt (ausgewertet werden), wenn im Syntaxbaum etwa
Konstanten an den Blättern stehen oder unter anderen Um-
ständen. Es bleiben jedoch eventuell unausgeführte (unaus-
gewertete) Elemente des semantik-beschreibenden Programms
(geschrieben in einer passenden  Beschreibungssprache) zurück. Diese sind das Resultat der Compilation. Somit ist
die Compilation (Code-Erzeugung) partielle Auswertung des
semantikbeschreibenden Programms.

Ershov braucht für sein Modell schon einen Markengenerator
für die Marken des Syntaxbaumes, über deren Herkunft er
schweigt. Die Sprungmarken im Zielprogramm (in der Beschreibungssprache) können mit seinem Modell nicht generiert werden, da immer dieselben Marken entstehen müßten.
Somit erscheint es als widersprüchlich und unpassend. Das
Modell der partiellen Auswertung beschreibt aber gut einen
Teil der Optimierungen in der Quellsprache.


## 4.2  Compilation als Programmtransformation


### 4.2.1  Das Modell vom Compilationsprozeß


Demgegenüber erscheint das Transformationsmodell passend
und widerspruchsfrei zu sein. Wir haben seine Verwirklichung
für zwei Programmiersprachen demonstriert. Das Modell läßt
sich folgendermaßen beschreiben:

Die externe Programmrepräsentation (als Zeichenkette) wird
mittels lexikalischer und syntaktischer Verarbeitung in
eine interne Datenstruktur gebracht, in der sich die Transformationen günstig ausführen lassen. Dies ist eine Baumstruktur, weil die Programmiersprachen das Prinzip der
Verschachtelung als wesentliches Mittel zu konzisen Notation
von Programmen bereitstellen.
Anschließend kann eine Quellsprachenoptimierung erfolgen.
Sie enthält solche Teilschritte wie Zyklenzusammenlegung
oder Herausnahme von konstanten Elementen aus Zyklen, Berechnung konstanter Teilausdrücke u.ä.m.
Nach diesem Schritt erfolgt dann die maschinen-unabhängige
Code-Erzeugung durch Dekomposition. Es hat gewöhnlich wenig
Zweck, diese Dekomposition rechnerabhängig zu machen.

Der Grund liegt in dem hohen Aufwand an Dekompositionsarbeit überhaupt, der durch das Einbringen rechnerabhängiger
Anteile zu komplex würde. Das Resultat dieses Teilschrittes
ist ein Programm in einer assemblerähnlichen Teilsprache
der Ausgangssprache  (bzw. in einer passenden internen
Repräsentation derselben). Diese kann als Assemblersprache
einer abstrakten Maschine angesehen werden. Der nächste
Schritt besteht gewöhnlich (wiederum um den Aufwand bei der
Dekompositionsarbeit zu verringern) in der Peephole-Optimierung, bei der insbesondere an den Schnittstellen zerleg-
ter größerer Konstrukte Effekte zu erzielen sind. Alle
Regeln der Peephole-Optimierung  lassen sich als Transformationsregeln darstellen.

Wenn die abstrakte Maschine dicht über der konkreten Maschine
liegt, dann kann ein Programm für diese durch direkte Makro-
Expansion abgeleitet werden. In diesem Maschinenprogramm
können eventuell weitere maschinenabhängige Optimierungen
vorgenommen werden (etwa im Sinne von: / 30 /).

Wenn die abstrakte Maschine von der konkreten Maschine weit
entfernt ist (etwa durch Annahme von Operationen, die noch
in komplexe Einzeloperationen niederen Niveaus zerfallen -
im Beispiel der abstrakten FORTRAN-Maschine waren dies die
Operationen über komplexe Zahlen), dann führt die Makro-
Expansion nicht in das Maschinenniveau, sondern in eine
Zwischensprache. Das Programm wird behandelt wie ein Quellprogramm in dieser Zwischensprache: Mögliche Optimierungsschritte werden zunächst ausgeführt, dann erfolgt die Dekomposition und anschließend wiederum eine Peephole-Optimierung.

Solche Zwischenniveaus müssen solange eingeschoben werden,
bis das konkrete Maschinenniveau erreicht ist. Dann kann
wiederum abhängig, von der Maschine, optimiert werden.

Wir fassen sowohl die lexikalische Analyse, zu einem wesentlichen Teil die syntaktische Analyse,und schließlich die
Code-Ausgabe,als Datenstrukturtransformationen auf, die
eine Programmrepräsentation in die andere überführen.
Wir haben noch nicht erwähnt, daß gewöhnlich Informations-
sammelschritte zwischen die Datenstrukturtransformationen
und Programmtransformationen treten: Gewöhnlich sind die
Programmtransformationsregeln bedingte Regeln. Die den Bedingungen entsprechenden Fragen könnten durch Analysevorgänge
beantwortet werden; das würde jedoch bekanntermaßen die
Wiederholung solcher Analysen zur Folge haben und zu hoher
Ineffizienz führen. Die Informationssammelphasen sammeln
alle relevante Informationen über das Programm und halten
sie bereit. Sie sind damit für die Programmtransformation
(als Ausführung bedingter rewrite-rules) höchst wichtig,
sind aber Hilfsphasen. Wenn man eine Programmiersprache so
entwerfen würde, daß der Programmierer diese Information zu
liefern hätte, dann könnte auf die entsprechenden Phasen
verzichtet werden.
Dazu ein erhellendes Beispiel: In einem Experiment wurde
ein LISP-Dialekt entworfen, der sich vom originalen LISP
durch zusätzliche syntaktische Elemente und gewisse Notations-
unterschiede abhebt: So müssen die Funktionsnamen am Ende der
Kombinationen stehen usw. Für einen solchen Dialekt setzt
sich der Code-Erzeuger aus zwei Hauptaktivitäten zusammen:
Abzählung der Sprachkonstrukte einer gewissen Art und Beseitigung von Klammern. Die Zählphase stellt dabei die In-
formationssammelphase dar. Wenn der Programmierer nun jeder
Spezialform in einheitlicher Weise eine Zahl zuordnen würde,
dann bestünde die Code-Erzeugung aus der Klammernbeseitigung
allein! ( siehe / 67 /).

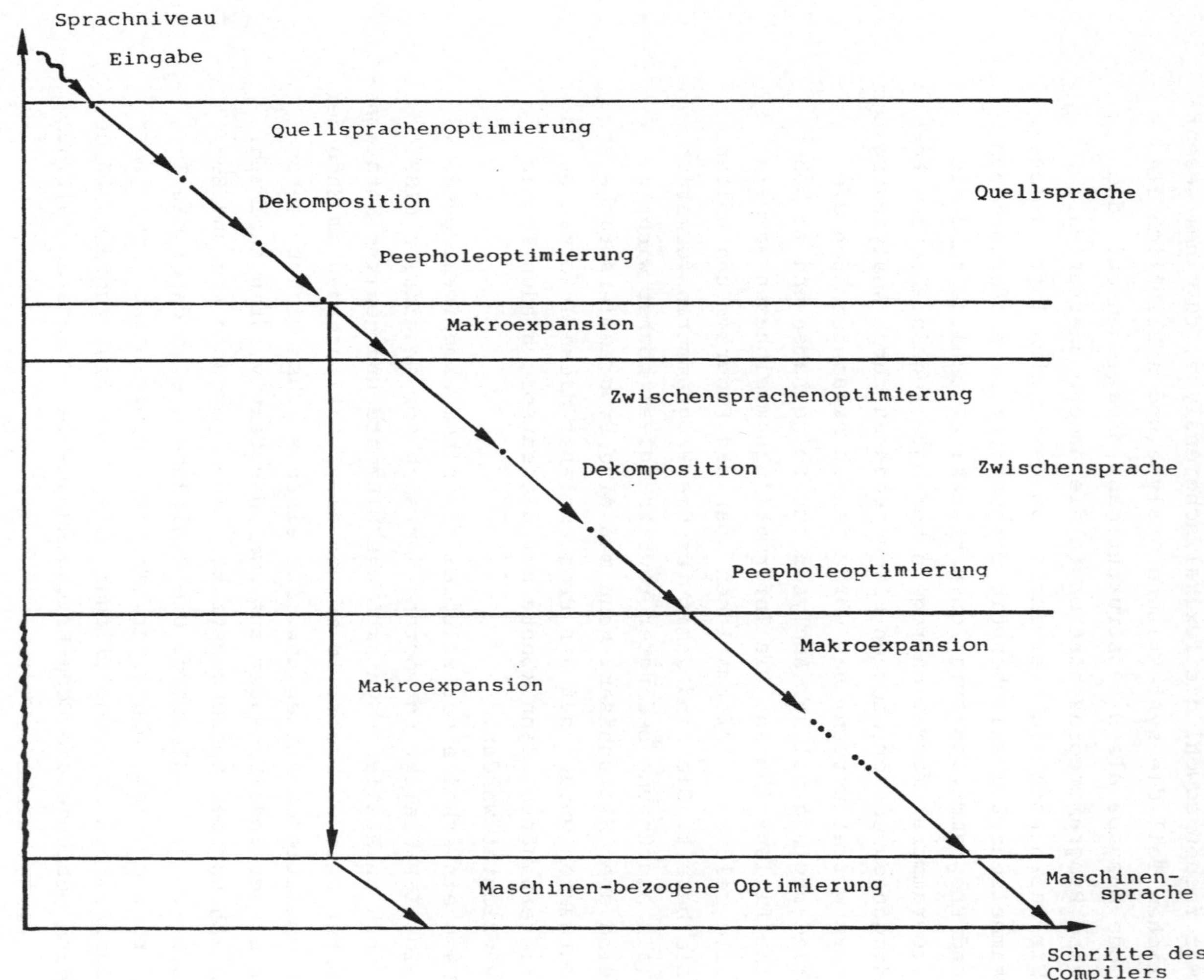

Sprachniveau
Eingabe
Quellsprachenoptimierung
Quellsprache
Dekomposition
Peepholeoptimierung
Makroexpansion
Zwischensprachenoptimierung
Dekomposition
Zwischensprache
Peepholeoptimierung
Makroexpansion
Makroexpansion
Maschinen-bezogene Optimierung
Maschinen-sprache
Schritte des Compilers

Unterschiede zu Produktionscompilern treten dann auf,
wenn diese gerade oft gewonnene Information nicht auf-
heben, sondern gleich umsetzen und dabei die Phasen-
grenze aus Effizienzgründen überschreiben. Außerdem würde
bei einer Implementierung, die die Transformationsregeln
als Vorbilder nimmt, keinesfalls nach Anwendung einer
Regel von Programmanfang an her eine neue Anwendbarkeits-
stelle gesucht, sondern durch rekursiven Aufruf die von
der ausgeführten Regel neu erzeugten Anwendbarkeitsstellen
weiter transformiert werden.

## 4.2.2   Pädagogische Vorteile des Transformationsmodells

Immer wenn es gelingt, eine bis dahin durch allgemeinere
Begriffe nicht erklärbare Aktivität als Spezialfall eines
umfassenderen Prinzips aufzuweisen, verbessern sich die
pädagogischen Möglichkeiten. Man kann dann die bis dahin
beziehungslose Sache in einen allgemeineren Zusammenhang
stellen. Häufig läßt sich das Allgemeinere einfacher darstellen als das Besondere. Gesetzlichkeiten und Verfahrens-
weisen, die früher als nicht weiter begründbar hingenommen
werden mußten, bekommen nun ihren Hintergrund. Die Perspektive
erweitert sich.
Das gilt auch für die Compilierung, wenn wir die Möglichkeiten bedenken, die das Transformationsmodell schafft. Programmtransformation sollte in der Regel in Anfangssemestern besprochen worden sein. So kann man auf Vorwissen aufbauen
und die Prinzipien einfacher lehren.
Neben diesem durch die Verallgemeinerung gegebenen Vorteil
wollen wir weitere Effekte ansprechen. Es sind dies:

1. Das Modell enthält eine klare Struktur des Übersetzungsprozesses,
2. ein abstrakter Compiler kann leicht regel-orientiert geschrieben werden,

3. bei konkreten Beispielen muß nicht eine abstruse
   Maschinen- oder Assemblersprache aus dem Ärmel
   geschüttelt werden,
4. der Student hat sich nur mit der Quellsprache zu
   befassen und lernt diese noch besser kennen,
5. die komplizierte Frage der Programmiersemantik kann
   begründetermaßen weitgehend aus der Compilervorlesung
   herausgenommen werden,
und
6. die Korrektheitsproblematik kann erörtert werden.
Wir wollen diese sechs Punkte besprechen unter Bezugnahme
auf veröffentlichte Lehrbücher über Compilertechnik: Haas
und Markowski's "Übersetzer für elektronische Rechenauto-
maten" /36 /, Gries' "Compiler construction for digital
computers" /34/, Aho und Ullman's bekanntes "The theory
of parsing, translation und compiling" / 1 / und ihr
"Principles of compiler design" / 2 /, H.J. Schneider's
"Compilerbau" /64 / und das Buch "Compilertechnik" von
Hohberg und Paulin /38 /.


4.2.2.1  Die Struktur des Übersetzungsprozesses


Es ist typisch, daß der Eingabe und Analyse in allen diesen
Lehrbüchern erheblich mehr Raum gewidmet wird als der Code-
Erzeugung. Häufig nimmt allein die lexikalische Analyse
denselben Raum ein wie Code-Erzeugung und Optimierung
zusammen.
Haas und Markowski gliedern in: Eingabe, Syntaxanalyse,
Code-Erzeugung und Zuweisung von Speicherplatz. Es fehlen
fast völlig die Aspekte der Optimierung. Gries beschreibt
die Phasen scanning, analysis, preparation for code generation, code generation. Auf die peephole-Optimierung bezieht
sich nur ein kurzer Hinweis.

Aho und Ullman verwenden in / 1 / die Gliederung: lexical
analysis, bookkeeping, parsing, code-generation, code
optimization. Der ganze erste Band (über 500 Seiten)
sowie 180 Seiten im zweiten Band sind dem parsing gewidmet (einschließlich lexikalischer Analyse), ganze 68
Seiten der Codegenerierung, wobei größere Beispiele völlig
fehlen, weitere 60 Seiten dem bookkeeping (Symboltafeln etc.)
und die letzten 100 Seiten der Optimierung. Wiederum fehlt
die Peephole-Optimierung. In / 2 / verwenden sie eine
deutlich ausgewogenere Aufteilung. Das Phasenmodell ist
beinahe völlig das alte: es schiebt nach syntaktischer Analyse
die Erzeugung des Zwischencodes und die Optimierung ein und
schließt mit Codeerzeugung ab. Dabei wird auch die Peephole-
Optimierung behandelt. Auch die Anteile sind berichtigt
worden. (Bookkeeping und Fehlerbehandlung stehen extra.)

Schneider gliedert in: lexikalische Aufbereitung, syntaktische Analyse und "abschließende Phasen" denen zunächst
genausoviel Aufmerksamkeit gewidmet wird, wie der lexikalischen Analyse. Schneider faßt hier Speicherplatzzuordnung,
Optimierung und Code-Erzeugung zusammen. Auch er bespricht
die Peephole-Optimierung nicht.

Hohberg und Paulin schließlich teilen ein in Analyse,
Synthese und Ausgabe. Analyse wird gegliedert in lexikalische,
syntaktische und semantische Analyse, Synthese in Vorbereitung
der Generierung und Optimierung sowie die eigentliche Erzeugung. Sie geben einen kurzen Hnweis auf die Optimierung
generierter Codes.
In allen Büchern fällt auf, daß die Code-Erzeugung ohne viel
Begründung dargestellt wird, während für lexikalische Analyse und Parsing viel Theorie angeboten wird.

Demgegenüber behandelt das Transformationsmodell lexikalische
und syntaktische Analyse als Hilfsschritte,um zu passenden
internen Datenstruktur zu kommen. Sie brauchten überhaupt
nicht besprochen werden. Genauso gut kann man ihnen viel
oder besser angemessenes Gewicht beimessen. Der Lehrende
ist hier frei, weil die Relationen gerade gerückt worden sind.
Für die Code-Erzeugung, Quelloptimierung (die Optimierung
im gewöhnlichen Sinnee) und die Peephole-Optimierung
steht ein theoretisches Konzept, die Programmtransformation
bereit. Realistische Quellsprachen können auf vernünftige
Art besprochen werden.


## 4.2.2.2. Regel-orientierter Programmierstil des Compilers

Viele Bücher sprechen nur (natürlichsprachlich) über das
Compilieren. Sie widmen viel Raum den Compilerinterna
(Operatorkellern, Symboltafeln udgl.). Andere geben Compiler-
stücke in einer selbsterfundenen höheren Programmiersprache.
Haas und Markowski geben Regelbruchstücke (in Operatortafeln).
Sie geben keine Programme und nehmen in den verbalen Er-
läuterungen Bezug auf Compilerinterna. Gries gibt konkrete
Programme in einer ALGOL-ähnlichen Programmiersprache mit
vielen Kommentaren (außer dem sonstigen Text). Aho und Ullman
geben für ihre kleinen Bruchstücke Regelschemata ("translation
schemata"). Die übersetzenden "translation elements" sind
FORTRAN-ähnliche primitive Programmstücke aus simplen Zuweisungen. In / 2 / werden viele Teile als Programme in
Pascal-ähnlicher Notation geliefert. Schneider gibt einen
Beispielcompiler praktisch vollständig an. Er benutzt eine
ALGOL-ähnliche Programmiersprache. Kommentare stehen im
normalen Text. Hohberg und Paulin bringen nur Diskussionen
und verbale Beschreibungen.

Demgegenüber scheinen compilierende Regeln von großem
Vorteil. Sie erlauben die Konzentration auf einzelne
Sprachkonstrukte, sind leicht erläuterbar und ebenso
einfach in konkrete Programme umsetzbar.


### 4.2.2.3  Der Compilerschreiber muß nicht die Semantik der Programme kennen ...

Diese Sicht wird, auf Grund des durchweg vorzufindenden
primitiven Modells, in allen Büchern geteilt. Von Semantik
ist praktisch nicht die Rede und wo sie, über adjektivische
Benutzung, doch scheinbar auftritt, ist etwas anderes gemeint: Gries bezeichnet als "semantic routines" diejenigen
Compilerteile, die aus dem Syntaxbaum Quadrupel erzeugen
(d.h. Dekompositionsprozeduren). Aho und Ullman stellen immerhin Theorien der Semantik vor, um dann die Sicht aufzunehmen,
der Compiler realisiere die Semantik (in / 1 /) bzw. der
Compilerschreiber sei mit dem Sprachentwerfer identisch
und definiere sie (in / 2 /). Schneider opfert mit der
Frage, was die Semantik einer Programmiersprache sei, gerade
einen Definitionssatz. Er spricht auch von "semantischen
Routinen" im Beispielcompiler, die "die Übersetzung bewirken".
Paulin und Hohberg benutzen das Adjektiv nur im Zusammenhang
mit "semantischer Analyse", die letztlich syntaktischer
Natur ist (nur in der Grammatik nicht beschrieben). Als Beispiele stehen: Ergänzung der Namensliste durch Attribute,
die nicht aus Deklarationen erschlossen werden, Prüfung der
Verträglichkeit von Konvertierungsvorschriften usw.
Demgegenüber  enthält das Transformationsmodell eine Begründung
für die mögliche Benachteiligung der Semantik (die Erhaltung
der Semantik muß gesichert werden, ihre Bestimmung ist uninteressant) und ermöglicht die Diskussion semantischer Fragen
zur Begründung der Transformationsregeln.
Dies hängt eng mit dem nächsten Punkt zusammen:

## 4.2.2.4  ...er muß aber die Korrektheit des Übergangs-
prozesses sichern

Korrektheitsfragen werden in gegenwärtigen Lehrbüchern
nicht diskutiert. Der Tenor ist: Wer meinen Anweisungen
folgt, wird einen richtigen Compiler schreiben (kurioser-
weise wird gern "bauen" verwendet).
Das Transformationsmodell legt die Diskussion nahe und
ermöglicht Korrektheitsbeweise für Teilschritte. Ein Lehrer,
der die Korrektheitsfrage berücksichtigen will, ist nicht
auf so umfängliche Arbeiten wie Polak's Studie angewiesen
/ 60 /.


## 4.2.2.5  Assemblersprache unnötig

Viele Lehrbücher über Compilertechnik werden schwer ver-
ständlich durch die zufälligen Eigenschaften der gewählten
Beispiel-Assemblersprache.
Haas und Markowski verwenden eine solche (/36/, S. 108-109),
ebenso Gries (/34/, S. 339 ), und Hohberg und Paulin (/37/,
S. 57 ). Das Vorgehen dieser beiden letzteren Autoren ist
hierbei etwa so bedauerlich wie das von Aho und Ullman in
/ 1 /, die Bruchstücke von Assemblersprachen einführen:
Einige Instruktionen zuerst (S. 734), dann weitere (S. 768,
S. 774, S. 775, S. 778). Eine klare Linie fehlt. Bei Hohberg
und Paulin tauchen die weiteren Assemblerbefehle (nach
einer scheinbar vollständigen Darstellung) gar erst ohne
Beschreibung in den Übungen auf! Offensichtlich wird er-
wartet, daß der Student diese Assemblersprache bereits
kennt. (Eine für den Lehrbetrieb im gedachten Vertriebsbe-
reich gar nicht falsche Spekulation.) Die in unserem Sinne
beste Entscheidung trifft Schneider, der eine abstrakte
Assemblersprache verwendet. Damit ist er konkret genug,
ohne sich jedoch auf Maschineneinzelheiten einlassen zu

müssen. Unverständlich nur, warum er nicht völlig zur
Quellsprache zurückgeht und merkwürdige Symbole für
Sprünge, bedingte Sprünge und Unterprogrammaufrufe ein-
führt. Ähnlich gehen Aho und Ullman in / 2 / vor, wenn
sie eine quellsprachenähnliche Zwischensprache benutzen.
Obwohl sie ein ganzes Spektrum von Zwischensprachen vorstellen, ziehen sie  doch eindeutig die Darstellung als
"Drei-Adress-Code" vor, die sie als Anweisungen in einer
höheren (sicher maschinenunabhängigen) Sprache darstellen.
Sprünge werden als GOTO's geschrieben, die Marken allerdings
in Zahlen.Es gibt spezielle Notationen für Adressrechnung,
Unterprogrammaufrufe tauchen nicht auf.Da sie die Zwischensprache nicht als Assemblersprache oder Makrosprache sehen,
müssen sie sich mit dem Problem der "Code-Erzeugung" aus
dieser Zwischensprache befassen. Dies impliziert dann doch
noch die Einführung zweier Assemblersprachen, von denen die
pdp-10 ähnliche dann hauptsächlich benutzt wird (S. 552-523,
S. 523-525).
Demgegenüber erlaubt das Transformationsmodell die Konzentration auf Maschinenklassen, d.h. abstrakte Maschinen.
Die für die Compilierung wesentlichen Maschineneigenheiten
(Akkumulatoren, Keller u.ä.) können herausgestellt werden.
Als Assemblersprache wird eine Teilsprache der Quellsprache
benutzt.
Dies bewirkt ein Eingehen auf den nächsten Punkt:


4.2.2.6  Konzentration auf die Quellsprache


Das Transformationsmodell erlaubt die Behandlung verschiedener Quellsprachen ohne die Studenten zu überfordern.
Aho und Ullman in / 2 / und Schneider behandeln im Grunde
drei Sprachen: Die Quellsprache, die Objektsprache und die
Compilerbeschreibungssprache. Es scheint so, als sei dies
in der Natur der Sache begründet. (Gries nimmt eine Compiler-
beschreibungssprache, die seiner Quellsprache ähnlich ist;

Haas und Markowski sowie Hohberg und Paulin entkommen dem
Problem durch verbale Compilerbeschreibung; Aho und Ullman
verwenden statt der Compilerbeschreibung mittels Programmen
auch andere Formalismen.)
Schneider demonstriert erfolgreich, daß eine höhere Sprache
als Objektsprache (statt einer Assemblersprache) verwendbar
ist. Die einfache Weiterführung, die Quellsprache erneut zu
benutzen, scheint keine wesentliche Änderung. Als Konsequenz
ergibt sich dann aber, daß die Studenten Äquivalenzen in
der Quellsprache sehen lernen. Somit werden sie mit höheren
Programmiersprachen vertrauter.


## 4.2.3  Technische Möglichkeiten und Konsequenzen

Neben den pädagogischen Vorteilen des Transformationsmodells
bietet es bei Verwirklichung auch Möglichkeiten zur Verbesserung
von Compilern und Ansatzpunkte für die weitere Forschung.
Wir sehen hier fünf Punkte:

1. Peephole-Optimierung kann weitgehend rechnerunabhänging
   ausgeführt werden,
2. die dekomponierten Teilsprachen der Quellsprachen sind in
   der Regel gut geeignet für bootstrapping Verfahren,
3. die dekomponierenden Transformationsregeln können verwendet werden zur Generierung von Codegeneratoren-
   Generatoren (maschinen-unabhängiger Teil),
4. dekomponierte Teilsprachen von höheren Programmiersprachen
   sind maschinenunabhängige Assemblersprachen,
5. das Transformationsmodell enthält einen neuen Zugang zu
   Korrektheitsbeweisen für Compiler.

## 4.2.3.1  Peephole-Optimierung

Es gibt bisher keine Definition der Peephole-Optimierung,
und so schwanken die Autoren zwischen der Auffassung, sie
als lokale Optimierung zu verstehen, bzw. als Maschinencode-Optimierung. Dies liegt daran, daß McKeeman in seinem
diesen Begriff einführenden Artikel /54/, keine Definition
vornahm, sondern lediglich einige Beispiele angab, die
beide Aspekte enthielten. Von den vier Beispielen, mit
denen er den Begriff illustrierte, zeigt eines die Nichtan-
wendbarkeit der Optimierung (in Anwesenheit von Sprungmarken),
eines zeigt die Optimierung durch compile-time Auswertung von
Ausdrücken mit konstanten Operanden und die übrigen zwei
zeigen Optimierungen, die durch lokale Betrachtung des
Objektcodes entdeckbar sind. Es ist nicht klar, in welchem
Maße McKeeman's Ideen in der Folgezeit aufgegriffen wurden.
Lowry und Medlock in ihrer Arbeit /48 / über Objektcode-
Optimierung gehen auf diese Art der Optimierung nicht ein.
Was sie vorstellen, sind im Grunde Optimierungsmethoden für
die Quellsprache - alle Maßnahmen sind maschinenunabhängig
und lassen sich direkt durch Transformation des Quellprogrammes
darstellen. Die erste Arbeit, in der McKeeman's Vorschläge
aufgegriffen und weiterentwickelt wurden, ist die von Wulf
und seinen Mitarbeitern am BLISS-Compiler. Diese haben etwa
1972 die Code-Erzeugung des stark optimierenden Compilers
dadurch verbessert, daß sie lokale Optimierungsschritte auf
den erzeugten Assemblercode anwandten. Im einzelnen berichte-
ten sie in / 78 / über folgende Optimierungsschritte:

1. Markenkontraktion: mehrfache  Marken werden zu einer
        Marke verdichtet, unbenutzte Marken entfernt.
2. Cross-jumping: Codesequenzen vor Sprüngen zu gleichen
        Marken werden verglichen und verschmolzen, wenn
        am Ende gleiche Anteile gefunden werden.

3. Beseitigung toten Codes: Unmarkierte Instruktionen hinter
      Sprüngen werden beseitigt.
4. Sprungverkettung: Sprünge, die zu Sprüngen führen, werden
      gleich mit der Zielmarke ihrer Zielsprünge versehen.
5. Beseitigung leerer Sprünge: Sprünge, die zur nächsten
      Instruktion  führen, werden beseitigt.
6. Bedingungsumkehrung: Paare von bedingten und unbedingten
      Sprüngen werden zu einem bedingten Sprung (mit umge-
      kehrter, d.h. negierter Bedingung) konvertiert, wenn
      der bedingte Sprung zu der Instruktion hinter dem
      unbedingten Sprung führt.
7. Beseitigung redundanter Speicherbefehle: Ausgehend von
      einem Speicherbefehl wird der Code rückwärts bis
      zum nächsten Ladebefehl mit der gleichen Adresse
      durchmustert oder bis zur nächsten Marke. Jeder
      Speicherbefehl mit der gleichen Adresse dazwischen
      ist redundant und wird beseitigt.

Als Begründung für die Einführung dieser Optimierungs-
phase (die solange angewandt wurde, solange irgendwelche
Codeveränderungen stattfanden) geben sie die Möglichkeit
der Vereinfachung  des Codegenerators an. Sie erwähnen auch,
daß eine Optimierungsmöglichkeit oft die andere erschließt.
Der große Erfolg derartiger Optimierungsschritte angewandt
auf den erzeugten Objektcode weckte die Aufmerksamkeit.
Aho und Ullman besprechen 1977 / 2 / im Kapitel über Code-
erzeugung auch die Peephole-Optimierung. Sie bezeichnen sie
als lokale Optimierungsmethode, bei der "only small but
possibly widely separated pieces of object code" betrachtet
würden. Sie geben folgende Methoden an:

1. Beseitigung redundanter Lade- und Speicherbefehle,
2. Beseitigung unerreichbaren Codes,
3. Mehrfache Sprünge (entspricht der Sprungverkettung),
4. algebraische Vereinfachung,
5. Reduktion des Operatoraufwands (aus AC:=AC*2 wird AC:=AC+AC),
6. maschinenabhängige Verbesserungen.


1979 stellte Fraser einen "maschinenunabhängigen" Peephole-Optimierervor /24/. Dies war ein Programm, das mit einer Maschinenbeschreibung gefüttert maschinenabhängige Peephole-Optimierung durchführte. Das zu optimierende Maschinenprogramm (evtuell gegeben als Assemblerprogramm) wird durch ein Fenster betrachtet, das immer zwei Instruktionen sichtbar macht. Die kombinierten Effekte der zwei Instruktionen werden berechnet und ermittelt, ob es eine Instruktion im Befehlsvorrat für diesen Effekt gibt. Im Erfolgsfall wird diese dann für die zwei Ausgangsinstruktionen eingesetzt. In / 18 / bemerkten Davidson und Fraser, daß auch Sprungkettenoptimierung mit ihrem Programm möglich sein.
Der Ansatz von Fraser ist stark kritisiert worden / 30 /, jedoch hauptsächlich wegen der Implementationsmethode, die die Maschinenbeschreibung in symbolischer Form bereithielt, und alle Vereinfachungen erst zur Optimierungszeit vollführt. Tanenbaum et al. / 70 / haben richtig argumentiert, daß der Aufwand beträchtlich gesenkt werden könne, wenn ein Vereinfachungsschritt vor der eigentlichen Optimierung, nach dem Eingeben der Maschinenbeschreibung vollzogen würde. Dieser würde gewissemaßen den anwendbaren Peephole-Optimierer erzeugen.

In den letzten Jahren ist der Gegenstand Peephole-
Optimierung für die Forschung zunehmend interessanter
geworden. So zeigten Leverett und Szymanski, daß das
Problem der Sprungverkettung NP-vollständig ist, wenn es
abstandsabhängige Sprunginstruktionen gibt /47/. Giegerich
beschäftigt sich mit maschinenabhängigen Code-Optimierungen
mit der Motivation, automatische Maschinencodeoptimierer
aus Maschinenbeschreibungen zu erzeugen / 30 /. Er weist
darauf hin, daß die unmittelbare Nachbarschaft nicht als
Selektionsgrundlage ausreicht und entwickelt ein Kontext-
konzept. Die von ihm näher betrachteten Optimierungsschritte
sind:

1. Eliminieren redundanter Befehle
2. Wechsel der Adressierungsart
3. Adreßfortschaltung
4. Adreßoptimierung linearer Codesequenzen
5. Ausnutzung von Seiteneffekten
   (Vertauschbarkeit von Effekten, Ausnutzung von
   Adressierungs-Seiteneffekten, Ausnutzung spezieller
   Effektkombinationen)
6. Optimierung von Sprüngen
   (Eliminierung von Sprungketten, Optimierung distanz-
   abhängiger Sprünge)
7. Code-Raffen (cross-jumping - fälschlich (S. 150) mit
   code-hoisting bezeichnet)

Griss und Hearn / 35 / zeigen die Verwendung von Prinzipien
der Peephole-Optimierung für eine maschinenunabhängige
Makro-Sprache (ohne Hinweise auf maschinenabhängige Optimierungsmöglichkeiten zu vergessen). Neben sprachspezifischen
Optimierungsregeln verwenden sie:

1. Bedingungsumkehrung,

2. Sprungverkettung,

3. Cross-jumping (als "common chain eliminiation"),

4. Sprungverschiebung (wenn nach einem bedingten Sprung
    Operationen absolviert werden, die auch am Ziel
    des Sprunges zu absolvieren sind, ohne daß sie die
    Sprungbedingung beeinflussen - im konkreten Fall
    den in einem Register gelagerten abzufragenden Wert -,
    dann kann der bedingte Sprung nach diesen Operationen
    stattfinden und die Operationen nach der Marke ent-
    fernt werden, wenn dieser Sprung als einziger zu der
    Marke führt.)

5. Beseitigung redundanter Lade- und Speicheroperationen.


In ähnlicher Weise betonen Tanenbaum et al. /70 / die maschinen-
unabhängige Seite der Peephole-Optimierung. Sie betrachten
eine Zwischensprache, die der Assemblersprache einer abstrakten Kellermaschine entspricht. Für diese präsentieren
sie, gewissermaßen als Resultat der Generierung des Peephole-
Optimierers durch Verarbeitung einer Maschinenbeschreibung,
eine Muster-Ersetzungstafel mit 123 Regeln, die in folgende
Kategorien gruppiert sind:


1. Konstantenfaltung,

2. Operatorenaufwandreduktion,

3. leere Folgen,

4. kombinierte Transporte,

5. kommutative Gesetze,

6. indirekte Transporte

7. Vergleiche,

8. spezielle Instruktionen,

9. DUP Instruktionen

10. Neuordnung

Auch Deutsch und Masinter / 50 / haben 1980 Peephole-
Optimierungsschritte für die Sprache einer abstrakten
Maschine vorgestellt.
Wir vertreten die Meinung, daß man deutlich zwischen
Maschinencode-Optimierung und Peephole-Optimierung
unterscheiden sollte. Peephole-Optimierung ist, vom
Wort her genommen, Betrachtung des Programmtextes durch
ein kleines Fenster und lokale Verbesserung des Codes an
der betrachteten Stelle. Insofern ist sie auch unabhängig
vom Sprachniveau und keineswegs nur auf die Situation im
Compiler nach der Code-Erzeugung beschränkt. Sie erscheint
nach allen Programmgenerierungsschritten als sinnvoll, so
zum Beispiel nach partieller Auswertung /10 /. Es ist ja
offensichtlich, daß alle Schritte von Wulf et al., die ersten
fünf Schritte von Aho und Ullman, die Schritte von Griss und
Hearn auch für FORTRAN-Programme anwendbar sind. Sie machen
gewöhnlich keinen Sinn, wenn das Programm von einem mensch-
lichen Programmierer kommt, können aber wichtige Effekte
bringen, wenn das Programm automatisch erzeugt wurde.
Das Fenster erfaßt dabei die kleinsten Programmanweisungen:
für FORTRAN die Zuweisungen, Unterprogrammrufe und ganze
DO-Schleifen, für ALGOL60 die Statements, für LISP die
Ausdrücke etc.. Je nach der Fenstergröße werden ein, zwei
oder mehrere Konstrukte erfaßt. Es ist aus Gründen der
kombinatorischen  Explosion nicht günstig, mehr als drei
Konstrukte zu betrachten. In einem Entwurf eines Peephole-
Optimierers für dekomponiertes LISP, einer Teilsprache von
LISP, zeigte sich / 69 /, daß für vier Konstrukte  auch
keine neuen interessanten Kombinationen auftreten. Es bleibt
im Grunde bei Wiederholungen der Kombinationen aus  weniger
Konstrukten. Zusätzlich kann man Hilfsfenster über den Programm-
text bewegen, wenn das Hauptfenster Konstrukte erfaßt, die
das nahelegen (typischerweise im Falle von Marken, Sprüngen,
Lade- und Speicheroperationen). Auch diese Hilfsfenster er-
fassen nur wenige Konstrukte.

Wenn die Situation eine Beseitigung des Fensterinhaltes
erlaubt, dann muß man das Fenster auf nachfolgende Konstrukte weiterbewegen. Wenn die Zahl der Konstrukte im
Fester kleiner wird, rücken automatisch die in der Be-
wegungsrichtung folgenden Nachbarn in den Sichtbereich.
Wenn Ersetzungen von Konstrukten  stattfinden, hat man
im allgemeinen die Analyseprozedur zu wiederholen. In
seltenen Fällen weiß man aber, daß die betreffenden
Konstrukte behandelt sind, und das Fenster rückt weiter.

Durch die Dekomposition werden Programme in einer Teilsprache der Ausgangssprache erzeugt, die von einer abstrakten Maschinenarchitektur beeinflußt sind, aber von
konkreten Maschinen völlig unabhängig. Typische Elemente
dieser Programme sind Lade-, Speicher- und Sprungoperationen.
Damit können die betreffenden Peephole-Optimierungsoperationen,
etwa die des BLISS-Compilers ausgeführt werden. Die Anwendungsfälle ergeben sich aus der Auflösung größerer Sprachkonstrukte (Zyklen, Unterprogrammrufe, bedingte Anweisungen
im Falle von FORTRAN, Spezialformen im Falle von LISP)
in kleinere. An den Berührungsstellen der größeren Konstrukte  ergeben sich mögliche Interferenzen, die für Peephole-
Optimierung besonders geeignet sind.
Typische Optimierungsschritte  dieser Art sind:

A) Fenster erfaßt ein Konstrukt der dekomponierten Sprache:
   1) Beseitigung redundanter Konstrukte bzw. Marken -
      unbenutzte Marken, leere Zuweisungen der Form A:=A,...
   2) Vereinfachung  zu komplexer Konstrukte -
      bedingte Sprünge mit konstanten Bedingungen ...
   Unter Verwendung von Zusatzfenstern:
   3) Sprungverkettung

B) Fenster erfaßt zwei Konstrukte der dekomponierten Sprache:

4) Markenkontraktion

5) Beseitigung leerer Sprünge

6) Beseitigung toten Codes

Unter Verwendung von Zusatzfenstern:

7) Sprungverschiebung

8) Cross-jumping


C) Fenster erfaßt drei Konstrukte der dekomponierten Sprache:

9) Bedingungsumkehrung


D) in die Kategorien A) - C) läßt sich einordnen (mit
oder ohne Zusatzfenster)

10) Beseitigung redundanter Zuweisungen durch Suche
bestimmter anderer Zuweisungen:

Eine Zuweisung wird redundant, wenn nach ihr,
vor jeder Benutzung der Zielvariablen, erneut
eine Zuweisung zur Zielvariablen steht (ohne
daß eine benutzte Marke diese Aufeinanderfolge
stört).


Es scheint von Vorteil  bei diesen maschinenunabhängigen
Optimierungen, wenn der Code ebenfalls maschinenunabhängig
ist. Die von Giegerich besprochenen maschinenabhängigen
Optimierungen (sowie durch Makroauflösung neuerzeugte
Anwendungsfälle maschinenunabhängiger Optimierung)
können dann nach der Expansion in die spezielle Assembler-
oder Maschinensprache durchgeführt werden. Beachte, daß
Peephole-Optimierung in der Maschinensprache jedoch Probleme mit sich bringt, weil die Marken fehlen und nicht
klar ist, wohin die Sprungoperationen führen.

## 4.2.3.2  Bootstrapping

CDL, Koster's Compiler Description Language /41 /, ist
eine weitgehend  dekomponierte Programmiersprache: Sie ist
ausdrucksorientiert, aber als Argumente der Funktionsausdrücke (Kombinationen) können nur Konstante oder Variable auftreten, nicht andere Ausdrücke. CDL ist noch komponiert in
der Kontrollstruktur (wenn auch nur sehr schwach): Eine
implizite Baumstruktur wird angenommen (die Zyklen sind
explizit).
Für CDL ist ein Compiler veröffentlicht, der in CDL selbst
programmiert ist. Durch Änderung der maschinenabhängigen
(oder zielsprachenabhängigen) Makros und einiger lokaler
Stücke des Codes selbst kann der Compiler verwendet werden,
um einen neuen derartigen Compiler für jede Zielsprache zu
erzeugen. Jede Programmiersprache, die die Wertübergabe per
Referenz (oder per Name) enthält, eignet sich wie CDL zu
diesem Bootstrapping-Prozeß: Ihre dekomponierte Teilsprache
ist - bis auf die baumartige Kontrollstruktur - mit CDL
äquivalent und kann leicht benutzt werden, um einen dem
oben beschreibenen Compiler ähnlichen zu schreiben.
Im Falle  von LISP bekommen wir Schwierigkeiten, da pro LISP-
Funktionsaufruf (Kombination) nur ein Wert zurückgegeben
werden kann. An wenigen Funktionsaufrufen enthält der CDL-
Compiler solche mehrfachen Wertrückgaben. Mit einiger Mühe
kann man das Problem jedoch überwinden. Ein derartiges
Experiment wurde erfolgreich ausgeführt.
Hat man den Compiler für die dekomponierte Sprache, so kann
man diesen benutzen, um einen Compiler für eine beliebige
Zielsprache auf einem beliebigen Rechner zu erzeugen. Nur
wenige Programmteile müssen in Assemblersprache geschrieben
werden. In der dekomponierten Sprache dann läßt sich leicht
ein Compiler für die volle Sprache schreiben - wird er so
entworfen, daß als Zielsprache die dekomponierte Teilsprache
entsteht, so ist er rechnerunabhängig (nicht architekturun-
abhängig).

4.2.3.3  Codegeneratoren-Generatoren

Seit der Arbeit von Ripken /61/, Cattell /14/ und Glanville
/31/ sind Codegeneratoren-Generatoren so weit entwickelt,
daß sie praktisch anwendbar scheinen /28/, /44/.
Die zu generierenden Codegeneratoren arbeiten an dem attributierten Syntaxbaum. Sie verwalten eine Reihe von Regeln,
die aus einem Musterteil, einem Bedingungsteil und einem
Aktionsteil bestehen. Die Muster werden während eines
syntaktischen Parsingprozesses auf dem Syntaxbaum, der in
einer linearen Zwischensprache repräsentiert gedacht wird,
angepaßt. Gewöhnlich passen auf die Baumstücke mehrere Muster
und die Bedingungen werden benutzt, um die spezielle Regel
auszuwählen. Die Bedingungen betreffen entweder spezielle
Attribute der Operanden (Größe von Konstanten, Art von
Variablen usw.) oder die Kosten einer speziellen Operationen-
folge. Zunächst werden alle Regeln eliminiert, deren Bedingungen
nicht erfüllt sind und von den verbleibenden wird die Regel
mit den geringsten Kosten ausgewählt. Anschließend wird der
Aktionsteil ausgeführt: Berechnungen weiterer Attribute,
Aktivierung des Registerverwalters und schließlich Generierung
des Codes.
Die Gesamtheit dieser Regeln, die als Produktionsregeln
einer passenden Grammatik beschrieben werden, wird als "Ziel-
maschinenbeschreibung" bezeichnet. Es ist offensichtlich, daß
dieser Name etwas irreführend ist, weil die Zielmaschine zwar
mitbeschrieben wird (in der Kostenfunktion und der Instruk-
tionsfolge),eigentlich aber die Beziehung zwischen Zwischensprache und Maschinensprache im Mittelpunkt steht.
Es erscheint nun nicht unvorteilhaft, wenn man diese Maschinenbeschreibungen in Klassen einteilt (Einadress-Maschinen, Zwei-
adressmaschinen, Mehrregister-Maschinen usw.) und zunächst
maschinen-unabhängig vorgeht. Vom Standpunkt des Compiler-
schreibers, der für eine Maschine mehrere Sprachen zu implementieren hat, sind diese Vorteile gering, weil es es immer
mit derselben Maschine zu tun hat und wahrscheinlich mit

verwandten Zwischensprachen (sprich Syntaxbäumen plus
Attributen). Wenn jedoch beim Sprachentwurf dekomponieren-
de Regeln angegeben würden, die den in dieser Arbeit vor-
gestellten entsprechen, dann könnte der Compilerschreiber
die für seine Maschine passende Menge übernehmen, desgleichen
den Peephole-Optimierer und er hätte lediglich einen Makro-
Expander und maschinen-abhängigen Optimierer / 30 / zu erzeugen (zu schreiben).
Es wäre durchaus möglich, daß auf diesem Wege die Sprachentwerfer veranlaßt würden, für den Compilerschreiber brauchbare
Beschreibungen zu liefern.


## 4.2.3.4 Maschinenorientierte Sprachen und UNCOL-Problem

Größer fast als das Spektrum der höheren Programmiersprachen
ist das der Assemblersprachen. Obwohl die meisten Rechner
sich bemerkenswert ähnlich sind und Operationen auf zu
adressierende Operanden anwenden in linearer Abfolge, wird
praktisch für jeden Rechner eine neue Assemblersprache entworfen. Meist sind diese zeilen-orientiert, d.h. pro Zeile
wird eine Operation notiert. Die Unterschiede beschränken
sich auf die Aufteilung der Zeile: Markenfeld, Operator,
Operanden - deren relative Position, spezielle Notations-
weisen, Unterbringung von Seiteneffekten (denn neben der
eigentlichen Operation lassen sich durch spezielle Adressierungs-
arten zum Beispiel häufig weitere Operationen verwirklichen).
Es scheint wirklich eine Frage, wieso man für Transportoperationen, deren spezielle Auslegung ganz von den Operanden (Längen, Datenarten etc.) abhängen, nicht Zuweisungen
schreiben sollte? Warum kann man die Operationen nicht als
Funktionsaufrufe (Kombinationen) notieren? Ist die Vielfalt
der Adressierungsweisen nicht klassifizierbar?

In positiver Beantwortung der Frage erscheinen sowohl das
dekomponierte FORTRAN als auch das dekomponierte LISP
benutzbare Assemblersprachen zu sein, die für viele Maschinen
verwendbar sind.
Hier liegt auch der Unterschied zu den "maschinen-orientier-
ten Sprachen" wie etwa BLISS / 77 /, deren Orientierung auf
die Maschine nicht im Verzicht auf die Verschachtelung
(siehe dagegen CDL! / 41 /) zum Ausdruck kommt, sondern in
speziellen Sprachkonstrukten, die die potentielle Verschachtelung erhöhen, aber spezielle Maschinenbefehle ansprechen.
Eng verwandt mit dieser Fragestellung ist das UNCOL-Problem
/ 65/, / 44 /. Wenn viele Programmiersprachen auf verschiedenen Rechnern zu implementieren sind, dann könnte eine
gemeinsame Zwischensprache das Problem beherrschbar machen,
weil nur noch die Front-Ends (Compilerteile, die Quellsprachen
in die Zwischensprache übersetzen) und Back-Ends (Compilerteile die die Zwischensprache in die Maschinensprachen übersetzen) zu schaffen wären an Stelle von einem Vielfachen an
direkten Compilern. Koster hat in einer Stellungnahme vorgeschlagen, eine Compiler-Beschreibungssprache zu benutzen,
in der die den Front-Ends entsprechenden Compiler in Makro-
Sprachen übersetzen und statt der Back-Ends Implementationen
der Compiler-Beschreibungssprache auszuführen wären.
Das Transformationsmodell legt es nahe, als Makro-Sprachen
die dekomponierten Programmiersprachen zu benutzen. Beachtet
man, was wir gerade über das Bootstrapping gesagt haben
(4.2.3.3), dann ergibt sich die Möglichkeit, diese Compiler
in diesen Makro-Sprachen, die CDL entsprechen, zu programmieren
(bzw. von einem Modell her zu erzeugen).
So kommen wir zwar nicht zu der einen zentralen Zwischensprache,
aber zu einer Klasse von hinreichend verwandten Sprachen.
Die Compiler, die den Back-Ends entsprechen, beschränken
sich nun, wenn man mit dieser Orientierung an das Problem
herangeht, auf Makro-Expander.

## 4.2.4  Beweismethoden zur Compilerkorrektheit

### 4.2.4.1  Vergleich mit dem Ansatz von McCarthy und Painter

McCarthy und Painter /53/ haben insofern nur einen Ansatz
geliefert, da sie nur Ausdrücke in Maschinenbefehle über-
tragen.
Wir wollen zunächst ihre Beweistechnik darlegen und dann
zeigen, mit welchen Mitteln man zu einem wirklichen Compiler
übergehen könnte, der mindestens eine einfache Anweisungssprache in Maschinen- oder Assemblerbefehle überträgt.
Zunächst wird die Programmiersprache (Ausdruckssprache)
beschrieben durch Angabe der Funktionen der abstrakten
Syntax und der semantischen Funktionen. Wir haben als Funktionen
der abstrakten Syntax:

| Prädikate | analytische Funktionen | Konstrukte |
|---|---|---|
| isconst(e) | | Konstante (Numerale) |
| isvar(e) | | Variable |
| issum(e) | s1(e)   s2(e) | zweist. Summation |

Die Semantik wird gegeben durch die Funktion value:

$$\text{value}(e, st_s) = \text{if isconst}(e) \text{ then val}(e)$$
$$\text{else if isvar}(e) \text{ then } c_s(e, st_s)$$
$$\text{else value}(s1(e), st_s) + \text{value}(s2(e), st_s)$$

Dabei ist $st_s$ der Zustandsvektor des Quellausdrucks, val
eine Funktion, die den Wert eines Numerals liefert (Abbildung von Zeichenketten in natürliche Zahlen), $c_s$ eine
Funktion, die zu einer Variablen den zugeordneten Wert
(eine natürliche Zahl) im aktuellen Zustandsvektor ermittelt.

Die Maschinensprache wird auf die gleiche Weise beschrieben.
(Wir lassen schon die konkreten Befehlsnotationen weg, die
der Idee der abstrakten Syntax widersprechen.)

| Prädikate | analytische Funktionen | synthetische Funktionen | Konstrukte |
|---|---|---|---|
| isli(s) | arg(s) | mkli(const) | load direct |
| isload(s) | adr(s) | mkload(x) | load |
| issto(s) | adr(s) | mksto(x) | store |
| isadd(s) | adr(s) | mkadd(x) | add |

Programme sind Listen von Instruktionen. Um eine Operation
vor ein Programm zu stellen, schreiben wir a*p. Das leere
Programm wird mit () bezeichnet. Für syntaktische Funktionen
und Programme ergeben sich eine Reihe von Beziehungen, die
wir hier nicht aufführen wollen. Die Identifizierung einer
Instruktion mit dem Programm, das aus dieser einen Instruktion
besteht, halten wir für unglücklich und scheiden die entsprechenden Gleichungen aus. Es ergibt sich insgesamt nur
ein kleiner Mehraufwand.
Die Semantik ist gegeben durch die Funktionen $step_m$ und
$outcome_m$ (beachte die Verwendung der Zugriffsfunktionen first
und rest, um zu Programmteilen zuzugreifen, und des Prädikats
Null, um das leere Programm zu erkennen!):

$$step_m(a,st_m) = \text{if } isli(a) \text{ then } a_m(AC,arg(a),st_m)$$
$$\text{else if } isload(a) \text{ then } a_m(AC,c_m(adr(a),st_m),st_m)$$
$$\text{else if } issto(a) \text{ then } a_m(adr(a),c_m(AC,st_m),st_m)$$
$$\text{else } a_m(AC,c_m(adr(a),st_m)+c_m(AC,st_m),st_m)$$

$$outcome_m(p,st_m) = \text{if } null(p) \text{ then } st_m \text{ else } outcome(rest(p),step_m(first(p),st_m))$$

Dabei ist $st_m$ der Zustandsvektor des Maschinenprogramms, $c_m$ eine
Funktion, die zu einer Speicheradresse den zugehörigen Wert
im aktuellen Zustandsvektor ermittelt und $a_m$ die Funktion, die
die Änderung des Zustandsvektors an einer Stelle (1. Argument)
beschreibt.

McCarthy und Painter fordern nun eine enge Beziehung zwischen den beiden Zustandsvektoren, indem sie eine Funktion loc einführen, die jeder Variablen eine Adresse zuweist:

$$c_s(v, st_s) = c_m(loc(v, map), st_m)$$

Der zweite Parameter map spielt keine Rolle (er soll die Symboltafel darstellen) und könnte auch weggelassen werden.

Der Ausdruckscompiler wird mit folgendem Programm gegeben:

```
compile(e,t)=if isconst(e) then mkli(val(e))
            else if isvar(e) then mkload(loc(e,map))
              else compile(s1(e),t)*mksto(t)*compile(s2(e),t+1)*mkadd(t)
```

Hierbei ist t eine Adresse im Speicher, von der ab Hilfsplätze zur Verfügung stehen.

Nun wird eine partielle Gleichheit von Zustandsvektoren $st_m$ eingeführt, die vom Akkumulator und von den Hilfsvariablen absieht. Zwei Zustandsvektoren werden als gleich angesehen, wenn sie, abgesehen von diesen Speicherelementen, übereinstimmen. Wenn dies für die Zustandsvektoren $st_m^1$ und $st_m^2$ gilt, so schreiben wir auch:

$$st_m^1 =_{AC,t} st_m^2$$

Damit kann das Korrektheitstheorem als Gleichung formuliert werden: Zu beweisen ist

$$outcome_m(compile(e,t), st_m) =_t a_m(AC, value(e, st_s), st_m)$$

Diese Gleichung wird durch einfache strukturelle Induktion bewiesen.

Wenn wir nun zu einer einfachen Anweisungssprache als Quellsprache übergehen wollen, so wären nur als syntaktische
Grundelemente die Zuweisung aufzunehmen:

Prädikate   analytische Funktionen   Konstrukte
isass(a)    lh(a)    rh(a)            Zuweisung

Was die Semantik betrifft, so gibt es keinen Bruch, weil
die beiden Autoren auch die Ausdrücke schon durch einen
Interpreter verarbeitet ansehen und ihnen einen Zustandsvektor
zuordnen. Sie bleiben lediglich die Auskunft schuldig,
wie sich dieser Zustandsvektor ergibt oder wie er geändert
wird. Insofern könnten wir einfach Funktionen $step_s$ und
$outcome_s$ schreiben, die ihren Maschineprogrammvorbildern
weitgehend entsprechen. (Beachte, daß dabei der AC nicht auftaucht!)
Für eine Zuweisung kann der Übersetzungsprozeß als korrekt
angesehen werden, wenn

$$outcome_m(compile(a,t),st_m) =_{tAC} a_m(loc(lh(a)),value(rh(a),st_s),st_m)$$

gilt. Doch die Zustandsvektoren für ganze Programme sollten
besser auseinandergehalten werden. Deshalb ist zu fordern:
Ein Programm p ist korrekt übersetzt dann und nur dann, wenn
für eine passende Variablenmenge V gilt: Für alle v aus V ist

$$c_s(v,outcome_s(p,st_s)) = c_m(loc(v,map),outcome_m(compile(p),st_m))$$

wenn

$$c_x(v,st_s) = c_m(loc(v,map),st_m).$$

Als passende Variablenmenge könnte man etwa alle in einem
Programm auftretenden Variablen verwenden.

Wir haben nun die neue compile-Funktion noch nicht angegeben,
es dürfte aber offensichtlich sein, daß sie die alte Funktion
als Teil, etwa mit dem Namen  compexpr enthält. Der Rest ist
elementar:

```
compile(p) = if null(p) then ()
                  else compilass(first(p)) & compile(rest(p))
compilass(a) = compexpr(rh(a))*mksto(loc(lh(a),map))
```

Für den Beweis könnte man die Variablenmenge unterteilen,
in die Variablen, die im Programm p nicht verändert werden
und die, die verändert werden. Für die letzteren könnte
mittels struktureller Induktion die Korrektheit nachgewiesen
werden.

Die Notwendigkeit dieses Vorgehens schien angebracht wegen der
prinzipiellen Verschiedenheit der Zustandsvektoren in den
beiden semantischen Beschreibungen. Bei näherer Analyse des
Aufsatzes von McCarthy und Painter stellt man aber fest, daß
die Autoren die beiden Maschinen keinesweg so strikt trennen,
wie wir das bisher durchgeführt haben: Die Wertfunktionen $c_s$
und $c_m$ werden identifiziert und die Zustandsvektorfunktionen
$a_s$ und $a_m$ auch. Der Wert einer Variablen läßt sich über
Zwischenschaltung der Funktion loc im Maschinenzustandsvektor
ermitteln, was eigentlich nicht verständlich wäre,  wenn es
sich um zwei wirklich getrennte Maschinen (semantische Beschreibungen) handelte.

Diese Identifizierung könnte so wirklich durchgeführt werden,
wenn man von der Maschinensprache in eine Assemblersprache
übergeht und statt der Adressen mit Symbolen arbeitete. Auch
der AC und die Hilfsvariablen wären als solche Symbole aufzufassen. Nach dieser Änderung könnte die Gleichung

$$c(v,st_s)=c(loc(v,map),st_m)$$

umgeschrieben werden zu

$$c(v,st_s)=c(v,st_m)$$

Und das bedeutet wie oben nichts anderes, als daß die zwei
Zustandsvektoren, was den Bereich der Variáblen betrifft,
übereinstimmen. Wir sollten nun die Identifizierung soweit
treiben, daß wir die beiden Zustandsvektoren als identisch
im Bereich der "interessanten" Variablen ansehen: (in der
Notation von /53/)

$$st_s =_{AC,ti} st_m$$

Diese Änderungen könnten schon in die Arbeit von McCarthy
und Painter eingearbeitet werden. Wir könnten $\eta$ und $\zeta$
identifizieren; überall wo loc auftaucht, wäre es zu beseitigen und durch sein 1. Argument zu ersetzen. Dadurch
würde viel vereinfacht werden. Eine Komplizierung ergäbe
sich nur bei der Generierung der nächsten verfügbaren Hilfsvariablen, die in /53 / durch einfache Adressrechnung möglich ist, sich jetzt durch fortlaufende Herstellung unter-
schiedlicher Variablennamen verwirklichen läßt. Statt des t
(Argument von mksto und mkadd in compile) wäre nun eine
Funktion aufzurufen, die bei gegebener Zahl t einen passenden
eindeutigen Variablennamen generiert.
Wenn wir diese Identifizierung für das erweiterte Korrektheitsproblem übernehmen, bekommen wir die vereinfachte
Fassung

$$outcome_s(p,st) =_{AC,ti} outcome_m(compile(p),st)$$

So verändert wäre ein induktiver Beweis (über die Länge
der Quellprogramme und über die Komplexität der Ausdrücke
auf den rechten Seiten) möglich, der den ursprünglichen
McCarthy-Painterschen Beweis als Teil (für den Induktions-
schritt: Behandlung einer zusätzlichen Zuweisung) enthielte.

Nun könnte man aber die Identifizierung bis zu ihrem kon-
sequenten Ende treiben: Der Akkumulator tritt in den Funktionen wie eine gewöhnliche Variable auf. Was spricht da-
gegegen, die analytischen Funktionen der Assemblersprache
so zu ändern, daß ebenfalls lh und rh verwendet werden?
Die alten Funktionen ergeben sich als:

arg(s)=rh(s), adr(s) = if isload(s) then rh(s) else
$$\qquad\qquad\qquad\qquad \text{if issto(s) then lh(s) else}$$
$$\qquad\qquad\qquad\qquad\qquad \text{if isadd(s) then s2(rh(s)).}$$

Dabei gilt:
lh(s) für lodad und add=AC,rh(s) für store = AC,s1(rh(s))
für add=AC. Alle synthetischen Funktionen könnten ähnlich
zwanglos mit Hilfe einer Funktion mkass definiert werden
über:

    mkli(const=mkass(AC,const)

    mkload(var=mkass(AC,var)

    mksto(var)=mkass(var,AC)

    mkadd(var)=mkass(AC,mksum(AC,var))

Aufbauend auf lh und rh könnten sogar die Prädikate definiert
werden:

    isli(s)=if isconst(rh(s)) and lh(s)=AC then T else F.

    isload(s)=if isvar(rh(s)) and lh(s)=AC then T else F.

    isto(s) = if isvar(lh(s)) and rh(s)=AC then T else F.

    isadd(s)=if issum(rh(s)) and lh(s)=AC then T else F.


Der Gewinn wäre, daß man nun $step_m$ mit $step_s$ identifizieren
könnte und daher auch $outcome_m$ mit $outcome_s$. Die zu beweisende Gleichheitsbeziehung lautete nun:


$$outcome(p,st) =_{AC,ti} outcome(compile(p),st)$$

Der Induktionsbeweis (über die Länge der Programme) zeichnet
sich nun darin aus, daß eine wirkliche Integration von In-
duktionsschritt und Induktionsbehauptung eigentlich nicht
nötig ist. Das liegt daran, daß eine beliebige Zuweisung
des Quellprogramms völlig unabhängig von den anderen mittels
compilass übersetzt und durch den entstehenden Code ersetzt
werden kann, ohne daß der Zustandsvektor am Ende für die
"interessanten Variablen" verschieden wäre. In der vorliegenden Arbeit wurde eben dieser Schritt vollzogen:
Isolierung der einzelnen Befehle übersetzenden Transformationen
in kleine Regeln an Stelle ihrer Kodierung in übersetzende
Funktionen und Beweis der lokalen Korrektheit. Der Induktionsbeweis über die Länge des Programmes ist nicht erforderlich,
weil das Resultat der Transformation in den Programmzusammen-
hang zurückgestellt wird. Der Induktionsbeweis über die Komplexität der einzelnen Instruktion wird vereinfacht durch
Aufteilung in mehrere Transformationsregeln. Es bleibt lediglich der Beweis, daß lokale Variablen nicht geändert werden.
Im vorliegenden Falle hätten wir zwei Transformationsregeln:

$$\frac{\text{var} = \text{expression}}{\begin{array}{l}\text{AC1} = \text{expression}\\\text{var} = \text{AC1}\end{array}}$$

und

$$\frac{\text{ACi} = \text{expression}_1 + \text{expression}_2}{\begin{array}{l}\text{ACi} = \text{expression}_1\\\text{ti} = \text{ACi}\\\text{ACi+1} = \text{expression}_2\\\text{ACi} = \text{ACi+1} + \text{ti}\end{array}}$$

Dabei wird angenommen, daß für "expression" nur Quellaus-
drücke (Konstante, Variable) stehen, aber weder $ACj$ noch
eine Hilfsvariable $tk$.

Unsere Technik, kleinste semantische Äquivalenzen per
Axiom zu fordern, macht uns unabhängig von konkreten Varian-
ten, die Programmiersprachensemantik zu beschreiben. Das
Axiom

$$\frac{\text{var} = \text{expression}}{\begin{array}{l}\text{locvar} = \text{expression}\\ \text{var} = \text{locvar}\end{array}}$$

würde praktisch besagen, daß zwei Zustandsvektoren als
gleich betrachtet werden, wenn sie für die "interessanten"
Variablen übereinstimmen. Dieser Zusammenhang ist von
McCarthy und Painter ähnlich, nämlich definitorisch beschrieben worden.
Es sollte unmittelbar einleuchten, daß die zwei Transformationsregeln direkt in Compilercode übertragbar sind:

```
compass(a) = compass1(mkass(AC,rh(a)),1)*mkass(lh(a),AC)
compass1(a,i)=if isadd(a)  then compass1(mkass(AC,s1(rh(a))),i)*
                           mkass(genvar(i),AC)*
                           compass1(mkass(Ac,s2(rh(a))),i+1)*
                           mkass(Ac,mksum(AC,genvar(i)))
         else a.
```

In summa beruht der Übergang in Transformationsregeln auf
der Einbettung der Assemblersprache in die Quellsprache, dem
Absehen von einer konkreten Beschreibungsmethode für die
Semantik und der Lokalisierung der Übersetzungseffekte auf
einzelne Quellsprachenbefehle.

## 4.2.4.2  Der "algebraische Ansatz" Burstalls und Landins

Burstall und Landin haben 1969 /13/ algebraische Methoden
für Korrektheitsbeweise vorgeschlagen und sie für den
Korrektheitsnachweis eines Ausdruckscompilers verwendet.
Wichtigstes algebraisches Hilfsmittel ist dabei die Ein-
bettungsmethode für eine Algebra in einer Halbgruppe.
Gegeben sei eine Algebra $A_w$ mit der Trägermenge A. Diese
Algebra wird in die Halbgruppe der Transformationen von
Folgen von Elementen aus A  eingebettet. Zu der Menge der
Folgen wird künstlich ein 0-Element und ein 1-Element (die
leere Folge) hinzugenommen. Die Halbgruppe wird durch eine
Menge von erzeugenden Elementen erzeugt, und zwar die
Transformationen

$$rho_a:\text{folgenmenge} \rightarrow \text{folgenmenge}$$
$$\text{mit } rho_a(u) = u\ a\ (u \text{ eine Folge})$$

Die Operationen w aus W werden mit Hilfe der Funktion f
erzeugt:

$$f_A w = sigma_w$$
$$sigma_w\ u = \text{if } u = a_1 \ldots a_{n-k}\ a_{n-k+1} \ldots a_n$$
$$\text{then } a_1 \ldots a_{n-k} w(a_{n-k+1} \ldots a_n)$$
$$\text{else } 0.$$

Nun können wir definieren:

$$w(rho_a, rho_b) = rho_a . rho_b . sigma_w$$

d.h.

$$w(rho_a, rho_b)(u) = \text{if } u = a_a \ldots a_{n-k+2}\ a_{n-k+3} \ldots a_n$$
$$\text{then } a_1 \ldots a_{n-k+2}\ w(a_{n-k+3} \ldots a_n\ a\ b)$$
$$\text{else } 0.$$

Ganz sicher ist die Abbildung $xi_A : A_w \rightarrow E_w(S_A, Y_A, f_A)$ ein
Monomorphismus, weil zu jeder Transformation $rho_a$ nur genau
ein Urbild aus A existiert.

Außerdem gilt:

$$xi(w(a_1,\ldots,a_k)) = rho_{w(a_1,\ldots,a_k)} = rho_{a_1} \cdot \ldots \cdot rho_{a_k} \cdot sigma_w =$$

$$w(rho_{a_1},\ldots,rho_{a_k}) = w(xi(a_1),\ldots,xi(a_k)).$$

$xi_A$ ist also ein Homomorphismus.


Merkwürdigerweise präsentieren die Autoren für den Fall, daß
die Algebra $A_W$ die Wortalgebra $W_W(X)$ ist, eine Einbettung
in die Halbgruppe der Folgen aus X v W. Die Elemente der
erzeugenden Menge X werden dabei sich selbst (d.h. den
Folgen, die nur aus einem Element bestehen) zugeordnet.
Die Operationen w aus W werden wiederum mit Hilfe der Funktion
f erzeugt:

$$f_W w = w.$$

Damit $w(s_1,\ldots,s_k) = s_1\, s_2\, \ldots s_k\, w$ für $s_i$ aus S. Die entstehende Algebra nennen sie $E_W(S_W,X,f_W)$.


Merkwürdig ist diese Konstruktion insofern, weil nach Cohn
(/16/,S.116) genau dies die Definition der Wortalgebra ist.
(Die Autoren vermerken immerhin, daß beide Algebren isomorph sind. Der Irrtum konnte entstehen, weil sie die Algebra der Ausdrücke als Elemente einer Wortalgebra auffassen,
ohne sie näher zu definieren. Allerdings kann man nicht
von einem algebraischen Irrtum sprechen, weil die betreffenden Algebren ja isomorph sind und eine entsprechende Definition der Wortalgebra  keine Konsequenzen hätte. Für die
Compilation ist der Irrtum jedoch folgenreich, weil sich
die Autoren einbilden, man könne den Übergang von Infix-
zu Postfixausdrücken als Compilation betrachten.)

Die Autoren führen nun die Wertzuweisung zu den Variablen
in den Ausdrücken als Homomorphismus von der Ausdrucksalgebra
(die sie als Wortalgebra bezeichnen) in eine Wertealgebra
ein. Zu dieser Wertealgebra wird die Halbgruppe der Transformationen von Folgen gebildet. Da die Autoren den Übergang von Ausdrucksalgebra zur Algebra der postfix-Ausdrücke
(der eigentlichen Wortalgebra) als "Compilation" bezeichnen -
und die Operationen in der Wortalgebra mit dem Präfix
"compile" versehen - besteht für sie der Nachweis der
Korrektheit der Compilation darin, daß ein Homomorphismus
von der Wortalgebra (ihre Bezeichnung: $E_W(S_W,X,f_W)$) in die
Algebra der Transformationen von Folgen aus Elementen der
Wertealgebra gefunden wird und gezeigt wird, daß man bei
Hintereinanderausführung von "Interpretation" (d.h. Wert-
zuweisungsabbildung) und Einbettungshomomorphismus (Wertealgebra - Transformationenalgebra) dasselbe Ergebnis erhält
wie bei Hintereinanderausführung von "Compilation" und dem
Momomorphismus zwischen Wortalgebra und Transformationenalgebra. In anderen (algebraischen) Worten, das Diagramm
kommutiert:
(Das Diagramm von Burstall und Landin):

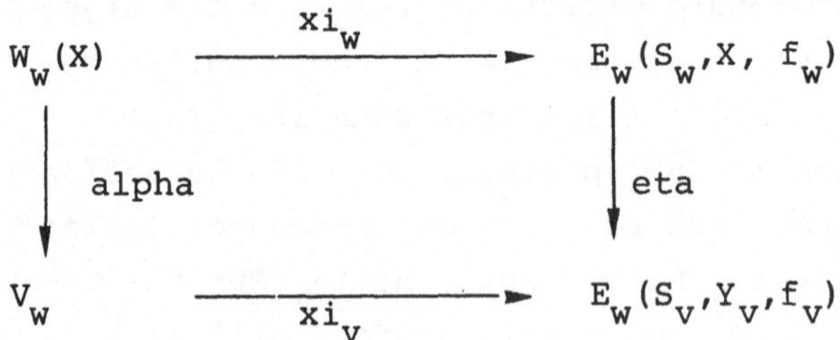


Wie schon gesagt, den Homomorphismus $xi_W$ bezeichnen die
Autoren als "Compilation", den Homomorphismus alpha als
Interpretation. Eta wird mit wenig Berechtigung als
"Execution" und $xi_V$ als "LOAD" bezeichnet.

Eta ergibt sich durch Einschränkung der folgenden Abbildung
auf Trägermenge von $E_w(S_w,X,f_w)$:phi:$S_w \longrightarrow S_V$ mit
$$\text{phi}(x)=\text{rho}_{\text{alpha}(x)}, \text{phi}(w)=\text{sigma}$$

(Die Halbgruppen der Folgen aus XvW und V.)
Phi ist ein Homomorphismus zwischen den Halbgruppen und kann
deshalb zu einem Homomorphismus eta zwischen den w-Algrebren
$E_w(S_w,X,f_w)$ und $E_w(S_V,Y_V,f_V)$ eingeschränkt werden.

Das problematische an dieser Argumentationsweise ist zunächst
die Identifizierung von Abbildungen mit Operationen des
Compilerens, Interpretierens usw. . Es wird außer Acht ge-
lassen, daß die Algebra der postfix-Ausdrücke, die eigentliche Wortalgebra nach Cohn, nicht unbedingt die Algebra
der Programme für eine Kellermaschine ist. Vielmehr kann
man sie genauso als Ausdrucksalgebra auffassen und interpretieren als Anweisungen an die Maschine. Diese Interpretation wäre als Abbildung von den postfix-Ausdrücken zu den
Transformationen von Folgen von Elementen aus XvW darzu-
stellen. Die Algebra der letzteren wäre das eigentliche
$E_w(S_w,X,f_w)$.
Das Diagramm wäre zu berichtigen in:

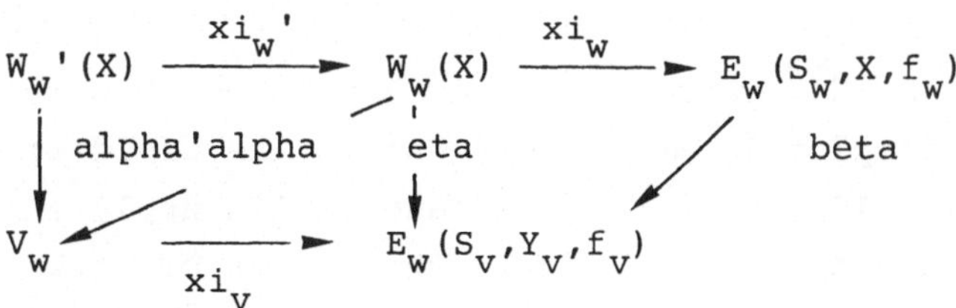


Die interessante Abbildung wäre nun beta. Die kommutierenden
Abbildungen nun das neue $xi_w$ und beta sowie das neue alpha
und $xi_V$.

Um die Korrektheit der Compilation bezüglich anderer
Maschinen als der simplen Kellermaschine zu beweisen,
argumentieren Land und Burstall nun nicht mehr algebraisch,
sondern automatentheoretisch und simulieren den Kellerauto-
maten mit der interessierenden Maschine. Weshalb sie nicht
eine Konstruktion wie die folgende versucht haben, bleibt
offen.

Sei S die Menge von Folgen von Elementen der Arten: (
LDA $a_i$),(STO j),(w k).

Die Algebra $E_2(S_w,X',f_w)$ wird wie folgt konstruiert:

Den   Elementen der erzeugenden Menge X werden die Folgen
(LDA x) zugeordnet. Die Operationen w aus W (wir nehmen
der Einfachheit halber an, sie wären durchweg zweistellig)
werden mit Hilfe von $f_W w = (w\ 1)$ erzeugt.

Es gelte:

$$w(s_1,s_2) = \text{if } s_1 = (\text{LDA } a_1)\text{ then ifs}_2 = (\text{LDA } a_2)$$

$$\text{then (LDA } a_1)(\text{STO 1})(\text{LDA } a_2)(w\ 1)$$

$$\text{else (LDA } a_1)(\text{STO 1})s_2(\text{um 1 erhöht})\ (w\ 1)$$

$$\text{else if } s_2 = (\text{DLA } a_2)\text{ then } s_1(\text{STO 1})(\text{LDA } a_2)(w\ 1)$$

$$\text{else if } s_2 = (\text{LDA } a_2)\text{ then } s_1(\text{STO 1})(\text{LDA } a_2)(w\ 1)$$

$$\text{else } s_1(\text{STO 1})s_2\ (\text{um 1 erhöht})\ (w\ 1)$$

W. Polak (/60/, S. 24) vermerkt zu der Arbeit von Landin und
Burstall: "A completely new aspect enters the field of compiler
verification in 1969 when Burstall and Landin apply an
algebraic method to greatly reduce the amount of work
required in proving a compiler." Wir glauben, daß an der
Arbeit der beiden Autoren vor allem die Idee wichtig ist.
Die konkrete Durchführung läßt, wie wir gezeigt haben,
manche Wünsche offen.

## 4.2.4.3 Die Weiterführung des algebraischen Ansatzes durch Weyhrauch und Milner

Weyhrauch und Milner haben den algebraischen Ansatz wesentlich
konsequenter angewandt und ausgedehnt auf den Korrektheitsnachweis eines Compilers für eine einfache aber interessante
Programmierungssprache. Diese Sprache enthält Zuweisungen,
sowie IF-THEN-Else, WHILE-Konstrukte und ein Mittel zum
Kombinieren zweier Anweisungen /56/.
Grundlage des Beweises ist wieder ein algebraisches Diagramm,
dessen Kommutativität gezeigt wird. Anders als bei Burstall
und Landin, hat dieses Diagramm aber programmtechnischen Sinn,
weil die Algebra der Quellprogramme und die Algebra der
Maschinenprogramme die obere Zeile bilden, deren jeweilige
semantische Interpretation die untere Zeile.
Als Signatur dienen dabei abzählbar unendlich viele Operationen:
1. Die Operation cmpnd (2-stellig)
2. die Familie von Operationen  while(expr)
3. die Familie von Operationen cond(expr)

Die Algebra der Programme wird durch die Menge der Anweisungen
erzeugt.
Durch $cmpnd(p_1,p_2)$ wird ein neues Programm gebildet, das
durch Hintereinanderausführung der beiden Teilprogramme
abgearbeitet wird. Durch while(expr)(p) wird aus einem Programm ein neues gebildet. Durch $cond(expr)(p_1,p_2)$ wiederum
aus zwei Programmen ein neues. (Beispiele für konkrete
Syntax lassen sich leicht vorschlagen.)
Die Algebra der Maschinenprogramme wird durch bestimmte
Folgen von Maschinenbefehlen (FETCH,STORE,DO op,JUMP,JUMPF;
LABEL) erzeugt, die korrekte  Sprungmarken haben (Markennummern sind ein Anfangssegment der natürlichen Zahlen,
jede Markennummer kommt nur einmal bei LABEL vor, jede
Nummer, die bei den Operationen JUMP und JUMPF vorkommt,
kommt bei einem LABEL vor.) erzeugt.

Durch $cmpnd(mp_1, mp_2)$ wird ein neues Maschinenprogramm erzeugt, dessen Anfang dem Übersetzungsresultat für expr entspricht, wonach eine JUMP-instruktion mit Markennummer, die
um 2 größer ist als die größte in mp, angehängt wird, danach
eine Markeninstruktion LABEL mit einer Markennummer, die um
1 größer ist als die größte in mp, danach folgt die Folge
mp, danach folgt eine JUMP-instruktion mit einer Markennummer,
die um 1 größer ist als die größte in mp, und danach steht
schließlich die LABEL-instruktion, die eine Markennummer
hat, die um 2 größer ist als die größte in mp.
Die Operationen $cond(expr)(mp_1, mp_2)$ erzeugen Maschinenprogramme, die mit dem Übersetzungsresultat von expr beginnen
und dann eine JUMPF-instruktion enthalten, deren Markennummer um 1 höher ist als die höchste Markennummer in $mp_1$.
Danach folgen die Instruktionen von $mp_1$ - hinter ihnen steht
eine JUMP-Instruktion mit einer Markennummer, die um 2 höher
ist als die höchste Markennummer in $mp_1$. Danach folgt eine
LABWL-Instruktion mit der um 1 höheren Markennummer und die
Instruktionenfolge vom $mp_2$, in der alle Markennummern um die
um 2 erhöhte höchste Markennummer von $mp_1$ erhöht sind.
Zum Schluß steht noch einmal eine LABEL-Instruktion mit
der um 2 erhöhten höchsten Markennummer aus $mp_1$.

Die Semantik der Quellprogramme wird durch die Algebra der
Zustandsfunktionen definiert. Die Operation cmpnd ist hier
die Hintereinanderausführung der zwei Zustandsfunktionen,
die Operation while erzeugt eine rekursive Funktion, die
sich bei Zutreffen des Ausdruckes selbst aufruft und sonst
die Identitätsfunktion ist, die Operation while
ist wieder einstellig. Angewandt auf eine Zustandsfunktion
erzeugt sie eine potentiell rekursive Funktion, die bei Zutreffen des Operationsparameters (des Ausdrucks) die Argumentfunktion und sich selbst hintereinander ausführt und bei
Nichtzutreffen die Identitätsfunktion.

Die Operation cond verknüpft die Argumentfunktionen so, daß
die eine angewandt wird, wenn der Parameterausdruck erfüllt
ist und sonst die andere.
Die Semantik der Maschinenprogramme wird durch die Algebra
der Speicherfunktionen definiert. Die Operation cmpnd ist
wieder die Hintereinanderausführung zweier Funktionen.
Die Operation while erzeugt aus der Argumentfunktion eine
potentiell rekursive Funktion, die die Speicherfunktion,
die den Wert des Parameterausdrucks auf den Gipfel des
Kellers abbildet verknüpft mit der Hintereinanderausführung
der Funktion, die das Gipfelelement beseitigt und falls
es "true" war, mit der Argumentfunktion und der gesamten
Funktion. Falls es falsch war wird keine weitere Verknüpfung
vorgenommen. Die Operation cond verknüpft zwei Argumentfunktionen. Das Resultat ist die Hintereinanderausführung
der Funktion, die den Ausdruckswert auf den Gipfel des
Kellers ausbildet und je nach dessen Wert mit der Beseitigungsfunktion und dem 1. Argument oder der Beseitigungsfunktion
und dem 2. Argument.
Der Vorteil dieses Arrangements ist, daß man nun 4 Algebren
mit gleicher Signatur hat, deren Beziehungen vom Programm
her Sinn haben (semantische Abbildung, Compilation, Simulation).
Wenn es gelingt, diese Beziehungen als Homomorphismen nach-
zuweisen und auch noch die Kommutativität, dann ist wirklich
ein Korrektheitsresultat erzielt. Weyhrauch und Milner
präsentieren in ihrer Arbeit keinen der Beweise für die
Homomorphismeneigenschaft, weisen aber darauf hin, daß
der Beweis für die Kommutativität nur für die Zuweisungen
durchgeführt werden muß, da diese die erzeugenden Elemente
der Algebra der Quellsprache sind. Für diesen Teilaspekt
ist die korrekte Compilation von Ausdrücken entscheidend.
Den diesbezüglichen Beweis (rechnerunterstützt) präsentieren
die Autoren. Er entspricht dem von McCarthy und Painter.

4.2.4.4  Compilerkorrektheitsbeweise ohne Bezugnahme auf
         die Programmiersprachensemantik: Chirica und Martin

Chirica und Martin präsentieren wesentliche Teile eines
Korrektheitsbeweises für einen Compiler für eine Programmiersprache, die neben Zuweisungen, While-Schleifen und If-
then-else-Konstrukten auch Blöcke und Deklarationen besitzt.
Die Maschine, für die Code erzeugt wird ist, ist eine einfache
Kellermaschine mit einem zusätzlichen Speicher (für die
Variablenwerte). Die Operationen (+,* und :=) werden auf
die obersten zwei Kellerelemente angewendet und das Ergebnis
als neues Spitzenelement gekellert (nachdem beide Argumente
beseitigt wurden). Ein Mangel in der Repräsentation /15/
ist, daß die Programmiersprache Boolesche Ausdrücke enthalten sollte, die jedoch in der Grammatik nicht durch
Produktionen erklärt sind, desgleichen in der Maschine der
Kellergipfel negiert werden muß, um bedingt springen zu
können. Es scheint aber im Sinne der Arbeit zu sein, wenn
die Booleschen Ausdrücke mit den normalen Ausdrücken identifiziert werden und "falsch" mit 0 bzw. "wahr" mit "von 0
verschieden" belegt werden. Dann bedeutet die negierte Bedingung für den Kellergipfel im bedingten Sprungbefehl:
"ist der Gipfel 0, springe".
Die Maschine hat 10 Operationen:

| | | |
|---|---|---|
| 1. | (beginn,c) | Verfügbarkeit für c Plätze |
| 2. | (end,c) | Rückgabe von c Plätzen |
| 3. | (&,r) | Lade Adresse r |
| 4. | (:=) | Speichern |
| 5. | (+) | Addieren |
| 6. | (*) | Multiplizieren |
| 7. | (jmp,k) | Springe zum Befehl k-1 |
| 8. | (jmpf,k) | Bedingter Sprung |
| 9. | (value) | Lade Wert aus Speicher |
| 10. | (#,n) | Lade Zahl direkt |

Die Programmiersprache (und gleichzeitig der Compiler)
ist durch eine kontextfreie Grammatik gegeben, die zu
jeder Produktion bereits die "semantischen Aktionen" enthält. Der Compiler ist als ein-Paß, syntax-gesteuerter
postfix-Übersetzer gedacht. Die lexikalische Analyse
wird bei dem Korrektheitsbeweis als abgeschlossen vorausgesetzt. Gewisse einfache Syntaxfehler werden erkannt:
Mehrfaches Deklarieren, Benutzen nichtdeklarierter Identifier. Der syntaxgerichtete Übersetzer wird durch den
Parser implementiert. Zu jeder Tokenkette liefert er eine
Folge von Aufrufen zu Übersetzungsroutinen oder weist die
Kette als falsch ab. Aus einem bestimmten Programm entsteht so eine Folge von Aufrufen zu Übersetzungsroutinen,
die selbst wieder derartig - entsprechend den Produktionsregeln - aufgebaut sind. So wird die Korrektheit der Compilation mit der Korrektheit der zum Syntaxgipfelelement ge-
hörenden Übersetzungsroutine gleichgesetzt.
Der springende Punkt der ganzen Arbeit ist die Definition
semantischer Äquivalenzrelationen zwischen Tokenketten und
Maschinenprogrammstücken. Für jedes Nichtterminal gibt es
eine solche Äquivalenzrelation. Die Beziehungen zwischen
diesen Äquivalenzrelationen werden durch semantische Theoreme
beschreiben, die allerdings nicht völlig in der Arbeit / 15 /
enthalten sind. Mit etwas Phantasie kann man sich die
folgenden Theoreme zusammenstellen (Th0-Th4 sind in der
Arbeit enthalten):

Th0:   Wenn $z=_{Block}=P(1:k)$, dann $\#z\#=_{Programm}=P(1:k)$.

Th1:   Wenn $z=_{Blockhead}=(begin,c)$, $y=_{Blockbody}=P(k_1+1:k_2)$
       und $x=zy\underline{end}$ dann
       $x=_{Block}=(begin,c).P(k_1+1:k_2).(end,c)$.

Th2:   Wenn $z=_{Blockbody}=P(k_1+1:k_2)$, $x=_{Stat}=P(k_2+1:k_2)$
       und $x=zy$, dann
       $x=_{Blockbody}=P(k_1+1:k_3)$.

Th3:   Wenn $z=_{Blockbody}=P(k_1+1:k_2)$, dann $z=_{Stat}=P(k_1+1:k_2)$.

Th4: Wenn Blockhead == x und c=length(list(x)) dann

$x=_{\text{Blockhead}}=(\text{begin},c)$

Th8: Wenn $z=_{\text{Block}}=P(k_1+1;k_2)$, dann $z=_{\text{Stat}}=P(k_1+1:k_2)$.

Th9: Wenn $z=_{\text{Var}}=(\&,t),y=_{\text{Expr}}=P(k_1k_2)$ und x)z:=y, dann

$x=_{\text{Stat}}=(\&,t).P(k_1:k_2).(:=)$.

Th10: Wenn $z=_{\text{Whilepr}}=P(k_1+1:k_2-1).(\text{jmpf }w),y=_{\text{Blockbody}}=$

$P(k_2+1:k_3)$ und x=zy<u>end</u> dann

$x=_{\text{Stat}}=P(k_1+1:k_2-1).\ (\text{jmpf }k_3+2).P(k_2+1:k_3).(\text{jmp }k_1+2)$

Th11: Wenn $z=_{\text{Expr}}=P(k_1+1:k_2)$ und <u>x=whilezdo</u>, dann $x=_{\text{Whilepr}}=$

$P(k_1+1:k_2).(\text{jmpf }w)$.

Th13: Wenn $z=_{\text{Ifpr}}=P(k_1+1:k_2-1).(\text{jmpf }w),y=_{\text{Thprt}}=P(k_2+1:k_3-1).(\text{jmp }w)$

$v=_{\text{Stat}}=P(k_3+1:k_4)$ und x=zyv dann

$x=_{\text{Stat}}=P(k_1p1:k_3-1).(\text{jmpf }k_3+1).P(k_2+1:k_3-1).$

$(\text{jmpf }k_4+2).P(k_3+1:k_4)$

Th14: Wenn $z=_{\text{Expr}}=P(k_1+1:k_2-1)$ und x=<u>ifzthen</u> dann $x=_{\text{Ifpr}}=$

$P(k_1+1:k_2-1).(\text{jmpf }w)$.

Th15: Wenn $z=_{\text{Stat}}=P(k_1+1:k_2-1)$ und x=<u>zelse</u> dann $x=_{\text{Thprt}}=$

$P(k_1+1:k_2-1).(\text{jmp }w)$.

Th16: Wenn $z=_{\text{Expr}}=P(k_1+1:k_2),y=_{\text{Term}}=P(k_2+1,k_3)$ und x=z+y dann

$x=_{\text{Expr}}=P(k_1+1:k_3).(+)$.

T17: Wenn $z=_{\text{Term}}=P(k_1+1:k_2)$ dann $z=_{\text{Expr}}=P(k_1+1:k_2)$.

Th18: Wenn $z=_{\text{Term}}=P(k_1+1:k_2),y=_{\text{Prim}}=P(k_2+1:k_3)$ und

x=z*y, dann $x=_{\text{Epr}}=P(k_1+1:k_3).(*)$

Th19: Wenn $z=_{\text{Prim}}=P(k_1+1:k_2)$, dann $z=_{\text{Term}}=P(k_1+1;k_2)$.

Th20: Wenn $z=_{\text{Expr}}=P(k_1+1:k_2)$, dann $(z)=_{\text{Prim}}=O(k_1+1:k_2)$.

Th21: Für alle ganzen Zahlen n gilt: $n=_{\text{Prim}}=(\#,\text{val}(n))$.

Th22: Wenn$z=_{\text{Var}}=(\&,t)$, dann $z=_{\text{Prim}}=(\&,t).(\text{value})$.

Th23: Für alle Identifier var mit N(t)=text(var) - die an

t'ter Stelle in der Namenstafel stehen - gilt:

$var=_{\text{Var}}=(\&,t)$.

Dabei ist $P(k_1:k_2)$ das von der Stelle $k_1$ zur Stelle $k_2$
reichende Maschinenprogramm, w ein undefiniertes Symbol,
-.- die Verkettung von Maschinenprogrammen, und $=_{Nichtterminal}=$
ist eine Äquivalenzrelation, die für Tokenketten, die durch
Produktionen ausgehend von dem Nichtterminal erzeugt werden
und Maschinenprogramm-Stücken gilt. (Es gibt 12 derartige
Relationen.) Die Theoremnumerierung ist in enger Anlehnung
an die Translationsfunktionen aus / 15 / vorgenommen worden.
In den Korrektheitsbeweisen für die verschiedenen Translationsfunktionen spielen diese Theoreme natürlich eine
wichtige Rolle.
Nur sehr kurz nehmen die Autoren zum Problem des Beweisens
dieser Theoreme Stellung. Sie meinen, daß die Wahl einer
semantischen Definition für Quellsprache und Maschinensprache
dies leisten müßte. Sie selbst favorisieren eine semantische
Beschreibung mittels Input-Output-Relationen und geben einige
Überlegungen an, wie die betreffenden Relationen für Maschinenprogramme aus den Relationen für Quellprogramme zu erhalten
wäre. Die Äquivalenz zwischen Tokenkette und Maschinenpro-
grammstück gelte genau dann, wenn die abgeleiteten Relationen
für Maschinenprogramme gültig seien.
Diese letzte Auffassung erscheint nicht unproblematisch, weil
die Existenz vernünftiger Input-Output-Relationen für Programmstücke, die von Nichtterminalen produziert werden,
keineswegs trivial ist. Man ist sich nicht so ganz sicher,
wie diese etwa für künstliche Terminale aussehen sollten
(solche, die nur aus Organisationsgründen in der Grammatik
sind).

Im Lichte der vorliegenden Arbeit könnte man die semantischen
Theoreme ganz anders auffassen und beweisen. Während wir
"kleinste semantische Äquivalenzen" zwischen Konstrukten
der Quellsprache aufgewiesen und per Axiom gefordert haben,
um das leidige Problem des Nachweises auf Grund einer semantischen Theorie (Definitionsmethode) aus der Welt zu schaffen,
formulieren die Autoren ähnliche Zusammenhänge in den Theo-
remen. Auf Grund der Komplexität könnte man sicher die
Theoreme Th21 und Th23 in Axiomengruppen uminterpretieren.
Die Frage wäre nun, kann man durch Hinzunahme ähnlicher
Axiome die anderen Theoreme beweisen?
Eine konkrete Antwort soll hier offen bleiben.
In einer Bewertung der Arbeit von Chirica und Martin über-
wiegen die positiven Aspekte. W. Polak hat unseres Ermessens
nach den Wert nicht richtig gesehen, wenn er schreibt
(/60/, S. 25-25): "But there appear to be some difficult
problems. There is no notation of semantics in these proofs
at all. Source and target languages are 'defined' by a set
of rules. In addition, static semantic issues are totally
ignored. Again, the language handled is not much more
interesting than that of the  of the McCarthy and Painter
compiler." Gerade das letzte ist offensichtlicher Unsinn,
denn es besteht ein deutlicher Qualitätsunterschied zwischen
den Ausdrücken von McCarthy und Painter und der echten
Programmiersprache von Chirica und Martin. Daß die Semantik
aus den Korrektheitsbeweisen in die Lemmata verlagert wird,
macht die eigentliche neue Idee von Chirica und Martin aus.
Diese Idee ist in der vorliegenden Arbeit weiterverfolgt
worden.

4.2.4.5  Polaks Korrektheitsbeweis eines realistischen
         Compilers


Polak /60/ hat die gewaltige Leistung vollbracht und einen
realistischen Compiler für eine Sprache von der Komplexität
von Pascal bewiesen. Er benötigte vier Jahre dazu, diesen
Beweis mit Hilfe des Verifikationssystems der Stanford
University durchzuführen.
Die Quellsprache LS war eine blockorientierte Programmiersprache mit einem Typenkonzept und den Sprachkonstrukten
While ..do..od, If..then..else..fi, Goto.., Repeat..until..,
sowie Prozeduren und Funktionen (die rekursiv sein durften).
Das Typkonzept war eine Variante des Vorbildes von Pascal:
Character, Real, File und Records mit Varianten waren nicht
erlaubt. Zwei Typen galten als different, wenn sie durch
verschiedene Typdeklarationen eingeführt waren, es sei denn,
sie waren Subrange-Typen. So waren erlaubt: Integer und
Boolean (beide vordefiniert), Typen mit aufgezählten Elementen,
Subrangetypen, Felder mit konstanten Grenzen, Records ohne
Varianten und Pointer.
Die Maschinenarchitektur der Zielmaschine war die einer
Kellermaschine. Der Keller wurde in der Implementation nicht
nur für die Ausdruckswertung und den statischen Speicher
(lokale Variablen von Funktionen oder Prozeduren) benutzt
sondern auch zur Rettung dynamisch wichtiger Steuerfunktionen
(Rücksprungadressen u.ä.). Um relative Adressen in absolute
umzuformen, wurde ein Display-Mechanismus benutzt.
Die Maschine hatte folgende Instruktionen:

        LIT                  lade direkt (in den Keller)
        LOAD                 lade vom Speicher
        ADDR                 lade Adresse
        STORE                entkellere und speichere
        CALL l,n,mk          rufe Prozedur (Adresse l,
                             lex. Niveau n, Param nr m,
                             Größe des lok. Speichers k)

| | |
|---|---|
| EXIT | verlasse Funktion |
| NCOND | bed. Sprung (bez. Keller) |
| HOP | lokaler Sprung |
| JUMP | Sprung aus lex. Niveau |
| LABSET | Marke |
| STOP | Halt |
| UNOP | einstellige Operation |
| BINOP | zweistellige Operation |
| EOF | lade "true", wenn EOF erreicht |
| OUTPUT | entkellere und drucke |
| UNPT | lade Element von Eingabefile |

Polak arbeitete mit semantischen Definitionen von Quell-
und Zielsprache. Entsprechend der "denotationellen Semantik"
klassifizierte und beschrieb er alle Kontextabhängigkeiten
als "statische Semantik".
Wir können in diesem Rahmen hier keinesfalls alle wesentlichen Beweisschritte im Einzelnen oder verständlich über-
blicksmäßig durchgehen. Es genüge zu sagen, daß der Autor
sowohl den Prozeß der lexikalischen Analyse als auch den
der syntaktischen Analyse (bis zu den Syntaxbäumen) behandelt. Dabei entwickelt er sowohl die Programme als auch
die Input-Output-Bedingungen aus Betrachtungen über die
jeweilige Theorie. So konfrontiert er etwa die implementierte
lexikalische Analysefunktion mit einer theoretischen und
fordert als Bedingung, daß die Ausgabe dieser Funktion
gleich dem Bild der theoretischen Funktion angewandt auf
den Eingabetext ist. Doch diese noch eingermaßen verständlichen
Bedingungen reichen ja für die Technik der induktiven Assertions
nicht aus. Polak muß umfängliche Assertionsmengen für die
verschiedenen Programmteile, Zyklen udgl. entwickeln. Allein
die Masse dieser Bedingungen behindert das Verstehen.

Ähnlich liegen die Verhältnisse bei syntaktischer Analyse und Überprüfung der statischen Semantik, d.h. der Kontextbedingungen. Man ist nicht so ganz glücklich mit der parallelen Entwicklung von Programm und theoretischer Funktion, die zur Prüfung des Programms verwendet wird. Bei Scanner und Parser wäre durchaus denkbar gewesen, daß der Beweis darin bestanden hätte, zu zeigen, daß es ein Programm gibt, das das jeweilige Resultat (Tokenfolge bzw. Syntaxbaum plus Symboltafel) in die Eingabeform (Zeichenkette bzw. Tokenfolge) zurückführen kann.

Wir wollen uns ein wenig mehr dem Korrektheitsbeweis für die Code-Erzeugung widmen. Hier kommt das (im Sinne der vorliegenden Arbeit) interessante Faktum zu Tage, daß Polak die Quellsprache wie sie ist, zur Verifikation nicht so ganz behagt und ebenso die Zielsprache nicht. Grund: die beiden Sprachen liegen zu sehr auseinander. Um die Lücke etwas kleiner zu machen, erweitert er beide Sprache mit zusätzlichen Mitteln: In die Quellsprache bringt er ein Konstrukt ein, das es gestattet,If...Fi, While...od und repeat...until in in der Quellsprache äquivalente Statement·folgen zuzuordnen, die explizite Sprünge (per Goto) und Marken enthalten.

Der Grund ist: Bei der Code-Erzeugung für ein If...Fi zum Beispiel wären Marken zu generieren: "Die Codefolge führt neue Marken in das Zielprogramm ein, die kein Gegenstück im Quellprogramm besitzen. Die Definition der Zielsprache LT betrachtet alle Marken eines Zielprogramms zur gleichen Zeit; d.h. ein Fixpunkt bestimmt alle Marken-Fortsetzungen. Die Äquivalenz eines Zielprogrammes mit einem Quellprogramm ist deshalb sehr schwer zu etablieren, wenn es nicht ein eineindeutiges Verhältnis der Marken gibt ... Wir lösen das Problem in zwei Schritten: Zuerst ändern wir die Definition der Conditionalsemantik in der Quellsprache so, daß dabei explizite Marken und Sprünge

verwendet werden ... Weiterhin führen wir ein Blockkonstrukt
in die Zielsprache ein, das uns die Einschachtelung von
Marken ermöglicht ..." (/60/,S. 115). Durch die Erweiterung
der Quellsprache ergeben sich Beziehungen, die unseren
semantischen Gleichungen ganz ähnlich sind. Polak führt als
neues Konstrukt ein:

Unless...Goto...

und zeigt die Äquivalenzen:

If...then...else...fi = Unless...goto $n_0$; ...; Goto $n_1$;
$n_0$;...;$n_1$:Dummy
While...do...od = $n_0$:Unless ... goto $n_1$;...; Goto $n_0$;
$n_1$:Dummy
Repeat...until...=$n_0$...;Unless...goto $n_0$;
Wegen der zu Grunde liegenden semantischen Theorie kann er
die Korrektheit dieser Beziehungen zeigen.
Dieses Unless-Konstrukt hat natürlich viel mit der Maschinen-
sprache LT (die wegen der Marken wohl besser als Assembler-
sprache zu bezeichnen ist) zu tun, gibt es dort doch den
Befehl NCOND, der einen bedingten Sprung ausführt, wenn
oben im Keller ein "falsch" steckt.
Durch die Einführung der Blöcke in die Sprache LT sind beide
Sprachniveaus schon eng zusammengerückt. Die Kontrollkonstruk-
te sind nahezu identisch. In der Quellsprache können noch
Zuweisungen mit zusammengesetzten Ausdrücken auftreten.
Natürlich darf das Problem der typisierten Variablen und
Feldzugriffe nicht unterschätzt werden.


Polak hat keine Compilerphase, in der die Dekomposition für die Kontrollstrukte tatsächlich ausgeführt wird.
Er hält die Äquivalenzen in der Metasprache. Es wäre aber
nicht uninteressant, wenn eine Dekompositionsphase, auch
bezüglich der Ausdrücke, wirklich eingefügt würde und die
eigentliche Codeerzeugung dann Quellprogramme (bzw. denen
entsprechende Syntaxbäume) zu verarbeiten hätte, die fast

wörtlich den zu erzeugenden Programmen in der Zielsprache entsprochen hätte. Es darf wohl angenommen werden, daß die Beweise einfacher und übersichtlicher geworden wären.

An diesem Beispiel können wir sehen, daß die Technik der Programmdekomposition ihren Wert auch für die Überprüfung von Compiler hat.

LITERATUR

/1/     A.V. Aho, J.D. Ullman: The Theory of Parsing, Translation
        and Compiling, Englewood Cliffs, 1973.

/2/     A.V. Aho, J.D. Ullman: Principles of Compiler Design,
        Englewood Cliffs, 1977.

/3/     J. Allen: The Anatomy of LISP, New York etc., 1978.

/4/     B.W. Arden et al.: The Internal Organization of the MAD
        Translator, Comm. ACM 1, Vol. 4, 1961.

/5/     F.L. Bauer: Diskussionsbemerkung auf der Konferenz über
        Mechanical Language Structures" 1964, Comm. ACM 2,
        Vol, 7, 1964.

/6/     F.L. Bauer: Diskussionsbemerkung zu Ershow's Vortrag / 24 /
        S. 419, 1977.

/7/     F.L. Bauer, G. Goos: Einführung in die Informatik,
        Berlin usw. 1971.

/8/     F.L. Bauer, J. Eickel (Hrsg.): Compiler Construction -
        An Advanced Course, LNCS 21, Berlin usw. 1974.

/9/     J.C. Beatty: An Axiomatic Approach to Code Optimization
        for Expressions, JACM 19(1972), S. 613-640.

/10/    L. Beckman et al.: A partial evaluator and its use as
        a programming tool. Artifical Intelligence 7 (1976),
        S. 319-357.

/11/    P.J. Brown: Macro processors, London 1974.

/12/    B. Buchberger, R. Loos: Algebraic Simplification, in:
        B. Buchberger (Hrsg.): Computer Algebra, Supplem. 4,
        Computing 1982.

/13/    R.B. Burstall, P.J. Landin: Programs and their Proofs:
        An Algebraic Approahc, in: Machine Intelligence 4,
        Edingburgh 1969.

/14/    R.G.G. Cattell: Formalization and Automatic Derivation
        of Code Generators. Ph.D. Thesis, Dept. of Computer
        Science, CMU, Pittburgh, 1978.

/15/    L.M. Chirica, D.F. Martin: An Approach to Compiler
        Correctness, Internat. Symp. on Reliable Software,
        Los Angeles, 1975.

/16/    P.M. Cohn: Universal Algebra, New York 1965.

/17/    M.E. Conway: Design of a Separable Transition-Diagram
        Compiler, Comm. ACM 7, Vol. 6, 1963.

/18/    J.W. Davidson, C.W. Fraser: The Design and Application
        of a Retargetable peephole optimizer. ACM TOPLAS 2,
        Vol. 2, 1980.

/19/    J.P. Dehootay et al.: Syntaktische Beschreibung von
        CDL2. TU Berlin, FG, Programmiersprachen und Compiler,
        1976.

/20/    F. de Remer: Transformational Grammars for Lanugages
        and Compilers, Techn. Report 50, Comp. Lab.,
        University of Newcastle upon  Tyne, Juli 1973.

/21/    F. de Remer: Transformational Grammers, in: F.L. Bauer,
        J. Eickel (Hrsg.): Compiler Construction - An Ad-
        vanced Course, LNCS 21, Berlin usw. 1974.

/22/    L.P. Deutsch: A Machine with very Compact Programs,
        3. IJCAI, Stanford 1973.

/23/    L.P. Deutsch: ByteLISP and its Alto Implementation,
        1980 LISP Conference, Stanford

/24/    A.P. Ershov: On the Essence of Compilation, in:
        E.J. Neuhold (Hrsg.): Forma Description of Programming
        Concepts, Amsterdam etc. 1978.

/25/    Evans Jr. et al.: The Use of Threaded Lists in
        Constructing a Combined ALGOL and Machine-like
        Assembly Processor, Comm. ACM 1, Vol. 4, 1961.

/26/    FORTRAN77 American National Standard Programming
        Language FORTRAN ANSI X 3.9-1978, Amer. Nat. Stand.
        Institute, New York, 1978.

/27/    C.W. Fraser: A Compact Maschine Independent Peephole
        Optimizer, Principles of Programming Languages 6,
        1979.

/28/    M. Ganapathi, C.N. Fischer: A review of Automatic Code
        Generation Techniques, Januar 1981.

/29/    H. Ganzinger et al.: Automatic Generation of Optimizing
        Multipass Compilers, Prod. IFIP 1977, Toronto, August
        1977.

/30/    R. Giegerich: Automatische Erzeugung von Maschinencode-
        Optimierern, TUM-I8112, TU München, Institut für
        Informatik, München 1981.

/31/    R.S. Glanville: A Machine Independent Algorithm for
        Code Generation and its Use in Retargetable Compilers,
        Ph.D.Thesis, University of California, Berkeley,
        Dezember 1977.

/32/    A.A. Grau: Recursive Processes and ALGOL Translation,
        Comm. ACM 1, Vol. 4, 1961.

/33/    B. Greenberg: The MULTICS MACLISP Compiler - the Basic
        Hackery, Cambridge 1977.

/34/    D. Gries: Compiler Construction for Digital Computers,
        New York etc. 1971.

/35/    M.L Griss, A.C. Hearn: A Portable LISP Compiler, Software
        - Practice and Experience 11(1981), S. 541-605.

/36/    P. Haas, H. Markowski: Übersetzer für elektronische
        Rechenautomaten, München 1971.

/37/    C.A.R. Hoare: An Axiomatic Basis for Computer Programming,
        Comm. ACM 10, Vol 12, 1969.

/38/    B. Hohberg, G. Paulin: Compilertechnik, Berlin 1976.

/39/    E. Irons: A Syntax Directed Compiler for ALGOL60.
        Comm. ACM 1, Vol. 4, 1961.

/40/    H. Jürgensen: Zur Übersetzbarkeit von Programmiersprachen.
        4. Fachtagung Programmiersprachen (Kiel), LNCS 7,
        Berlin usw. 1974.

/41/    C.H.A. Koster: A Compiler Compiler, Mathematisch Centrum
        MR 127/71, Amsterdam 1971.

/42/    C.H.A Koster: Portable Compilers and the UNCOL Problem,
        in: W.L.v.d. Poel, L.A. Maarssen (Hrsg.): Machine
        Oriented Higher Programming Languages, Amsterdam
        etc. 1974.

/43/    D.E. Knuth: Semantics of Context Free Languages,
        Mathem. System Theory 2 (1968), S. 127-145.

/44/    R. Landwehr et al.: Experience with an Automatic Code
        Generator Generator, Proc. SIGPLAN'82 Symposium on
        Compiler Construction, SIGPLAN Notices, 6, Vol. 17,
        1982.

/45/    R.S. Ledley, J.B. Wilson: Automatic Programming Language
        Translation Trough Syntactical Analysis, Comm. ACM 3,
        Vol. 5, 1962.

/46/    J. Lenzer: Formale Beschreibung von Rechnerarchitekturen
        und Programmiersprachen. Implementierung und Anwendung
        in einem erzeugenden System für Codegeneratoren,
        Diss., Darmstadt D17, TH Darmstadt, FB Informatik,
        Darmstadt 1981.

/47/    B.W. Leverett, T.G. Szymanski: Chaining Span-dependent
        Jump Instructions, ACm TOPLAS, 3, Vol. 2, 1980.

/48/    E.S. Lowry, C.W. Medlock: Object Code Optimization,
        Comm. ACM 1, Vol. 12, 1969.

/49/    J. Lügger, H. Melenk: Darstellung und Bearbeitung um-
        fangreicher LISP Programme, Angewandte Informatik 6
        (1973), S. 257-262.

/50/    L.M. Masinter, L.P. Deutsch: Local Optimizations in a
        Compiler for Stack-Oriented LISP Machines, 1980 LISP
        Conference, Stanford.

/51/    J. McCarthy: Recursive Functions of Symbolic Expressions
        and their Computation by Maschine, Part 1, Comm. ACM
        4, Vol. 3, 1960.

/52/    J.McCarthy: A Basis for a Mathematical Theory of Compu-
        tation, in: P. Braffort, D. Hirschberg (Hrsg.):
        Computer Programming and Formal Systems, Amsterdam
        etc. 1963.

/53/    W.M. McKeeman: Peephole Optimization, Comm. ACM 7, Vol. 8,
        1965.

/54/    J.McCarthy, J. Painter: Correctness of a Compiler for
        Arithmetical Expressions, in: Proc. of Symp. in
        Applied Math., Vol. 19, Mathematical Aspects of
        Computer Science, 1967.

/55/    W.M. McKeeman, F. de Remer: Feedback-free Modularization
        of Compilers, in: 3. Fachtagung über Programmier-
        sprachen, LNCS 7, Berlin usw. 1974.

/56/    R. Milner, R. Weyhrauch: Proving Compiler Correctness
        in a Mechanized Logic, in: Machine Intelligence 7,
        Edinburgh 1972.

/57/    J.S. Moore II. The InterLISP Virtual Machine Specification,
        XEROX PARC, CSL-76-5, Palo Alto 1976.

/58/    P. Naur: Program Translation Viewed as General Data
        Processing Problem, Comm. ACM 3, Vol. 9, 1966.

/59/     K. Pitman: Specialforms in LISP, 1980 LISP Conference,
         Stanford.

/60/     W. Polak: Compiler Specification and Verification,
         LNCS 124, Berlin usw. 1981.

/61/     K. Ripken: Formale Beschreibung von Maschinen, Imple-
         mentierungen und optimierender Maschinencodeerzeu-
         gung aus attributierten Programmgraphen, Diss. TU
         München, FB Informatik, München 1977.

/62/     W. Rowan: A LISP Compiler Procusing Compact Code, 1980
         LISP Conference, Stanford

/63/     K. Samelson, F.L. Bauer: Sequentielle Formelübersetzung,
         Elektronische Rechenanlagen 1 (1959), S. 176-182.

/64/     H.J. Schneider: Compiler - Aufbau und Arbeitsweise,
         Berlin usw. 1975.

/65/     T.B. Steel: UNCOL - The Myth and the Fact, in:
         R. Goodman: Ann Review in Autom. Programming, New
         York 1961.

/66/     G.L. Steel, Jr.: Fast Arithmetics in MACLISP, MIT AI
         Lab., Memo 421, Cambridge 1977.

/67/     H. Stoyan: Two Notes on LISP Compilation, Memo 1,
         Erlangen 1982.

/68/     H. Stoyan: A Definition of LISP-LAP, Memo 3, Erlangen 1982.

/69/     H. Stoyan: Peephole Optimization in the LISP-LAP. Memo 4,
         Erlangen 1982.

/70/     A. Tanenbaum et al.: Using Peephole Optimization on
         Intermediate Code, ACm TOPLAS 1, Vol. 4, 1982.

/71/     J. Urmi: A Machine Independent LISP Compiler and its
         Implications for Ideal Hardware. Linköping Studies in
         Science and Technology Dissertations, No. 22, Linköping
         1978.

/72/     W.M. Waite: Code Generation, in: F.L. Bauer, J. Eickel
         (Hrsg.): Compiler Construction - An Advanced Course,
         LNCS 21, Berlin usw. 1974.

/73/     W.M. Waite: Semantic Analysis, in: F.L. Bauer, J. Eickel
         (Hrsg.): Compiler Construction - An Advanced Course,
         LNCS 21, Berlin usw. 1974.

/74/    F.W. Weingarten: Translation of Computer Languages,
        San Fancisco etc. 1973.

/75/    A. van Wijngaarden: Recursive Definition of Syntax
        and Semantics, in: T.B. Steel (Hrsg.): Formal
        Language Description Languages for Computer
        Programming, Amsterdam etc. 1966.

/76/    P. Winston, B.K.P. Horn: LISP, Reading etc. 1981.

/77/    W.A. Wulf et al.: BLISS - a Language for Systems
        Programming, Comm. ACM 12, Vol. 14, 1971.

/78/    W.A. Wulf et al.: Design of an Optimizing Compiler,
        New York etc. 1975.

Band 48: W. Wahlster, Natürlichsprachliche Argumentation in Dialogsystemen. KI-Verfahren zur Rekonstruktion und Erklärung approximativer Inferenzprozesse. XI, 194 Seiten. 1981.

Band 49: Modelle und Strukturen. DAG 11 Symposium, Hamburg, Oktober 1981. Herausgegeben von B. Radig. XII, 404 Seiten. 1981.

Band 50: GI – 11. Jahrestagung. Herausgegeben von W. Brauer. XIV, 617 Seiten. 1981.

Band 51: G. Pfeiffer, Erzeugung interaktiver Bildverarbeitungssysteme im Dialog. X, 154 Seiten. 1982.

Band 52: Application and Theory of Petri Nets. Proceedings, Strasbourg 1980, Bad Honnef 1981. Edited by C. Girault and W. Reisig. X, 337 pages. 1982.

Band 53: Programmiersprachen und Programmentwicklung. Fachtagung der GI, München, März 1982. Herausgegeben von H. Wössner. VIII, 237 Seiten. 1982.

Band 54: Fehlertolerierende Rechnersysteme. GI-Fachtagung, München, März 1982. Herausgegeben von E. Nett und H. Schwärtzel. VII, 322 Seiten. 1982.

Band 55: W. Kowalk, Verkehrsanalyse in endlichen Zeiträumen. VI, 181 Seiten. 1982.

Band 56: Simulationstechnik. Proceedings, 1982. Herausgegeben von M. Goller. VIII, 544 Seiten. 1982.

Band 57: GI – 12. Jahrestagung. Proceedings, 1982. Herausgegeben von J. Nehmer. IX, 732 Seiten. 1982.

Band 58: GWAI-82. 6th German Workshop on Artificial Intelligence. Bad Honnef, September 1982. Edited by W. Wahlster. VI, 246 pages. 1982.

Band 59: Künstliche Intelligenz. Frühjahrsschule Teisendorf, März 1982. Herausgegeben von W. Bibel und J. H. Siekmann. XIII, 383 Seiten. 1982.

Band 60: Kommunikation in Verteilten Systemen. Anwendungen und Betrieb. Proceedings, 1983. Herausgegeben von Sigram Schindler und Otto Spaniol. IX, 738 Seiten. 1983.

Band 61: Messung, Modellierung und Bewertung von Rechensystemen. 2. GI/NTG-Fachtagung, Stuttgart, Februar 1983. Herausgegeben von P. J. Kühn und K. M. Schulz. VII, 421 Seiten. 1983.

Band 62: Ein inhaltsadressierbares Speichersystem zur Unterstützung zeitkritischer Prozesse der Informationswiedergewinnung in Datenbanksystemen. Michael Malms. XII, 228 Seiten. 1983.

Band 63: H. Bender, Korrekte Zugriffe zu Verteilten Daten. VIII, 203 Seiten. 1983.

Band 64: F. Hoßfeld, Parallele Algorithmen. VIII, 232 Seiten. 1983.

Band 65: Geometrisches Modellieren. Proceedings, 1982. Herausgegeben von H. Nowacki und R. Gnatz. VII, 399 Seiten. 1983.

Band 66: Applications and Theory of Petri Nets. Proceedings, 1982. Edited by G. Rozenberg. VI, 315 pages. 1983.

Band 67: Data Networks with Satellites. GI/NTG Working Conference, Cologne, September 1982. Edited by J. Majus and O. Spaniol. VI, 251 pages. 1983.

Band 68: B. Kutzler, F. Lichtenberger, Bibliography on Abstract Data Types. V, 194 Seiten. 1983.

Band 69: Betrieb von DN-Systemen in der Zukunft. GI-Fachgespräch, Tübingen, März 1983. Herausgegeben von M. A. Graef. VIII, 343 Seiten. 1983.

Band 70: W. E. Fischer, Datenbanksystem für CAD-Arbeitsplätze. VII, 222 Seiten. 1983.

Band 71: First European Simulation Congress ESC 83. Proceedings, 1983. Edited by W. Ameling. XII, 653 pages. 1983.

Band 72: Sprachen für Datenbanken. GI-Jahrestagung, Hamburg, Oktober 1983. Herausgegeben von J. W. Schmidt. VII, 237 Seiten. 1983.

Band 73: GI - 13. Jahrestagung. Hamburg, Oktober 1983. Proceedings. Herausgegeben von J. Kupka. VIII, 502 Seiten. 1983.

Band 74: Requirements Engineering. Arbeitstagung der GI, 1983. Herausgegeben von G. Hommel und D. Krönig. VIII, 247 Seiten. 1983.

Band 75: K. R. Dittrich, Ein universelles Konzept zum flexiblen Informationsschutz in und mit Rechensystemen. VIII, 246 pages. 1983.

Band 76: GWAI-83. German Workshop on Artificial Intelligence. September 1983. Herausgegeben von B. Neumann. VI, 240 Seiten. 1983.

Band 77: Programmiersprachen und Programmentwicklung. 8. Fachtagung der GI, Zürich, März 1984. Herausgegeben von U. Ammann. VIII, 239 Seiten. 1984.

Band 78: Architektur und Betrieb von Rechensystemen. 8. GI-NTG-Fachtagung, Karlsruhe, März 1984. Herausgegeben von H. Wettstein. IX, 391 Seiten. 1984.

Band 79: Programmierumgebungen: Entwicklungswerkzeuge und Programmiersprachen. Herausgegeben von W. Sammer und W. Remmele. VIII, 236 Seiten. 1984.

Band 80: Neue Informationstechnologien und Verwaltung. Proceedings 1983. Herausgegeben von R. Traunmüller, H. Fiedler, K. Grimmer und H. Reinermann. XI, 402 Seiten. 1984.

Band 81: Koordination von Informationen. Proceedings, 1983. Herausgegeben von R. Kuhlen. VI, 366 Seiten. 1984.

Band 82: A. Bode, Mikroarchitekturen und Mikroprogrammierung: Formale Beschreibung und Optimierung. 6,1-227 Seiten. 1984.

Band 83: Software-Fehlertoleranz und -Zuverlässigkeit. Herausgegeben von F. Belli, S. Pfleger, und M. Seifert. VII, 297 Seiten. 1984.

Band 84: Fehlertolerierende Rechensysteme. 2. GI/NTG/GMR-Fachtagung, Bonn 1984. Herausgegeben von K.-E. Großpietsch und M. Dal Cin. X, 433 Seiten. 1984.

Band 85: Simulationstechnik. Proceedings, 1984. Herausgegeben von F. Breitenecker und W. Kleinert. XII, 676 Seiten. 1984.

Band 86: Prozeßrechner 1984. 4. GI/GMR/KfK-Fachtagung, Karlsruhe, September 1984. Herausgegeben von H. Trauboth und A. Jaeschke. XII, 710 Seiten. 1984.

Band 87: Mustererkennung 1984. Proceedings, 1984. Herausgegeben von W. Kropatsch. IX, 351 Seiten. 1984.

Band 88: GI - 14. Jahrestagung. Braunschweig, Oktober 1984. Proceedings. Herausgegeben von H.-D. Ehrich. IX, 451 Seiten. 1984.

Band 89: Fachgespräche auf der 14. GI-Jahrestagung. Braunschweig, Oktober 1984. Herausgegeben von H.-D. Ehrich. V, 267 Seiten. 1984.

Band 90: Informatik als Herausforderung an Schule und Ausbildung. GI-Fachtagung, Berlin, Oktober 1984. Herausgegeben von W. Arlt und K. Haefner. X, 416 Seiten. 1984.

Band 91: H. Stoyan, Maschinen-unabhängige Code-Erzeugung als semantikerhaltende beweisbare Programmtransformation. IV, 365 Seiten. 1984.